CB014247

CRIME SCENE
DARKSIDE

AMERICAN PREDATOR: THE HUNT FOR THE MOST
METICULOUS SERIAL KILLER OF THE 21ST CENTURY
Copyright 2019 by Maureen Callahan
Todos os direitos reservados.

Imagens: © Dreamstime, © Alamy, © Getty Images

Tradução para a língua portuguesa
© Débora Isidoro, 2023

Diretor Editorial
Christiano Menezes

Diretor Comercial
Chico de Assis

Diretor de MKT e Operações
Mike Ribera

Diretora de Estratégia Editorial
Raquel Moritz

Gerente Comercial
Fernando Madeira

Coordenadora de Supply Chain
Janaina Ferreira

Gerente de Marca
Arthur Moraes

Gerentes Editoriais
Bruno Dorigatti
Marcia Heloisa

Editora Assistente
Jéssica Reinaldo

Capa e Proj. Gráfico
Retina 78

Coordenador de Arte
Eldon Oliveira

Coordenador de Diagramação
Sergio Chaves

Designer Assistente
Jefferson Cortinove

Finalização
Sandro Tagliamento

Preparação
Lucio Medeiros
Fernanda Fedrizzi

Revisão
Renato Ritto
Maximo Ribera
Retina Conteúdo

Impressão e Acabamento
Gráfica Geográfica

DADOS INTERNACIONAIS DE CATALOGAÇÃO NA PUBLICAÇÃO (CIP)
Jéssica de Oliveira Molinari - CRB-8/9852

Callahan, Maureen
    Predador americano / Maureen Callahan ; tradução de Débora
Isidoro. — Rio de Janeiro : DarkSide Books, 2023.
    304 p.

    ISBN: 978-65-5598-275-6
    Título original: American Predator: The Hunt for the Most
Meticulous Serial Killer of the 21st Century

    1. Homicidas em série I. Título II. Isidoro, Débora

23-2638   CDD 364.152

            Índice para catálogo sistemático:
                1. Homicidas em série

[2023]
Todos os direitos desta edição reservados à
DarkSide® Entretenimento LTDA.
Rua General Roca, 935/504 — Tijuca
20521-071 — Rio de Janeiro — RJ — Brasil
www.darksidebooks.com

MAUREEN CALLAHAN

PREDADOR AMERICANO

A CAÇADA AO *SERIAL KILLER* MAIS METICULOSO DO SÉCULO 21

TRADUÇÃO
DÉBORA ISIDORO

DARKSIDE

PREDADOR AMERICANO

SUMÁRIO

PREFÁCIO 13

Nota da Autora 15

1. MOVIMENTOS SUSPEITOS 17

2. VIDAS INTERROMPIDAS 81

3. RAÍZES DO MAL 153

4. VERDADES PERDIDAS 237

Agradecimentos 294

Um comentário sobre as fontes 297

Bibliografia 301

Sobre a Autora 303

Para as vítimas e suas famílias,
conhecidas e desconhecidas.

"Quando você elimina o impossível,
o que sobra, por mais improvável que seja,
deve ser a verdade."
— *Sherlock Holmes* —

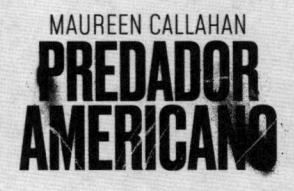

PREFÁCIO

A forma mais rara de assassinato é o praticado em série. Apesar do que vemos em *CSI* ou *Mindhunter,* ou nos filmes e séries que dominam a cultura popular, pessoas que matam vítimas escolhidas ao acaso e sem qualquer motivo são bastante incomuns. Por isso a sombra delas parece tão grande na nossa paisagem mental coletiva.

Essa também é a razão pela qual muitos pensam conhecer a fundo cada serial killer norte-americano.

Mas o homem que deu motivo a este livro difere de tudo o que o FBI já havia encontrado. Tratava-se de um novo tipo de monstro, o provável responsável pela maior sequência de desaparecimentos e assassinatos sem solução na história moderna dos Estados Unidos.

E é provável que você nunca tenha ouvido falar a respeito dele, ou de suas vítimas.

NOTA DA AUTORA

Este livro é fruto de centenas de horas de entrevistas com a maioria dos agentes especiais que atuaram neste caso. Trechos nos quais são descritos pensamentos foram baseados em informações que as próprias pessoas nos deram.

Em alguns casos, os interrogatórios do FBI foram resumidos e editados para fins de clareza.

1
MOVIMENTOS SUSPEITOS

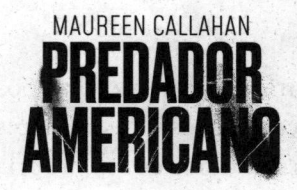

1

Na beira de uma estrada de quatro faixas, escondido por bancos de neve de um metro e meio de altura, havia um pequeno quiosque que vendia café, cuja pintura verde e radiante contrastava com o asfalto e as grandes lojas quadradas e cinzentas. Motoristas que passavam por ali conseguiam ver o telhado conhecido acima dos montes de neve, uma cabana alegre, mas solitária.

Na noite anterior, Samantha Koenig, 18 anos, trabalhava sozinha no quiosque. Agora estava desaparecida. Fazia menos de um mês que havia conseguido aquele emprego.

O anúncio do desaparecimento foi feito na manhã de quinta-feira, 2 de fevereiro de 2012, pela primeira funcionária a chegar ao quiosque da cafeteria naquele dia. A atendente sentiu que alguma coisa estava errada. Samantha era sempre muito responsável, fechava tudo direitinho, porém naquela manhã as coisas estavam fora do lugar e o caixa do dia anterior havia sumido.

O que o Departamento de Polícia de Anchorage conseguiu descobrir a respeito de Samantha naquele dia não foi o suficiente para lhes fornecer qualquer pista do ocorrido. Ela estava no último ano do ensino médio, era popular no colégio e, às vezes, matava aula. Talvez tivesse um histórico com drogas. Tinha um bom relacionamento com todos, não só com os alunos mais populares. Havia duas pessoas bem importantes em sua vida: o namorado, Duane, com quem se relacionava havia quase um ano, e o pai, que era solteiro, James.

Então: o que deduzir deste cenário? Era possível que Samantha tivesse sido sequestrada, contudo os investigadores achavam mais provável que ela tivesse desaparecido por conta própria. A polícia não encontrou sinais de luta. No interior do quiosque havia um botão de pânico, e Samantha não o tinha acionado. Usou o celular antes e depois de ter desaparecido — brigou com Duane, dizendo-lhe para deixá-la em paz, pois estava convencida de que ele a estava traindo.

Ela também telefonara para o pai, pedindo-lhe que levasse o jantar no quiosque.

Por que faria isso, se pretendia fugir?

Para o sargento do Departamento de Polícia de Anchorage, parecia ser um bom teste para treinar uma novata no trabalho de campo. Decidiu entregar o caso para a detetive Monique Doll, que era da terceira geração de policiais em sua família, tinha 35 anos e estava em seu primeiro dia de trabalho no departamento de homicídios. Doll tinha passado dez anos na área de narcóticos, quatro deles como agente disfarçada no DEA.[*] As referências dela eram muito boas.

Doll também se destacava como uma das oficiais mais charmosas em Anchorage. A aparência combinava com o nome, era loira e bonita como uma boneca, apesar de usar um apelido andrógino, Miki. Era casada com outro astro do DPA, o bonitão Justin Doll, com quem formava uma espécie de casal celebridade da região.

Decidido, o sargento disse a Doll: você fica encarregada disso. Circunstâncias suspeitas, classificou.

---

[*] Drug Enforcement Administration, a Administração de Fiscalização de Drogas. [As notas são da Tradutora]

Do outro lado da cidade, o agente especial do FBI Steve Payne encerrava uma investigação envolvendo drogas quando um amigo do departamento de polícia telefonou. Essa é uma prática comum em Anchorage, uma cidade grande que funciona como pequena. Policiais, agentes do FBI, advogados de defesa, promotores, juízes — todo mundo conhece todo mundo. É o paradoxo de ser do Alasca: o estado é o lar de indivíduos endurecidos que, mesmo assim, sabem que chegará um momento, no meio de invernos gelados, impiedosos, que vão precisar de ajuda.

Payne foi informado de que uma menina de 18 anos havia desaparecido na noite anterior e enviado algumas mensagens furiosas para o namorado. Uma das hipóteses era de que Samantha tinha furtado o dinheiro do caixa para financiar um ou dois dias longe de tudo. Acontecia o tempo todo em Anchorage.

Mas Payne não estava convencido. Planejar o próprio desaparecimento requer boa dose de estratégia e sofisticação. Samantha era uma jovem com poucos recursos. Payne era frequentador assíduo desses quiosques de rua que servem café e imaginava que essas atendentes, garotas que trabalhavam sozinhas e eram obrigadas a usar biquíni no verão durante o expediente, ganhavam muito mal. Não era uma vida fácil.

Além do mais, para onde uma adolescente iria sozinha em uma noite escura e gelada de quarta-feira? O frio estava escorchante, em torno de zero grau, e a neve cobria o chão. Samantha não dirigira sua picape naquela noite; o namorado dela, Duane, estava com a caminhonete. Anchorage não era uma cidade de fácil locomoção a pé. Samantha vagando por aí, sozinha e a pé, era algo que não fazia sentido. Se tivesse ido à casa de uma amiga, como dissera a Duane nas mensagens da noite anterior, a polícia já a teria encontrado.

Ele se ofereceu para ajudar.

"Já temos gente o suficiente", foi a resposta. "Acreditamos saber o que aconteceu."

Payne desligou. Alguma coisa não encaixava nessa história. Como ele bem sabia, a primeira regra de qualquer investigação era manter a mente aberta. Não era recomendado adequar uma teoria pessoal a um possível crime.

Ele ficou sabendo que a polícia nem mesmo isolou a área do quiosque naquela manhã, quando o desaparecimento de Samantha foi informado, e que a colega de trabalho passou a manhã atendendo clientes. Se o quiosque tinha sido mesmo a cena de um crime, o cenário já havia sido contaminado.

Inacreditável, pensou Payne. Isso era o básico, as primeiras horas de uma investigação são as mais importantes, pois é quando as pistas ainda estão frescas e os depoimentos das testemunhas são mais reveladores. É crucial que os investigadores sejam curiosos e engajados quando se deparam com um mistério novo, com novos envolvidos. Isso determina o tom de tudo que virá a seguir. Quando se trata de pessoas desaparecidas, em especial uma criança — e Payne considerava Samantha uma criança —, esses momentos iniciais, se tratados de forma correta, dão aos investigadores a melhor chance de encontrar a vítima viva e bem.

Ele não queria invadir a área alheia, mas não podia se omitir. Ligou para o DPA, deixou recados e esperou por uma resposta durante a tarde inteira.

Finalmente, às oito daquela noite, o telefone de Payne tocou. Era a detetive Doll.

"Algumas coisas mudaram", informou ela.

Payne levou doze minutos de carro para ir do escritório do FBI em Anchorage ao DPA. Era seis anos mais velho que Doll e estava no Departamento havia dezesseis, nascido e criado em Anchorage, uma raridade. Muitas pessoas que moravam lá, como Doll, eram expatriados dos Estados Unidos contíguos. Payne entendia a psicologia da cidade. Entendia o possível viés policial ao lidar com os pobres e problemáticos de Anchorage, as causas perdidas. Não queria que Samantha fosse um caso encerrado.

A aparência de Payne revelava pouco sobre seu trabalho. Ninguém cogitaria que ele era um agente especial que trabalhava com drogas e violência desde o início da carreira. De aparência discreta, esguio, parecia um contador. No entanto, Payne era um investigador nato, alguém que se descrevia como obsessivo-compulsivo, cuja dedicação ao trabalho investigativo tinha lhe custado o primeiro casamento. Era perfeccionista e sempre se guiava pelo credo do investigador de homicídios: faça a coisa certa da primeira vez. Você só tem uma chance.

No Departamento, debochavam dele por causa de alguns de seus bordões favoritos. "Causa para pausa", sempre que encontrava uma pista ou algum tipo de informação importante; "Lei de Murphy", quando uma investigação em vias de ser solucionada voltava à estaca zero. Payne considerava Murphy seu bicho-papão pessoal.

Doll forneceu a Payne um resumo rápido de tudo que sabia até o momento. Fazia pouquíssimo tempo desde que haviam analisado as imagens da câmera de segurança do quiosque, que o proprietário, a quase quatro mil quilômetros de distância, tinha obtido oito horas mais cedo. Isso começava a confirmar os temores de Payne — haviam negligenciado a situação de uma adolescente em risco. O pai de Samantha tinha passado a noite ligando para o celular da garota sem resultado algum, e o dia seguinte em pé na frente do quiosque no horário em que a filha iria trabalhar, das 13h às 20h, esperando que ela voltasse.

"Mostre-me o vídeo", pediu Payne.

Pouco antes das oito da noite, Samantha aparece na tela de blusa verde limão, com o longo cabelo castanho solto. Estava relaxada, conversando com um cliente pelo guichê do quiosque enquanto preparava café.

Ela parece uma menina doce, pensa Payne. Feliz.

Quem está do lado de fora não é enquadrado pela câmera. Samantha trabalha de maneira bem casual e então, dois minutos e seis segundos depois do início do vídeo, ela apaga as luzes de repente.

Não há áudio.

Samantha levanta as mãos. Agora, tudo que se vê fora do quiosque é uma figura sombria e o que pode ser a mira de uma arma apontada pelo guichê em direção à garota. A mira é alta, o guichê é baixo, então, quem quer que seja, deve ser alguém alto. Samantha se move, hesitante, em direção ao balcão, de costas para a pessoa do lado de fora. Ela se ajoelha. Fica assim por mais de um minuto, agitada, e então, aos três minutos e meio de filme, se levanta, vai até a caixa registradora e tira o dinheiro da gaveta. O vídeo é tão granulado que fica difícil dizer se a menina entrega o dinheiro ou o deixa ali. Ela volta a se ajoelhar, aparenta calma. Em seguida, fica evidente que mais alguma coisa é dita, pois Samantha cambaleia até o guichê, para e vira de costas para o agressor.

Ali, na marca de cinco minutos e dezenove segundos, uma grande silhueta masculina se inclina para dentro do quiosque. É difícil ter certeza, mas parece que ele imobiliza os braços dela para trás.

Mais dois minutos se passam, o que parece nada, até você pensar que um homem armado está do lado de fora de um quiosque muito conhecido, que fica entre o estacionamento de uma enorme academia de ginástica e uma estrada bastante movimentada. Nesse contexto, dois minutos é tempo demais.

Payne pensa que essa pessoa, seja quem for, sabe o que faz ou conhece Samantha. O quiosque é pequeno, deve ter uns três metros por um metro e meio, e é pouco elevado em relação ao chão. O guichê aberto deixa essas garotas bem vulneráveis. Estranho ninguém ter notado isso antes.

Segundos mais tarde, Payne vê o homem saltar como um felino, passar pelo guichê com um movimento ágil, o abdome contraído, os braços estendidos, e aterrissar com elegância à direita de Samantha. Tudo acontece muito rápido.

Agora fica claro: o homem é muito alto. Está muito calmo. Olha para fora pelo guichê, parece fechá-lo, e fala com Samantha. As coisas parecem bem normais entre os dois.

Ele pega alguma coisa e abre para mostrar a Samantha. Talvez seja a bolsa dela, que parece estar vazia.

Agora, em oito minutos e cinquenta e cinco segundos, o homem se ajoelha. As costas largas estão voltadas para a câmera, o braço direito envolve Samantha. Tem uma inscrição branca visível nas costas de seu moletom, mas é impossível lê-la. Ele está tão perto de Samantha que os dois parecem ser uma só silhueta.

O agressor lhe ajuda a ficar em pé.

Samantha e o homem hesitam, olham para trás e se colocam diante de outra câmera de segurança. O criminoso leva Samantha pela portinha do quiosque e a câmera externa mostra os dois se afastando devagar, andando pela neve branca e fresca, ele com um braço sobre os ombros dela.

Payne não sabia o que deduzir do vídeo. Mais uma vez, ofereceu a ajuda do FBI, mas Doll a recusara. Podia ser seu primeiro dia, porém ela chefiava a investigação, e o caso era do DPA.

Outro designado pelo DPA era Jeff Bell, cuja aparência jovial escondia uma carreira de dezessete anos e muitas histórias na defesa da lei: força-tarefa federal do U.S. Marshals,* SWAT, oficial de patrulha sênior e três anos na Força-Tarefa de Ruas Seguras do FBI, o que lhe dava acesso total ao material confidencial do Departamento. Bell era considerado um talento nato entre os membros da equipe — um pensador clínico, lógico, com carisma para envolver membros de gangue, traficantes, viciados em metanfetamina, gigolôs, estupradores e assassinos que tanto se empenhavam para tornar Anchorage a cidade com o maior índice de criminalidade no Alasca.

No DPA e no Departamento, Bell era conhecido como O Metrossexual. O que não era bem um elogio. Era um homem bonito, de feições sombrias, cabelo sempre curto, no estilo militar, e boa forma física. Estava bem-vestido o tempo todo.

Bell era admirado pelos colegas; tinha a franqueza e a simpatia tão comuns do Meio-Oeste de onde viera. Foi parar no Alasca acompanhando a namorada de faculdade, e os dois permaneciam ali, casados. Havia muito tempo Bell passara a se identificar, o que era comum naquele local, como um alasquiano, em vez de americano; o resto do país, todos os outros lugares além do estado, era o Exterior. Bell conhecia Anchorage como Payne. Quase toda esquina guardava algum tipo de memória para ele: um assalto, uma prisão, um corpo.

---

* O United States Marshals Service (abreviadamente U.S. Marshals) é o Serviço de Delegados dos Estados Unidos, uma agência de aplicação da lei e um órgão de polícia federal norte-americana pertencente ao respectivo Departamento de Justiça.

Mesmo assim, até Bell ficou impressionado com o vídeo. Eles viram Samantha levantar as mãos e observaram que o agressor parecia ser um homem, mas o que aconteceu de verdade? Estava escuro demais para ver. Por que a conversa demorou tanto? Bell cronometrou a atividade no vídeo. O sujeito ficou do lado de fora do quiosque por, pelo menos, sete minutos, e dentro dele por pouco mais de dez. Dezessete minutos no total.

Afinal, qual teria sido o teor da conversa? Era o que Bell se perguntava.

Esses dezessete minutos levaram à primeira teoria do departamento: Samantha, pensavam eles, não era uma vítima. Não contariam à imprensa, mas a resposta deles deixava isso claro, porque o DPA não planejava divulgar o desaparecimento da menina.

Foram mais dois dias até o DPA ser obrigado a ceder, muito em razão do desespero do pai da vítima.

2

James Koenig estava do lado de fora do quiosque Common Grounds na tarde de sexta-feira, 48 horas depois do desaparecimento da filha. Esse é o tipo de choque que só um pai ou mãe pode conhecer, a absoluta incapacidade de acreditar que o filho, de algum jeito, sumiu.

Como uma coisa assim seria possível?

James, um homem grandalhão de olhos azuis, era conhecido pela maioria como Sonny. Trabalhava como caminhoneiro e conhecia bem o lado mais sórdido de Anchorage, os bares, as boates de strip e as gangues de motoqueiros. Havia um boato de que teria envolvimento com o tráfico de drogas. James "Sonny" Koenig era, na opinião de algumas pessoas, um homem mau.

No entanto, não havia nada que ele não fizesse por Samantha. Quando a menina nasceu, Sonny mal conseguia dormir, consumido pela preocupação constante de que, de repente, a filha parasse de respirar. Sempre ouvira dizer que o amor de um pai é ilimitado, o que se provou verdadeiro. Sam era sua única filha, a pessoa de quem mais gostava, seu mundo. Ela jamais teria desaparecido se ele tivesse levado o jantar para ela naquela noite, como ela lhe pedira. Por que não fizera aquilo? Por quê?

James se concentrava na coisa que podia fazer: agitar Anchorage para procurar pela filha. Distribuía panfletos com a foto de Samantha e a palavra SEQUESTRADA em grandes letras vermelhas na parte de cima, o nome dela abaixo da foto. Voluntários não paravam de aparecer, abraçavam James e levavam pilhas de panfletos enquanto a neve continuava caindo suave.

Também havia repórteres ali. James se dispunha a falar o dia todo. Samantha foi raptada, dizia, era indiscutível.

"Liguei para o celular dela até a bateria acabar e mandei mensagens, fiz tudo", repetia ele. "O telefone tocava até a ligação cair na caixa postal. E então ontem, ao meio-dia, a ligação foi direto para a caixa postal."

James estava convencido de que essa era a prova de que Samantha fora raptada; ele e Samantha trocavam mensagens e conversavam várias vezes por dia. Porém, a polícia se mantinha cética. Pessoas desapareciam no Alasca o tempo todo. Algumas vezes iam embora. Em outras se perdiam em uma trilha escura ou congelavam em uma valeta cheia de neve. Com sorte seriam encontradas a tempo, mas nem sempre. Esse era só um fato da vida. Para alguns, um presente.

Boa parte do encanto do Alasca vem de sua rusticidade ancestral. A área foi habitada por nossos antepassados há mais de onze mil anos, e não é muito mais desenvolvida hoje do que era quando a Rússia vendeu o território para os Estados Unidos em 1867 por dois centavos o acre. No entanto, o Alasca ainda é o "Grande Território", como James Michener o chamou: o mais próximo que temos de um tempo anterior ao homem, de um lugar intocado, uma natureza tão exuberante que é impossível não ficar fascinado e com um pouco de medo. Aventureiros e solitários, românticos e sem perspectivas, excêntricos e propensos à ideação suicida — a exuberância do lugar, sua sedução e selvageria atraem os mais selvagens entre nós. Alasca, a terra das luas obscuras e dos sóis da meia-noite.

No verão, o Alasca, e Anchorage em particular, se torna o lugar mais claro do planeta, um parque temático para famílias em férias interessadas em atividades ao ar livre durante vinte e duas horas de pura luz do sol. Contudo, a chegada do inverno e o retorno dos turistas às suas casas fazem as máscaras caírem. A verdadeira natureza de Anchorage, seu caráter incivilizado, se revela. Escuridão e depravação competem com um anelo coletivo por luz e vida. Nunca o lugar parece tanto com o fim do mundo, ziguezagueando entre a vida real e uma zona de escuridão, onde ocorrem fenômenos desconhecidos, e a sensação fica mais forte durante os seis meses nos quais ele mergulha em escuridão quase total. O isolamento é suficiente para permitir qualquer coisa.

Torna-se um lugar inóspito para mulheres.

"O Alasca deve ser visto como um lugar com duas características: grande beleza, mas também implacável hostilidade", escreveu Michener em seu romance *Alasca*, de 1988. Quem sobrevive a ele, o autor continua, "será sempre de um tipo especial: aventureiro, heroico, disposto a contestar os grandes ventos, as noites intermináveis, os invernos congelantes".

Samantha era assim: pertencia a um grupo especial. Era dura, como o pai. Tinha problemas com a mãe e com drogas. Poderia ter abandonado o ensino médio sem nenhuma dificuldade, se jogado em uma vida de trabalhos mal remunerados e sonhos adiados, porém se manteve firme e estava no último ano do Anchorage West High Scholl. Achava que poderia trabalhar com animais, ou se tornar enfermeira para se alistar na marinha. Uma garota que gostava de ajudar, procurando os perdidos e desajustados, e se avistasse alguém comendo sozinho no refeitório, ou encolhido em um canto em uma preleção, aproximava-se, despretensiosa, e conversava sobre qualquer bobagem. Era bondosa.

Samantha tinha adoração por sua sobrinha e era obcecada por seus dois cachorros. Apesar de todas as brigas, amava de verdade Duane, que fora morar com ela e James oito meses antes do ocorrido. O rapaz também estava economizando para tentar uma vida melhor, trabalhando como lavador de pratos no conhecido Suite 100, um restaurante de frutos do mar.

Duane iria buscar Sam na noite em que ela desapareceu. Quando chegou lá, o rapaz contou à polícia, a namorada já fora embora.

Agora, no sábado, o DPA precisava equilibrar os pratos. Ou seja, precisava encontrar Samantha e acalmar a população. A história se tornou assunto nacional.

O Tenente Dave Parker, por ingenuidade ou desespero, foi franco demais com a imprensa. "Eles saíram a pé, isso nós sabemos", comentou. "Além disso não sabemos mais nada. O sumiço da garota se tornou um completo mistério." A declaração só aumentou a preocupação da comunidade. O desaparecimento de Samantha se relacionava a um medo comum aos pais de jovens garotas que trabalhavam sozinhas, no escuro, em um local densamente povoado.

Samantha poderia ser filha de qualquer um.

De fato, a pressão pública forçou o DPA a mostrar trechos dos vídeos de segurança à imprensa. Mais uma vez, tudo que a polícia podia assegurar era que o suspeito usava moletom escuro com capuz, talvez um boné de beisebol, e era significativamente mais alto que Samantha, cuja altura era um metro e sessenta e cinco.

"Qualquer um pode ser suspeito neste momento", declarou um detetive.

Isso incluía James e Duane.

A detetive Doll havia interrogado, separadamente, os dois homens na delegacia na quinta-feira de manhã, horas depois do desaparecimento de Samantha. A impressão original de Doll fora de que James era um homem franco. Em seu relatório para a polícia, na ESCALA DE HONESTIDADE 1-10, ela marcou "10 — brutalmente honesto".

Porém estava intrigada com o que James e Duane haviam lhe dito.

Duane contou que foi ao Common Grounds dirigindo a picape que ele e Samantha dividiam por volta das 20h30 naquela noite. Tinha se atrasado um pouco no emprego, talvez uns dez minutos.

Ele contou que, quando parou a caminhonete, notou as luzes dentro do quiosque apagadas. Estava tudo escuro. Então desceu do veículo e foi olhar por uma das janelas. Samantha não estava lá.

"Tudo completamente fechado", falou à detetive Doll. Chegou a notar uns guardanapos espalhados pelo chão e panos sobre o balcão, o que achou estranho. Samantha era obcecada por arrumação e limpeza.

E por que Duane não entrou?

"Não queria disparar o alarme e ser acusado de invadir o quiosque", justificou. Imaginava que Samantha tido ido embora de carona com alguém. Doll pediu a Duane provas de seu cronograma, e quando ele exibiu as mensagens de texto para comprovar sua história, a detetive percebeu que o casal passava por uma crise séria.

Duane negou de forma insistente. Eles estavam bem. Houve, sim, uma fase difícil, mas isso tinha ficado para trás.

Doll achava que não. Então lhe pediu para voltar mais um pouco nas mensagens, e lá estava. Certo, confirmou Duane. Ele tinha flertado com outras garotas e Sam tinha descoberto. E odiado. E como detetives podiam confiscar seu telefone, considerou melhor admitir ter ligado para Samantha na noite do desaparecimento, enquanto ela trabalhava, e quando a namorada lhe disse que não podia conversar, ele respondeu: "Tanto faz", e desligou. Precisou assumir que estava, sim, bravo com ela.

Doll enfim chegou à mensagem que Duane recebeu de Samantha às 23h30 daquela noite.

VSF, babaca. Sei o que você fez e vou passar uns dias com amigas preciso de tempo pra pensar planejar agindo estranho avisa meu pai.

"Agindo estranho?" Quem estava agindo estranho ali? Doll passou para a ofensiva.

O que Duane tinha feito? O significava estar agindo estranho? Estava traindo Samantha? Samantha o tinha confrontado quando ele chegou para buscá-la? Ele tinha perdido a cabeça e extrapolado na reação? Acontecera alguma coisa, ainda que por acidente?

Não, disse Duane. Eu não fiz nada.

Bem, a detetive o questionou, o que aconteceu em seguida?

Duane disse que foi para a casa de James e esperou, torcendo para Samantha chegar. Por volta das 3h da manhã, sentiu uma necessidade repentina de abrir a porta e sair.

Por quê? Doll quis saber.

Duane não soube explicar. Limitou-se a dizer que viu um homem de máscara, a mais ou menos dois metros de distância, mexendo na caminhonete que ele e Samantha dividiam. Os dois ficaram ali parados por um momento, se encarando, até que o homem fechou a porta e foi embora.

O que Duane fez depois disso?

Voltou para casa e contou a James, declarou. Cerca de uma hora depois, Duane foi olhar a caminhonete e percebeu que a carteira de motorista de Samantha, que estava sempre presa no compartimento do visor, havia desaparecido. Então, voltou para casa outra vez e foi dormir. Dormiu um sono profundo. Duane só acordou por volta das 9h30.

Doll estava incrédula. Quando isso supostamente havia acontecido, Samantha estava desaparecida havia sete horas. Tinha mandado mensagens para Duane e falado o quanto estava aborrecida. E aí, de modo muito conveniente, algumas horas depois, um estranho mascarado aparece na casa deles. De modo inexplicado, o desconhecido sabe onde Samantha mora, conhece o carro dela, o encontra entre todos os outros estacionados em uma rua escura, tem o conhecimento exato de onde a carteira de motorista dela está e a pega, e James e Duane veem isso e não chamam a polícia? Não pensam em seguir aquele homem que se afastava pela rua?

Isso era sério?

Se Duane e James estavam tão preocupados, por que não chamaram a polícia? Por que não deram queixa do desaparecimento de Samantha?

Duane tinha uma resposta simples: achava que a polícia não agiria antes de Samantha estar desaparecida há 24 horas.

Interessante. Fora a mesma coisa que James Koenig dissera quando Doll colheu seu depoimento, antes de falar com Duane.

Naquela noite, mais tarde, Doll mandou dois oficiais armados, sem aviso prévio, à casa de James e Duane. A detetive pretendia fazer mais algumas perguntas, contudo o verdadeiro motivo era observar como os dois reagiriam se fossem pegos desprevenidos.

O que esses oficiais descobriram só deixou Doll ainda mais desconfiada. James abriu a porta e, segundo o relato dos oficiais, não os deixou entrar. Em vez disso, se espremeu pela fresta, saiu e fechou a porta.

Quando lhe pediram para falar com Duane, James repetiu os movimentos de quando saiu, e Duane agiu de modo semelhante.

Essas eram atitudes de um pai e um namorado aflitos? Você insiste em dizer que sua filha foi raptada e, no entanto, não permite que a polícia entre em sua casa?

Jeff Bell foi encarregado de vigiar James Koenig o tempo todo.

Dias se passaram.

James poderia mesmo ter feito aquilo? Apesar de todos os investigadores do caso o considerarem um homem honesto que de fato amava a filha, ainda assim, permaneciam em dúvida. Tentavam não se posicionar.

Pouco importava. James não era idiota. Sabia que era um dos principais suspeitos. Sabia que precisaria convencer a polícia a investigar outros lugares.

O pai incentivou as amigas de Samantha a falar com a imprensa.

"Uma menina bonita que não sabia que era bonita", declarou a antiga colega de trabalho, Heather Cartwright. Cartwright parecia não se dar conta de que estava usando o verbo no passado. Afirmou que acreditava que Samantha tinha sido levada, pois a amiga "não deixaria o pai nessa aflição de propósito".

No sábado seguinte, 11 de fevereiro, centenas de pessoas se reuniram para uma vigília à luz de velas em Town Square Park. Crianças, polícia, socorristas e desconhecidos, todos usavam fotos pequeninas de Samantha presas em fitas verde-limão, cor favorita da menina desaparecida. James estava lá, segurando Sheeba, o pit bull de seis anos que pertencia à filha, no colo e usando a foto de Samantha presa sobre o coração.

No escritório do FBI na cidade, Steve Payne estava frustrado. O DPA concordara em aceitar sua ajuda três dias atrás, porém o pai de Samantha fazia mais que todo o departamento de polícia. Tinha instituído um disque-denúncia e um local de voluntariado bem ao lado do quiosque da cafeteria. Mandou confeccionar um cartaz enorme, de quase um metro e meio de altura, com o rosto da filha, e o colocara encostado ao quiosque na calçada com a palavra RAPTADA pintada em enormes letras pretas. Pedia aos esquiadores de cross-country para procurarem pela filha dele nas trilhas. Amigos e desconhecidos escreviam mensagens de esperança na neve com tinta spray verde néon.

A essa altura, era impossível morar ali e não saber quem era Samantha. Em vez de perder o interesse em uma garota desaparecida no Alasca, os veículos de imprensa nacionais tinham ficado ainda mais intrigados. Produtores do *Nancy Grace* queriam entrevistar James. ABC, NBC, CBS, CNN e Fox News tinham feito matérias sobre a história. Mensagens via Facebook chegavam até da Nova Zelândia.

Enquanto isso, Payne se concentrava nos fatos. Orientou os agentes a entrar em contato com todas as companhias aéreas em busca de pistas de que Samantha tinha deixado o estado.

Nada.

E barcos, cruzeiros, navios? Algum registro de que ela teria embarcado como passageira ou começado em um emprego em alguma embarcação?

Nada.

Payne fez os agentes mostrarem nomes e fotos de mais de duas dezenas de amigas e conhecidas com quem Sam tinha alguma semelhança, caso tivesse falsificado o passaporte ou usado o de uma delas.

Nada.

O celular de Samantha não tinha mais sido usado desde a noite do desaparecimento. O aparelho continuava desligado. Será que teria fugido de carro? Só havia três estradas principais saindo de Anchorage. No entanto, nenhuma delas tinha câmeras de segurança.

Payne não tinha visto um caso como esse; nenhuma prova material, nada que indicasse que Samantha poderia ter sido raptada. Contudo havia uma garota de 18 anos com o rosto estampado em todos os jornais, uma cidade de trezentos mil habitantes procurando por ela, uma jovem sem dinheiro — e mesmo que tivesse furtado o dinheiro da loja, não teria mais que duzentos dólares —, nenhuma prova de que havia saído da cidade. Se Samantha não tinha sido sequestrada, mas também não tinha fugido, o que havia acontecido?

O que não estavam conseguindo ver?

Bell pensava a mesma coisa. Ele agora se movimentava entre o FBI e o DPA, levando informações a Payne enquanto ajudava Doll. O papel de Bell era tão terapêutico quando investigativo; Payne antipatizava com Doll, pois a considerava confiante demais para uma novata, e a detetive provavelmente se ressentia por ele ter se intrometido na primeira investigação de pessoa desaparecida que ela comandava. De sua parte, Bell não estava tão convencido quanto Doll do envolvimento de James, porém também não tinha a certeza de Payne de que Samantha tinha sido raptada.

Na verdade, Bell começava a suspeitar de que Samantha tinha criado toda essa confusão.

Por outro lado, o alarde da imprensa teria impedido Samantha de se esconder em Anchorage. A revista na caminhonete de Duane não deu em nada. A única explicação lógica era que a garota havia forjado o próprio rapto, e o homem no vídeo era seu cúmplice.

A Unidade de Operações Especiais foi chamada. Vice foi envolvido na investigação. A polícia prendeu cerca de cinquenta pessoas, em especial informantes confidenciais, e os interrogou a respeito do que sabiam sobre Samantha Koenig.

E ficou provado que sabiam muito.

Detetives foram informados de que a Máfia russa estava envolvida na história, pois seria uma vingança relacionada a algo que James fizera. Ou os Hells Angels, pelo mesmo motivo. A polícia sabia que Samantha traficava? Uns disseram tê-la ouvido contar que estava "ganhando dinheiro fácil" roubando de fornecedores. Outros comentaram que ela devia dinheiro de droga e fora levada como refém para ser trocada por um resgate.

Uma mulher declarou à polícia que pessoas próximas de Samantha sabiam que a garota era dependente de metanfetamina. Por sua vez, essas pessoas sustentavam que Samantha furtara cinco mil dólares de James uma semana antes de desaparecer. Diziam que a relação entre pai e a filha não era tão perfeita quanto James pintava. Samantha sempre fora desesperada pela atenção do pai e faria qualquer coisa para obtê-la.

Em 15 de fevereiro, surgiu a notícia de que o corpo de Samantha fora encontrado.

Não era verdade, mas o boato era um indicador do quanto a investigação tinha saído de controle. O FBI e o DPA precisavam conter o pânico e encontrar Samantha, contudo Bell sabia que seria difícil; esse era um departamento pequeno, contava apenas com 350 policiais. Não conseguiam pagar hora extra por tempo indeterminado. Duas semanas de investigação e todo mundo estava à beira do colapso. Quanto mais a situação se arrastasse, menor seria a probabilidade de que a encontrassem.

E havia James Koenig, com um fundo de recompensa que agora somava sessenta mil dólares e cuja página do Facebook gerava pista atrás de pista e fazia os investigadores parecerem incompetentes, na melhor das hipóteses.

3

Às 19h56 de 24 de fevereiro, Duane tomou um susto: uma mensagem do número de telefone de Samantha. Ela estava desaparecida havia três semanas.

Placa do parque conner embaixo foto de albert ela é uma fofa.

Duane e James contaram a novidade ao DPA e correram para o Parque Connors Bog, um conhecido início de trilha para corredores. Chegaram lá uns quinze minutos antes do DPA.

Lá, preso a um quadro de avisos, embaixo de um panfleto que anunciava um cão desaparecido chamado Albert, havia uma embalagem com fecho hermético com um bilhete de pedido de resgate e cópias em preto e branco de polaroides de Samantha. Em uma das fotos, fita adesiva do tipo silver tape cobria a boca e o queixo. Ela usava delineador e olhava para a câmera, e o cabelo tinha sido trançado. No filme da câmera de segurança, Samantha aparecia de cabelo solto.

Na mesma foto, um homem segurava a cabeça de Samantha, mas tudo que se via dele era a mão e o braço musculoso. Na parte de cima da fotografia havia uma cópia do *Anchorage Daily News* com a data de 13 de fevereiro de 2012.

Prova de vida.

A nota, datilografada em papel branco comum, só aumentava o mistério. Fazia referência ao cartão de débito de Duane, que havia desaparecido com Samantha.

"Não posso usar muito o cartão no Alasca aqui é muito pequeno e todos se conhecem", estava escrito, "mas como logo vou embora, usarei direto em outros lugares." O bilhete sugeria que Samantha não estava mais no Alasca, tinha sido levada para um estado árido do país. "Ela quase escapou duas vezes. Uma na Tudor [rodovia] e outra no deserto. Devo estar perdendo o jeito."

A exigência: trinta mil dólares, depositados imediatamente na conta de Duane e Samantha. A mensagem dizia ainda que, se essa e outras exigências fossem atendidas, Samantha seria libertada em seis meses.

Agora o caso era oficialmente de sequestro, um crime federal. Pela primeira vez desde o desaparecimento de Samantha, Payne sentiu uma espécie de alívio. A investigação não seria mais comandada pelo DPA, mas por ele, que pôde comunicar a James o que seria mais uma fala de um filme, contudo não menos verdadeira por isso.

"Agora podemos trazer o FBI com força total", Payne comentou. "Não temos que justificar nada a ninguém."

Payne considerava ter uma excelente equipe. Entre os investigadores havia Jolene Goeden, com anos de experiência em crimes contra crianças, tráfico humano, crimes sexuais e homicídio, além de dez anos de trabalho com estupradores e assassinos em série. Goeden dizia ter ouvido o pior do pior, mas suas crenças espirituais lhe davam força e compaixão; muitos criminosos com quem trabalhara tinham sofrido abusos na infância. Ela era mestre em separar a pessoa do crime, mas nunca se esquivava de verdades brutais. Era perfeita para a investigação.

E havia Kat Nelson, uma investigadora jovem, vibrante, que amava fatos e números. O que para a maioria seria um tédio, ela considerava eletrizante: vasculhar digitais, registros de celular, de propriedade, recibos de cartão de crédito e declarações de imposto de renda. Organizar partes de dados para criar uma narrativa.

Payne, Goeden e Nelson, além de Doll e Bell, formavam um grupo pequeno ao redor de um caso muito grande.

Payne já estava rastreando os celulares de Samantha, James e Duane. Quando a mensagem do resgate foi enviada pelo celular de Samantha ao de Duane, Nelson a acompanhou em tempo real. Demorou três semanas, porém agora havia um enlace, ainda que fino, entre os investigadores, Samantha e quem mais estivesse envolvido.

Payne fez questão de que todos os investigadores vissem a mensagem de resgate. Enviou o bilhete original para a sede do FBI em Quantico para ser analisada: fibras, digitais, DNA. Payne queria saber como a mensagem tinha sido escrita e a foto tinha sido feita — a máquina de escrever (se era mesmo uma máquina, e não um computador), que tipo de fita, tinta, impressora. Nenhum detalhe era insignificante.

Ele acionou a célebre Unidade de Análise Comportamental do FBI, apesar do ceticismo de Bell. O que Bell sabia da UAC era o que via na TV e nos filmes. Imaginava burocratas arrumadinhos sentados em quartéis-generais, milhares de quilômetros distantes de uma cena de crime, com um ar de superioridade que resultava, de alguma forma, em um perfil detalhado e certeiro de um suspeito desconhecido.

Como muitos colegas investigadores, Bell acreditava que esses criadores de perfis de criminosos estavam um degrau acima da paranormalidade. As previsões deles em relação a transgressores violentos eram quase sempre as mesmas: o suspeito era um homem jovem, provavelmente branco, com um emprego mal remunerado, dificuldades para manter relacionamentos e muitas questões relacionadas à raiva, em especial a que sentia por mulheres.

Não era exatamente a conclusão mais surpreendente.

Uma questão pairava acima de todas as outras: naquelas polaroides, Samantha estava viva ou morta?

Doll não tinha certeza. Payne, Goeden e Nelson pensavam que ela estava viva. Bell acreditava que a garota estava morta.

Pelo que vimos, Payne argumentou, Samantha não tinha cortes ou hematomas. Estava maquiada. Com as axilas depiladas. O cabelo, trançado. A pele parecia saudável. Segurar a cabeça dela daquele jeito podia ser um gesto para chocar.

A UAC acionou um perito em filmes snuff.* Esse perito não soube apontar nada.

O bilhete de resgate era cheio de erros de ortografia. Intencionais? Bem provável. Quem estava por trás disso era esperto, era evidente. Por outro lado, por que deixar o bilhete ao lado de uma estrada e de uma conhecida trilha de corrida, correndo o risco de ser pego? Por que pedir só trinta mil dólares? Todo mundo sabia que o fundo para a recompensa já havia ultrapassado setenta mil. James fazia questão de divulgar.

Havia mais uma coisa que Payne estranhou: a mensagem não fazia referência a nada específico relacionado à Samantha, nem mesmo aos boatos que corriam. Não mencionava drogas ou dívidas com traficantes. Não fez referência a nenhuma amiga, atual ou antiga. Não havia indicador de que essa pessoa conhecia Samantha. Payne se lembrou, no entanto, de que sequestros de desconhecidos eram muito raros. Será que o bilhete não era uma tentativa de confundir a investigação?

Um detalhe que combinaram não tornar público: a promessa do autor de devolver Samantha em seis meses. Nenhum membro da equipe jamais tinha ouvido algo parecido durante suas carreiras. Nenhum deles acreditava nisso.

Agora tinham que responder ao bilhete. Todos estavam de acordo sobre a necessidade de James de depositar o dinheiro naquela conta bancária. O que deveriam dizer? Mais uma vez, Payne pediu ajuda à UAC. Que resposta teria maior probabilidade de atrair o sequestrador?

Alguém na força-tarefa do FBI sugeriu que cancelassem o cartão de débito de Duane e Samantha, depositassem o dinheiro, depois James enviaria uma mensagem ao celular de Samantha para pedir um encontro cara a cara e trocar o dinheiro por Samantha.

Payne ficou estarrecido. Era a pior ideia que já escutara. Ouviu perplexo os investigadores começarem a discutir como funcionaria na prática.

---

*   Vídeos que mostram um homicídio real, ou supostamente real.

De jeito nenhum algo desse tipo poderia acontecer. O cartão de débito e o celular de Samantha eram os únicos elos da investigação com a vítima. Para Payne, quem executa esse tipo de crime cria uma grande distância entre si próprio e a cena. Esse não era um crime praticado por um amador.

Payne se esforçou para manter a calma. Precisava fazer as coisas à sua maneira. Para ele, Samantha permanecia no Estado, talvez até mesmo em Anchorage. A cada minuto que passava, as chances de encontrá-la diminuíam. Precisar lutar contra esse absurdo só aumentava o perigo a que a vítima estava exposta.

Mesmo assim, Payne sabia ser necessário fazer a jogada certa. Para que a lógica prevalecesse, precisava manter a calma, ser convincente, transmitir autoridade. "Se cortarmos esse elo com Samantha", explicou, "cometeremos um enorme erro. Não sei se seríamos capazes de revertê-lo."

Em vez disso, sugeriu que mantivessem o cartão de débito ativo. O autor estava raciocinando em minúcias, era claro. O número de dezesseis dígitos que identificava a conta bancária de Samantha fora incluído no bilhete, uma demonstração de legitimidade. Havia uma boa chance de que o dinheiro começasse a sair da conta logo após ser depositado.

Vamos rastrear o cartão, disse Payne, e rastreamos quem está com Samantha.

Outros membros da equipe, Doll inclusive, estavam certos de que já sabiam quem estava com o cartão, haja vista ele ter sido usado na mesma noite do desaparecimento, e mais de uma vez.

O FBI considerou o comportamento estranho de James, que impediu a polícia de entrar em sua casa 24 horas depois de Samantha haver sumido? Existiam boatos de que James era traficante de drogas. Doll ouviu dizer que James transportara mais de sessenta mil dólares em maconha e teria roubado metade disso havia pouco tempo. Por que continuar com essa farsa? Por que não ver o que James faria se sugerissem marcar um encontro?

Até Bell considerava a teoria de Doll absurda. Acreditava que a detetive era mais uma vítima do trabalho de agente infiltrado que executara por tanto tempo, e que seus anos na DEA lhe tinham prendido a uma visão restrita ao padrão do tráfico. A opinião de Payne em manter o cartão ativo e depositar o dinheiro estava certa. Payne venceu.

A euforia durou pouco. O que aconteceu foi que James Koenig não se animou muito com a ideia de depositar o dinheiro.

Quatro dias se passaram, enquanto os investigadores tentavam convencer James, que dizia não ter certeza de que o bilhete era real. Argumentava que as fotos podiam ser montagens. Na verdade, James continuou, toda essa história podia ser uma grande farsa para induzi-lo a abrir mão do dinheiro da recompensa.

Doll não conseguia acreditar. Tinha sido posta para escanteio por Payne e agora suas suspeitas davam frutos. Por que ninguém a ouvia? Por ser a única mulher no comando daquele caso?

Era uma teoria difícil de refutar. Por que James agora não tinha pressa? Ainda implorava por dinheiro no Facebook. Por quê? Como, menos de 48 horas depois do desaparecimento de Samantha, ele conseguira ir ao Facebook e postar essa mensagem:

SE QUISER CONTRIBUIR COM O FUNDO DE RECOMPENSA PARA O RESGATE DE SAMANTHA TESSLA KOENIG, PODE IR A QUALQUER DENALI FEDERAL CREDIT UNION E DEPOSITAR NA CONTA #135006, OU USAR O PAYPAL, É SÓ ACESSAR PAYPAL.COM E DIGITAR MEU E-MAIL, TODAS AS LETRAS MINÚSCULAS [...] TODO O DINHEIRO SERÁ USADO PARA PAGAR O RESGATE E RECOMPENSAR QUALQUER PESSOA QUE CONSIGA TRAZÊ-LA PARA CASA, PARA MIM, SÃ E SALVA.

Doll sabia que James estava gastando parte desse dinheiro da recompensa. A cidade toda falava sobre isso. O *Anchorage Daily News* até questionou James quanto aos boatos, os quais ele não negou. "Estou precisando recorrer a parte do fundo para manter minha casa funcionando", declarou.

Essa era mais uma história que Doll achava suspeita. Pouco tempo depois do comportamento estranho de quando os investigadores foram à casa de James, Doll conseguiu um mandado de busca para a residência. Não se surpreendeu ao encontrar uma plantação lá dentro, e como todo investigador decente sabe, plantar maconha em espaços fechados, naquela quantidade, só podia ser para fins ilegais.

Depois houve um telefonema de uma amiga da família Koenig para o DPA. Ela disse que tinha passado muito tempo com James nos dias seguintes ao desaparecimento de Samantha e que ele estava obcecado por dinheiro. Pelo fundo da recompensa, principalmente. Às vezes, acessava o extrato online várias vezes por dia para acompanhar o crescimento do cofrinho de doações.

"Por favor, verifiquem isso", pediu ela. "Porque tem coisa errada aí."

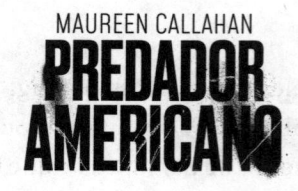

4

Em 29 de fevereiro, cinco dias depois de encontrar o bilhete de resgate, James Koenig telefonou para o DPA. Eram 16h55.

James informou à polícia que estava depositando cinco mil dólares do dinheiro da recompensa na conta de Samantha. Disse que o FBI tinha lhe orientado a não depositar os trinta mil. A intenção era frustrar quem fazia a exigência e forçar um contato.

No DPA, o detetive Joseph Barth era o encarregado de rastrear a conta bancária que Duane mantinha com Samantha.

O cartão de débito foi usado logo depois de ela ter desaparecido, às três da manhã, em um caixa automático da região. Não houve saque. Samantha e Duane tinham menos de cinco dólares na conta.

Agora o detetive Barth observava de sua mesa James depositar os cinco mil dólares na conta de Samantha e Duane, e quatro horas mais tarde viu, surpreso, que alguém tentava sacar dinheiro em um terminal eletrônico em Anchorage.

Bell teve de admitir que estava propenso a acreditar na teoria de Doll. Só James e Duane sabiam do plano. Até onde poderia ser coincidência que o cartão de Samantha tivesse sido usado logo em seguida? Não só isso: tinham tentado sacar seiscentos dólares. A maioria dos equipamentos de autoatendimento limita o valor diário dos saques a quinhentos dólares. Quem fizera isso não tinha experiência em acessar esses valores de forma eletrônica. Alguém que administrasse um negócio que só aceitasse dinheiro, no entanto...

Goeden, Nelson e até Payne precisaram admitir que Doll talvez estivesse certa, pois menos de duas horas depois daquela primeira tentativa houve outra, desta vez bem-sucedida: quinhentos dólares de um ponto de saque automático no Denali Federal Credit Union, a uma distância de seis minutos de carro do local onde foi feita a primeira tentativa fracassada.

Foram efetuados saques consecutivos faltando quatro minutos para a meia-noite.

Meia hora mais tarde e outro saque, este realizado no outro lado da cidade, em Debarr Road, que fazia fronteira com milhares de quilômetros quadrados de floresta. Quem estava com esse cartão conhecia Anchorage muito bem e aprendia depressa. Agora sacava dinheiro logo depois da meia-noite, pondo as mãos em mil dólares em menos de uma hora.

A atividade bancária em si não era surpreendente. O bilhete de resgate exigia dinheiro, que agora estava disponível. O terminal eletrônico instalado no Denali possuía câmeras de segurança, mas só seria possível ver as imagens no dia seguinte. Porém o FBI ou o DPA não tinham pressa em obter os vídeos dos comércios vizinhos.

James agora era o suspeito número um. Doll estava certa.

Na manhã seguinte, 1 de março, Payne e sua equipe depararam com uma história interessante publicada no *Anchorage Daily News*, que fazia cobertura ininterrupta do desaparecimento de Samantha. O tenente Parker tinha dado mais uma declaração inadequada dizendo ao jornal que a investigação "progredia dia a dia" e que Samantha estava viva.

Foi um grande erro.

Parker não tinha provas de que Samantha estivesse viva. Nem ele nem ninguém. Era mais uma violação do procedimento investigativo, e Payne ficou aborrecido. Todos no DPA estavam perdidos, confusos. Como um policial veterano poderia cometer um erro como esse? Se Samantha não estivesse mais viva, que Deus não permitisse, o sequestrador saberia que os investigadores tinham pouca informação. Se Parker estivesse errado e o corpo de Samantha fosse encontrado, isso faria todo o departamento e o FBI parecerem idiotas.

E quanto a James e Duane e o restante da família e dos amigos de Samantha? Esse tipo de promessa só alimentava esperanças falsas.

Payne, Bell, Goeden e Nelson trabalhavam vinte horas por dia, à beira do esgotamento. Nenhum deles descansava, nunca. Todos iam para casa, ligavam o computador e procuravam por pistas, e apesar de terem acesso a bancos de dados confidenciais, recorriam ao Google, em grande parte.

Não passava despercebido para eles que estavam investigando como qualquer civil brincando de detetive on-line. Samantha agora estava desaparecida havia 29 dias.

Para piorar a situação, demoraram mais dois dias para enviar à sede do FBI, em Quantico, as imagens das câmeras de segurança que registraram o saque no Denali. Recebida a gravação, foram parar na mesa de um jovem analista de imagens chamado Chris Iber. O pedido de Steve Payne não atendeu o procedimento burocrático; no entanto, bastava dizer que tinha relação com a "moça sequestrada" para que todo o rito de tramitação do pedido fosse deixado de lado. Iber sabia que, às vezes, o Departamento fazia vistas grossas. Ele havia trabalhado no atentado à Maratona de Boston, e naquela ocasião ninguém esperou pela papelada.

Iber era um de apenas seis agentes no Departamento que fazia análise pericial de imagens e que possuía experiência com vídeo. Payne não poderia ter encontrado alguém melhor ali.

Ainda que Iber nunca dividisse conhecimento com agentes como Payne, ele aprendera uma dura verdade: se as imagens fossem muito ruins, não lhe seria possível, a partir do nada, chegar a qualquer conclusão. Não importava a opinião contrária dos detetives amadores da internet ou dos milhões de expectadores de *CSI*.

Payne queria que Iber determinasse que tipo de roupa o homem visível nas imagens vestia no momento do saque, tarefa demorada. Primeiro, o analista precisava confirmar a autenticidade das imagens, ter certeza de que não tinham sofrido qualquer tipo de manipulação. Para atender ao pedido de Payne, teria que melhorar a imagem sem distorcê-la.

Precisava fazer fotogrametria, medir a altura do homem em relação às medidas dos outros objetos enquadrados. Finalmente, para decifrar os logos e as inscrições na jaqueta do homem, precisava fazer uma análise comparativa com milhares de fontes.

O analista trabalhou até tarde da noite; pela conversa com Payne, pôde perceber a ansiedade dele. O detetive estava ficando meio maluco, debatendo-se entre teorias.

Muitos sinais apontavam para James, mas parte dele ainda se recusava a acreditar nisso. Bell via cada dia que passava como prova de que Samantha estava morta, enquanto Payne preferia pensar que não. Tinha dificuldade para confiar nas próprias percepções, mas não sabia com quem falar; nem com sua namorada conversava, já que ela estava aborrecida com o fato de que nada mais importava ao detetive a não ser a investigação. Tampouco com os membros de sua equipe ele se abria, nem mesmo Bell. Não podia correr o risco de erodir a confiança que tinham depositado nele como líder do grupo.

Em vez disso, Payne telefonou para o melhor amigo e ex-parceiro no Departamento. Tinham trabalhado juntos por doze anos, e Payne o considerava um dos melhores investigadores que conhecia.

"Estou muito longe do alvo aqui?", lhe perguntou Payne. "Estou muito perdido?"

Conhecia as próprias limitações. Funcionava melhor na ordem e na lógica. Tinha um diploma em matemática que não o ajudava em situações semelhantes a essa, quando 1% do que o FBI faz é preto e branco e o resto é cinza.

"O que sabemos é o seguinte", contou Payne. "Temos um bilhete de resgate. Temos uma foto. A pigmentação da pele, o jeito como posou, tudo sugere que ela ainda possa estar viva. Não há prova de que esteja, mas será que não estou deixando a esperança prejudicar minha percepção do caso? Tenho tentado ser leal às pistas, porém elas são escassas. Será que tenho agido de modo correto? As perguntas que formulei são adequadas? Estou seguindo as pistas certas?"

"Não", confirmou o antigo parceiro de Payne. "Você não está tentando presumir nada. Está fazendo tudo certo".

Na manhã seguinte, Chris Iber tinha boas notícias para Payne. Conseguira determinar, apesar das roupas largas, que o suspeito possuía porte atlético. A jaqueta escura poderia ter um capuz. Parecia haver umas manchas de tinta clara do lado esquerdo do peito e a inscrição nas costas poderia ser "CORPS". Payne mandou as imagens para Bell por e-mail, que as salvou no iPhone. Bell declarou acreditar que o suspeito era ou tinha sido fuzileiro.

O analista tinha mais dados. O homem usava óculos de cor clara ou transparentes, máscara cinza, luvas da mesma cor, calça escura e sapatos claros ou brancos.

Iber pediu desculpas. Queria ter conseguido ver mais.

Payne estava comovido, não só com as descobertas do agente, mas com a disponibilidade dele para trabalhar até tarde da noite em uma investigação tão distante, atendendo a um pedido relacionado a uma das 2,3 mil pessoas que desapareciam todos os dias nos Estados Unidos feito por um investigador do FBI desconhecido. Em um caso que ficava mais sombrio a cada hora, esse era um lembrete de que ainda havia pessoas boas por aí.

No entanto, medo e raiva cresciam em Anchorage. Bell percebia isso, e sabia que a comunidade não estava errada. O povo sentia que o DPA não lidava com a investigação como deveria.

Se eles soubessem...

Só em 20 de fevereiro, três semanas depois de Samantha ter desaparecido, o DPA pensou em pedir as imagens da câmera de segurança da Home Depot na frente do quiosque onde ela trabalhava.

Mais dois dias se passaram antes que conseguissem obter aquelas imagens — e no mesmo dia o bilhete de pedido de resgate foi enviado. Isso deu aos investigadores um começo para a história.

Às 19h45 de 1 de fevereiro, uma caminhonete branca parou no estacionamento da Home Depot. A resolução era baixa, nebulosa, mas Bell conseguiu deduzir que era uma Chevrolet pelo número de letras na traseira. Nenhuma outra fabricante americana de automóveis tinha um nome tão comprido.

Não havia placa.

O motorista ficou lá sentado por uns dez minutos, depois desceu da caminhonete e atravessou a Tudor Road, sumindo de vista. Depois de quase vinte minutos, reapareceu do outro lado da rua, na mesma faixa de pedestres, com Samantha. Com um braço sobre os ombros dela. Outras pessoas passavam. Ninguém parecia estranhar a cena.

Mas quando a luz do semáforo mudou de cor e eles começaram a atravessar a rua, Samantha se soltou e correu. Seus pulsos estavam amarrados, e nesse momento ficou claro que ela estava em pânico, que estava sendo levada contra sua vontade. Não dava para saber se a garota tinha gritado.

O homem a alcançou em segundos, a derrubou, depois a pôs em pé. Pareceu ter cochichado alguma coisa em seu ouvido, depois a levou para a caminhonete branca. Esperou com ela enquanto algumas pessoas conversavam perto do carro ao lado.

Ah, não, Payne pensou. É sua chance. Grita "socorro"! Ou "fogo", que a resposta costuma ser mais rápida. Não deixa esse homem te levar para nenhum outro lugar. No entanto, Payne sabia como as coisas aconteceriam. O que quer que o homem tenha dito depois da primeira tentativa de fuga serviu para paralisar Samantha. Ela ficou parada, esperando os desconhecidos entrarem no carro e irem embora.

O homem abriu a porta da caminhonete, pôs Samantha no banco do passageiro, seguiu tranquilo para o lado do motorista, entrou no carro e saiu do estacionamento.

Payne estava arrasado. O que mais tinham deixado passar?

Agora, depois de tanto tempo perdido, tinham que encontrar uma caminhonete Chevrolet branca. Sem problema, pensou Payne. Era só a caminhonete mais popular no Alasca.

5

O saque seguinte ocorreu em um local inesperado — fora do Alasca. Payne recebeu a ligação às 22h30 do dia 7 de março. O cartão de Samantha tinha sido usado dez minutos antes para um saque de quatrocentos dólares em Willcox, Arizona, uma cidadezinha na saída do corredor I-10. Àquela altura, fazia mais de um mês que a garota estava desaparecida.

Payne ficou agitado. Seis dias haviam se passado sem que nenhuma retirada de dinheiro fosse realizada. Agora, apesar de ele e a equipe estarem a quase 6,5 mil quilômetros de distância, era quase como estar atrás do suspeito.

O detetive telefonou para o gabinete do FBI em Phoenix. Um daqueles agentes conhecia o dono do banco, e uma hora depois estavam todos no local para recolher os vídeos das câmeras de segurança e fazer uma varredura na cena em busca de fios de cabelo, fibras, digitais e marcas de pneus.

Payne pensou que esse banco, o Western, era pequeno demais para ter um sistema de dados que cruzasse as informações de vídeos e movimentações financeiras. Levaria um dia para o vídeo ser enviado a Payne em Anchorage, e outro para encaminharem o material para o laboratório em Quantico. O sequestrador de Samantha sabia disso, provavelmente. Era mais esperto do que pensavam.

Mesmo assim, um agente do FBI na cidade tirou fotos das imagens da câmera de Willcox e as mandou para Payne por e-mail. A qualidade não era das melhores, porém o suficiente para ver a silhueta. Parecia ser o mesmo homem gravado pela câmera em Anchorage. Um sujeito alto, cerca de um metro e oitenta, que vestia roupas largas para disfarçar o corpo. Usava capuz, óculos de sol e o que parecia ser uma máscara. Para completar, jeans e tênis brancos.

Só uma hora mais tarde o cartão de Samantha foi usado outra vez.

Esse era o tipo de ação pela qual Payne vivia aguardando. Ele alertou a equipe e correu para o escritório.

O segundo alerta veio de Lordsburg, Novo México, a uma hora de Willcox de carro. O suspeito estava indo para o leste pela I-10, e pela segunda vez cometeu o erro de tentar sacar mais que o limite diário permitido, o que fez de novo em um Banco Western. Payne pensou que podiam estar lidando com um alasquiano atrapalhado com as complicações dos fusos horários regionais: o Fuso Horário das Montanhas Rochosas ficava uma hora atrás do Fuso Horário Central; o Fuso Horário do Alasca, uma hora atrás em relação ao Fuso Horário do Pacífico.

Agora eram 2h34 no Novo México, 23h24 em Anchorage. O cartão de Samantha funcionava no horário do Alasca. Payne e Bell estudaram um mapa e previram que quem estivesse com o cartão continuaria rumo ao leste pela I-10. Era o que fazia mais sentido.

Embora não tivessem ano ou modelo do veículo do suspeito, podiam supor que ele não estava dirigindo a Chevrolet branca. Deveria estar usando um carro alugado. Payne emitiu um alerta para os postos policiais em Los Angeles, San Diego, Phoenix, Albuquerque e El Paso.

Às 2h35, o cartão foi usado mais uma vez no mesmo local da tentativa anterior. Dessa vez foi uma consulta de saldo, que era de US$ 3.598,91. Mais um minuto passou e outros oitenta dólares saíram da conta, com o suspeito se aproximando do limite diário de quinhentos dólares.

Bell estava tão animado quanto Payne. Sabia que o cartão seria a chave. Todos sabiam. Porém estavam cientes de que não havia a menor possibilidade de o FBI tirar da cama o pequeno contingente de oficiais nessas cidadezinhas e colocá-los para patrulhar a I-10. Quando começassem a tentar, o suspeito poderia estar em qualquer lugar. Algumas dessas cidades tinham uns vinte oficiais, no total. Até acordarem os policiais que não estavam de plantão — a maioria —, quando chegassem à inte-restadual, o suspeito já estaria bem longe, dirigindo, provavelmente, a 120 ou 150 quilômetros por hora em uma rodovia vazia.

Então Payne ficou sentado com a equipe, por volta da meia-noite, em uma sala de reuniões, de onde não poderiam agir, e ficaram olhando para a parede, aguardando notícias relacionadas a novas retiradas de dinheiro a caminho do sudoeste. A realidade se impôs. Essa era uma pista tênue, uma pista que dependia de outros agentes não cometerem erros. Além disso, era preciso torcer para que o detentor do cartão não parasse com os saques, embora parecesse esperto o bastante para interromper as retiradas enquanto ainda tinha vantagem.

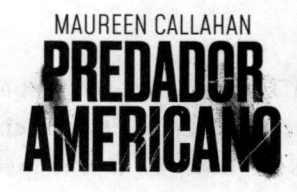

6

Steve Rayburn viu o alerta de Payne pela primeira vez às 6h30 da segunda-feira, 12 de março. Tomava a primeira xícara de café em casa, dando uma olhada nos e-mails pelo BlackBerry. O alerta parecia um telegrama à moda antiga.

REF: SUSPEITO DE SEQUESTRO
KOENIG, SAMANTHA

O SUSPEITO É UM HOMEM DESCONHECIDO VISTO PELA ÚLTIMA VEZ VESTINDO MOLETOM DE CAPUZ DE COR CLARA. O VEÍCULO SUSPEITO É UM CARRO DE PASSEIO NOVO E DE COR CLARA.
    COM BASE EM TRANSAÇÕES EM CAIXA AUTOMÁTICO, ACREDITA-SE QUE O SUSPEITO ESTEJA INDO NA DIREÇÃO LESTE PARA EL PASO.

Havia três fotos anexadas. A primeira, que tinha sido copiada do Facebook, era de Samantha. Uma menina muito bonita, Rayburn pensou. Era um close dela sorrindo, com uma bandana verde na cabeça. A segunda foto era de um carro branco e pequeno. As janelas não eram escuras. A terceira foto era do suspeito vestido com um moletom de capuz, jeans e tênis, o rosto todo encoberto.

Rayburn havia sido um Texas Ranger por três anos. Antes disso, tinha sido oficial de polícia em Lufkin por oito, policial estadual por dez. Conhecia muito bem a US Highway 59, a principal artéria de mais de novecentos quilômetros que ligava Lufkin a Houston. Ele acreditava ser provável o uso dessa rodovia pelo suspeito.

Às 10h58 chegou um e-mail de Kevin Pullen, supervisor imediato de Rayburn. Pullen escreveu que tinha recebido um pedido de ajuda do FBI. Já havia três agentes em campo perto de Humble, Texas, onde o cartão de débito tinha sido usado dois dias antes. O anexo do e-mail era um panfleto de "Tentativa de Localização". Rayburn abriu o arquivo.

REF.: SUSPEITO DE SEQUESTRO EM ANCHORAGE, ALASCA.

O SUSPEITO USOU UM CARTÃO DE DÉBITO EM CAIXA AUTOMÁTICO DUAS VEZES: UMA EM HUMBLE, TEXAS, E DE NOVO EM SHEPHERD, TEXAS.

FAVOR ENVIAR ESTE PANFLETO E INFORMAÇÕES RECENTES DE CAIXAS AUTOMÁTICOS A TODOS OS COMPUTADORES DE BORDO DAS VIATURAS. PATRULHEIRO STEVE RAYBURN EM LUFKIN SERÁ O PRINCIPAL PATRULHEIRO AUXILIANDO O FBI NESTE ASSUNTO.

Era a primeira vez que Rayburn ouvia falar sobre a nova missão. Estava nervoso. Nunca trabalhara com o FBI em um sequestro interestadual antes.

Além do anexo com o panfleto de Pullen havia outro contendo uma foto. Um close do rosto do suspeito. Nariz e boca pareciam estar cobertos por uma máscara de cor clara, e ele usava óculos, mas as fotos tinham pouca nitidez.

Rayburn ficou desanimado. Era com isso que estavam trabalhando? Conhecia Pullen havia muito tempo, tinha trabalhado sob sua supervisão direta desde a transferência para os Rangers em 2009. Ser um Texas Ranger sempre fora motivo de orgulho para Rayburn; eram tão fora da lei quanto um departamento de repressão ao crime poderia ser. Seu lema era "Um tumulto, um ranger".* Tinham capturado John Wesley Hardin e Bonnie e Clyde. O "Lone Ranger", ou patrulheiro solitário, é um Ranger que se corrompeu. O jornalista John Salmon Ford, que foi capitão dos Rangers nos anos de 1850, os descreveu da seguinte maneira:

"Uma grande parte... Era de solteiros. Alguns consumiam bebidas intoxicantes. Mesmo assim, era uma companhia de homens sóbrios e corajosos. Conheciam o dever e o cumpriam. Quando estavam em uma cidade, não agiam como fanfarrões. Não galopavam pelas ruas atirando e gritando. Tinham uma espécie de disciplina moral que desenvolvia a coragem moral. Faziam o certo por ser certo".

Rayburn tentava ser esse tipo de Ranger. Agora, com esses boletins trazendo ao Texas uma multidão de agentes de combate ao crime, achou que seria melhor redigir mais um, este com o emblema dos Rangers. Todo oficial de polícia e agente da polícia estadual sabia o que significava quando os Rangers colocavam seu logo em um boletim: prioridade máxima.

Telefonou para o escritório do FBI em Conroe, perto dali, e soube que um oficial em Humble reportou ter visto um Ford Focus branco em um caixa automático perto do horário do saque das 2h23 da manhã. Havia duas fotos do veículo extraídas de câmeras do local — qualidade ruim, mas Chris Iber, em Quantico, conseguiu mais uma vez determinar marca e modelo do carro. O Ford Focus branco era o veículo mais alugado nos Estados Unidos. Primeiro a caminhonete Chevrolet branca, agora isso. O suspeito sabia como passar despercebido, sem dúvida.

Rayburn sentou-se à mesa e escreveu seu boletim mais detalhado, anexando a foto do Ford Focus com os Rangers em mente.

EM 1/2/2010, APROXIMADAMENTE ÀS 2H [FUSO HORÁRIO DAS MONTANHAS ROCHOSAS], A VÍTIMA FOI SEQUESTRADA NO ESTADO DO ALASCA EM SEU LOCAL DE TRABALHO. FAMÍLIA E NAMORADO NÃO SÃO CONSIDERADOS SUSPEITOS.

---

* No original, *"One Riot, One Ranger"*, o lema dos Texas Rangers.

EM 7/3/2012, UM CARTÃO DE DÉBITO NO NOME DO NAMORADO DA VÍTIMA, DUANE TORTOLANI, FOI USADO EM UM CAIXA AUTOMÁTICO EM WILLCOX, ARIZONA, APROXIMADAMENTE ÀS 10H15.

O CARTÃO FOI USADO OUTRA VEZ EM LORDSBURG, NOVO MÉXICO, POR VOLTA DAS 11H30. O CARTÃO FOI USADO PELA ÚLTIMA VEZ EM SHEPHERD, TEXAS, EM 12/3/2012, ÀS 2H47, APROXIMADAMENTE.

SHEPHERD SE LOCALIZA NA US 59. OFICIAIS FORAM ORIENTADOS A VERIFICAR ÁREAS DE DESCANSO, PARADAS DE CAMINHONEIROS E MOTÉIS.

OFICIAIS FORAM ORIENTADOS A SE MANTER EM ALERTA PARA VEÍCULO COM UM OCUPANTE QUE CORRESPONDA À DESCRIÇÃO DO SUSPEITO OU VÍTIMA. SUSPEITO DEVE ESTAR EM POSSE DO CARTÃO DE DÉBITO ROUBADO DE TORTOLANI.

Rayburn tinha a sensação de que o suspeito passaria por Lufkin, que ficava à margem da Rota 59. Muitas rodovias se conectavam ali, e no mapa essas vias pareciam uma roda de carroça. Lufkin era a cidade mais próxima de Humble, cerca de uma hora e meia de carro depois dela em sentido norte, e a única com bons hotéis. O suspeito também poderia chegar a essa cidade seguindo para o norte pela I-45, mas seria uma viagem muito mais longa, cerca de duas horas e meia.

Nesses momentos, Rayburn pensava no trabalho investigativo como pescar ou caçar. Era preciso olhar para onde, mais provavelmente, o alvo iria. O policial não acreditava que o Ford Focus tivesse placas do Texas. O suspeito devia ser do Alasca e já havia passado por outros dois estados. No entanto, não pôs essa informação em seu boletim; era um palpite, não um fato.

Após nova leitura do rascunho, às 13h18 ele fez a distribuição eletrônica do boletim para Postos Policiais no sudeste do Texas e em Louisiana e Arkansas.

Em seguida, imprimiu uma pilha de cópias coloridas e as levou para os policiais estaduais no Departamento de Polícia de Lufkin. Tecnologia é uma espada de dois gumes em casos como esse; chega tanta coisa pelos computadores de bordo e pelo rádio nas viaturas que até os melhores oficiais e policiais sofrem com sobrecarga de informação. Rayburn sempre constatava que uma abordagem à moda antiga como essa provocava uma impressão mais duradoura: estou entregando isto pessoalmente, falando diretamente com você, o que significa que isso é importante.

Rayburn foi então até o escritório do Departamento de Segurança Pública e entregou uma cópia de seu boletim ao Cabo Bryan Henry, um patrulheiro rodoviário do Texas. Henry tinha vinte anos na Polícia Rodoviária e 22 anos com os policiais. Vinha de uma longa linhagem de agentes da lei no Texas.

"Preciso da sua ajuda", disse Rayburn a Henry. "Este é o veículo suspeito que estamos procurando. É um modelo recente de Ford Focus sem adesivos ou amassados, sem películas nas janelas. Não sabemos se é dele ou alugado." Henry examinou as fotos com atenção. "Como sabe que isso é um Ford Focus?", perguntou.

"Foi o que o FBI nos disse", respondeu. "Falei com o escritório em Conroe."

Henry permaneceu cético. Então, pegou o panfleto e foi até a revenda local da Ford. E descobriu que Chris Iber, que identificou o Focus por meio de uma análise do para-brisa, estava certo.

No Alasca, Payne e sua equipe tinham ido da euforia à frustração. Para o policial, a avaliação de Iber sobre estarem procurando o veículo mais alugado nos Estados Unidos era só mais um exemplo da Lei de Murphy.

O progresso era mínimo. Tinham um homem, idade, raça e peso desconhecidos, coberto da cabeça aos pés, viajando por estradas importantes em um veículo comum, sacando dinheiro em bancos pequenos de cidades pequenas em horários aleatórios, sabendo que o risco de ser pego era quase nulo. Parecia ter consciência gigante com relação a câmeras de vídeo, estacionando o veículo com frequência fora da área enquadrada.

Quais eram as chances de pegarem o homem?

Kat Nelson estava um pouco mais otimista. Ela tentava animar Payne. O suspeito tinha feito dois saques em bancos do Texas, um em Humble e um em Shepherd. O Texas, é claro, é muito maior que o Arizona ou o Novo México, contudo os saques aconteciam com proximidade cada vez maior. Nelson disse que era muito possível que o suspeito se aquietasse por uns dias. "Aninhar-se", foi o verbo que usou.

Mas não havia nada que Nelson pudesse fazer de forma ativa. Estava presa no Alasca, à mercê dos Texas Rangers.

Jolene Goeden sentia-se do mesmo jeito. Como Nelson e Payne, oscilava entre desespero e empolgação, porém quando os saques com o cartão começaram a aumentar, ela se permitiu pensar que era só questão de tempo.

Jeff Bell não tinha tanta certeza. Esse era um dos milhares de alertas emitidos nos Estados Unidos todos os dias. Ademais o aviso não podia assegurar nem para onde o suspeito se dirigia ou o motivo, e Bell sabia que a maioria que o lesse pensaria: "Não tem a menor chance. Nem vou tentar".

Steve Payne concordava. Nesse estágio, pensou, contavam com a sorte. Precisavam apostar na decência das pessoas, e na noite anterior tivera as interações mais desanimadoras de toda a investigação. Depois de mais um saque no Texas no fim da madrugada de 12 de março, telefonou para a gerente do banco em Humble e lhe pediu para ir até a agência olhar as imagens da câmera de segurança.

Não, a gerente respondeu.

Ele ficou perplexo. Implorou. Outros gerentes de bancos espalhados pelo Sudoeste tinham respondido na hora, entrado em ação no meio da noite. A vida de uma garota estava em perigo, Payne explicou.

Sinto muito, a mulher negou outra vez. No entanto, não irei ao banco e nem mandarei nenhum dos meus funcionários. Ela disse a Payne que ele e sua equipe teriam que esperar até as nove horas, quando a agência abriria.

No fim, aquele vídeo foi inútil, porém toda a experiência deixou Payne muito desanimado. Quando o dia terminou sem novas pistas e sem outros saques, ele começou a se preocupar com a possibilidade de seu suspeito desaparecer para sempre em qualquer lugar dos Estados Unidos.

Para Rayburn, esse era só o segundo dia, e a ansiedade tinha dado lugar a um otimismo cauteloso. Chegou cedo ao escritório e começou a trabalhar em mais um alerta; embora não tivesse informações novas, o comunicado seria um lembrete para todos se manterem vigilantes. Estava trabalhando no texto quando o telefone tocou.

A pessoa do outro lado apresentou-se como Deb Gannaway. Era agente do FBI em Lufkin, mas passara a maior parte de seus 33 anos de Departamento em Houston. Gannaway disse que Kevin Pullen havia telefonado para ela perguntando se sabia sobre "essa garota que desapareceu no Alasca e esse cartão de débito". Pelo visto, o suspeito atravessava Houston e ia na direção da área sob responsabilidade de Gannaway. Será que ela poderia ir encontrá-lo?

"É claro", respondeu Rayburn. Eram 10h30. Minutos mais tarde, Gannaway estava no escritório dele.

Sem muito para discutir — Gannaway sabia tanto quanto Rayburn —, eles falaram sobre o procedimento. Gannaway admirava a capacidade do Departamento em identificar os veículos mais corriqueiros do país por meio de detalhes sutis de design; Rayburn se vangloriou, contando que Henry tinha levado fotos à revenda Ford da região e as comparado a um Ford Focus de verdade. Para um Texas Ranger, nenhum trabalho era pequeno demais.

O celular de Rayburn tocou. Eram quase onze horas, e era Henry do outro lado da linha. Estivera visitando estacionamentos de hotéis da região e tinha acabado de encontrar um Ford Focus branco. O carro está estacionado na frente do Quality Inn na South First Street, e sabe de uma coisa? O hotel fica bem na saída da US 59.

Henry se preparava para fazer o intervalo de almoço, porém esperaria Rayburn chegar lá.

Gannaway pegou sua jaqueta. Rayburn, que seguia o código de vestuário dos Texas Rangers, tirou o chapéu de caubói e a gravata. Ele até poderia, mas não queria parecer um Ranger, apesar de ter mantido a camisa de mangas compridas, o jeans imaculado e as botas de caubói.

Gannaway e Rayburn entraram na caminhonete dele e seguiram para o Quality Inn. Chegando lá, encontraram o Ford Focus estacionado na frente do quarto 115. Poderia ser ele.

Rayburn telefonou para o amigo Mickey Hadnot, um tenente que conhecia desde o começo da década de 1990, quando patrulhavam as ruas juntos. Hadnot agora supervisionava agentes secretos da seção narcóticos. "Quero ver esse carro", o ranger disse ao tenente. "Pode mandar um agente?"

Hadnot respondeu que estava a caminho. Ele mesmo faria isso.

Nesse meio-tempo, Henry informou a Rayburn que não sairia para almoçar. A coisa estava ficando empolgante. Ficaria por ali e vigiaria os quartos 115 e 215, no andar de cima.

No estacionamento, Gannaway desceu da caminhonete de Rayburn e deu uma volta em torno do Ford Focus, notando o código de barras no vidro traseiro. Um carro alugado. Havia roupas de menina no banco de trás. O carro tinha placas do Texas. Rayburn as consultou no sistema.

Com Hadnot e Henry vigiando tudo, Rayburn e Gannaway foram até a recepção do hotel e pediram para falar com o gerente. Ele forneceu a lista dos hóspedes, mas nada ligava o Ford Focus a ninguém registrado no hotel. Considerando o Quality Inn e os vizinhos Holiday Inn e Comfort Suites, havia centenas de quartos. Um hóspede de qualquer daqueles hotéis poderia estacionar em qualquer vaga.

Henry telefonou para Rayburn. "Acabei de ver um cara no andar de cima olhando aqui pra baixo na direção do carro que estou vigiando", avisou ele.

Então, Hadnot entrou em contato pelo rádio. Eram 11h30.

"Um sujeito branco e adulto saiu do quarto 215", relatou. "Está colocando objetos no Ford Focus. Está se preparando para partir."

"Henry", alertou Rayburn. "Preciso de um bloqueio na US 59. Assim que esse carro passar, você tem que encontrar um motivo para pará-lo. Não libere esse carro." Henry saiu de lá imediatamente e dirigiu até o canteiro central da US 59, de onde tinha uma visão desobstruída da entrada e saída do hotel.

Minutos depois, Henry viu o Ford Focus branco entrar à esquerda devagar na US 59 e seguir na direção norte. O policial seguiu o veículo, mantendo dois carros entre ele e o Ford.

O motorista não cometia nenhuma infração. Minutos se passaram. Assim que saíssem da zona residencial da US 59, não haveria semáforos para deter o motorista. E o limite de velocidade seria mais alto.

Rayburn queria saber o que estava acontecendo.

"Encontre um motivo", rogou. "Encontre um motivo."

O Ford agora estava parado em um semáforo, sete minutos depois de sair do Quality Inn. Henry olhou para a tela do radar de seu carro. Quando a sinaleira abriu e o Ford Focus acelerou até chegar a quase cem quilômetros por hora, cinco acima do limite de velocidade, o policial acionou as luzes de emergência e, incrédulo, assistiu ao motorista parar com toda calma no estacionamento de um Café Cotton Patch.

Henry caminhou até o veículo. O motorista era um homem branco, trinta e poucos anos, sozinho. Usava óculos de sol preto preso à cabeça por uma faixa circular.

"Patrulha Rodoviária do Texas", Henry anunciou. "De onde você é?"

"Alasca", o homem respondeu.

Em seus 22 anos parando automóveis, nunca havia abordado ninguém do Alasca. "Preciso ver sua carteira de habilitação, senhor", Henry comunicou. "Por favor, saia do carro."

O homem pegou a carteira de habilitação, entregou-a ao policial e desceu do automóvel.

Um alasquiano no Texas. Estava muito, muito longe de casa. Henry olhou para a habilitação, depois para o homem outra vez. Não disse nada. "Vim para o casamento da minha irmã", o motorista explicou. "Em Wells, a quinze minutos daqui."

Henry examinou a carteira de novo. O nome: Israel Keyes. Nascido em 7 de janeiro de 1978, morava em Anchorage. Henry notou a faca no bolso frontal do jeans e outra no bolso de trás.

"Ponha as facas em cima do capô."

Henry estava nervoso. Olhou em volta procurando Hadnot, que o havia seguido. Acenou para chamá-lo, depois foi até seu carro para verificar a carteira no sistema. Nada. Nenhum registro, nenhum mandado, nem uma multa por excesso de velocidade.

Hadnot telefonou para Rayburn e Gannaway, e nos minutos que antecederam a chegada dos dois, Henry voltou para perto do motorista.

"O que significa isso?", Keyes perguntou.

"Estamos investigando um sequestro", Henry respondeu. "No Alasca."

"Tenho ficado mais em Wells", respondeu Keyes. "Mas fiquei no Quality Inn ontem com meu irmão. Tenho dois irmãos que vieram para o casamento. Os dois são do Maine."

Muitos detalhes não solicitados. A experiência de Henry o alertou que esse homem estava mentindo.

Henry também notou que Keyes suava muito, mais que o normal para o clima. Era um dia perfeito de primavera no Texas, 29°C, nenhuma umidade. Havia áreas de suor se espalhando por debaixo da camiseta regata cinza e fina, dessas que se compra em pacotes de três unidades na farmácia.

"Há quanto tempo está no Texas?", Henry perguntou.

Keyes fez uma pausa, como se estivesse pensando.

"Desde quinta-feira passada", respondeu. "O dia da chuva forte."

Isso era verdade. Houve uma tremenda tempestade naquela noite, mais de 65 milímetros de precipitação, granizos do tamanho de toranjas derrubando pássaros das árvores.

"Veio de avião, ou dirigindo?", Henry questionou.

"A única passagem aérea que consegui comprar em Anchorage foi para Las Vegas", Keyes contou ao policial. "Então, fui de avião para Las Vegas e depois dirigi até o Texas. Também voei para Vegas porque queria levar minha filha para ver o Grand Canyon."

A história ficava cada vez mais complicada.

"Onde está sua filha agora?", Henry indagou.

"Na cidade com meu irmão, em Wells", justificou Keyes. "Ela tem 10 anos."

Rayburn chegou com Gannaway, aliviado ao ver todo mundo no local. Abordou Henry, que fez um relato rápido enquanto removia o microfone que levava no corpo e o entregava a Rayburn. Tomando cuidado para ficar no "centro do palco" — na área enquadrada pela câmera do painel do carro —, Rayburn se dirigiu a Keyes.

Keyes falou primeiro.

"Isso tem alguma coisa a ver com o oficial que passou de carro pelo meu local de estacionamento ontem à noite?"

Rayburn não fazia ideia do que ele estava falando. Ignorou a pergunta.

"Você passou a última noite no Quality Inn?", perguntou.

"Sim, com meu irmão. O quarto está no nome dele. Entrei e saí de lá nos últimos dois dias." Rayburn olhou para além de Keyes, para o interior do carro. Viu um par de tênis brancos meio escondido embaixo do banco.

"Quando alugou esse carro?"

"Há alguns dias. Um dia depois de chegar em Las Vegas. Quinta-feira passada."

Keyes começou a alongar os membros, outra dica: esse cara não estava dizendo a verdade. Poderia estar pronto para fugir.

Gannaway se aproximou.

"Sou a agente especial Deb Gannaway, FBI", se identificou. "Então, em quantos estados você parou?"

"Bem, peguei a Interestadual 40 e parei na Barragem Hoover. Não fiquei em nenhum estado, na verdade, porque dormi uma hora e meia por noite. E dirigi no restante do tempo."

"Não parou para abastecer?", Gannaway questionou.

"Ah, sim, é claro. Algumas vezes."

"Como pagou?"

Keyes fez uma pausa.

"Não sei", disse. "Em dinheiro, provavelmente."

Gannaway agora estava muito intrigada.

"De novo: como pagou pelo combustível?"

"Provavelmente em dinheiro", Keyes respondeu. Estava ficando irritado.

Rayburn interferiu. "Escute, é bem fácil confirmar sua história. Podemos revistar sua carteira?"

"Não vão revistar coisa nenhuma", reagiu Keyes. "Estou preso?"

Steve Payne estava sentado em seu carro na fila do quiosque do café Sugar Shack olhando para a frente. Passava um pouco das 8h30 em Anchorage, e o sol enfim se erguia no céu.

Estava muito cansado. Na noite anterior, acordara três vezes por telefonemas informando mais saques em caixas automáticos às 2h, 2h30 e 2h47. Ficara no telefone com os agentes de campo no Texas até às 5h. Voltar a dormir foi bem difícil.

Ele estava no limite, uma energia baixa, nervosa, temperada com culpa. Só não estava trabalhando quando dormia, no entanto, se dormisse, não poderia trabalhar. E se acontecesse alguma coisa? Por outro lado, caso não tivesse algumas horas de sono, não teria clareza de raciocínio o suficiente para pensar direito — mas e se isso fosse apenas uma desculpa egoísta que usava para se justificar a si mesmo?

Ficou sentado esperando para pedir o de sempre, um mocha desnatado de hortelã com chantili, copo de meio litro. Payne ouvia piadinhas por isso o tempo todo, seu gosto pelo que chamava de café "frufru", e compensava bebendo um bule e meio do café barato do escritório durante o resto do dia.

O Sugar Shack ficava a dois minutos do escritório do FBI, e Payne observava as jovens atendentes — agora eram duas, nunca uma garota sozinha em nenhum quiosque desde o desaparecimento de Samantha — servindo café na hora do rush; a respiração delas formava nuvens no ar frio; o céu clareava; as luvas gastas, sem dedos, entravam e saíam pelo guichê do quiosque segurando copos, dinheiro, cartões de crédito. Essas meninas estavam em pé desde as 4h30 para abrir o quiosque, superando todos os impulsos para dormir quentinhas e protegidas do frio implacável.

Payne conhecia a maioria dessas atendentes pelo nome, e a namorada dele, que era enfermeira, também as conhecia. Algumas guardavam dinheiro para a faculdade; outras estudavam medicina. A namorada de Payne sempre fazia questão de dizer a elas para não desistirem. As meninas que preparam meu mocha desnatado todos os dias são garotas legais, pensou Payne. Uma delas poderia ter tido o destino de Samantha, qualquer que tenha sido.

O celular dele tocou. Payne não reconheceu o número, mas atendeu assim mesmo.

"Sou a agente especial Deb Gannaway, escritório de Lufkin, Texas. Paramos um suspeito do seu caso, excesso de velocidade."

Payne despertou de repente.

"Estamos com a carteira de habilitação dele. Ele é do Alasca. Seu nome é Israel Keyes."

O nome não significava nada para Kayne. Mas Alasca... Isso era interessante. No entanto, lembrou-se da lei de Murphy.

"Entendi. O que está acontecendo?"

"Estamos perguntando a ele para onde vai, por que está aqui", respondeu Gannaway. "Ele disse que alugou um carro em Vegas para vir ao casamento da irmã."

"O que mais?"

"Bem, pelo que conseguimos ver de fora, tem um par de tênis brancos embaixo do banco do carro. Também vi um maço de dinheiro preso com elástico no compartimento da porta do passageiro. Tem tinta vermelha nas notas. E no banco do passageiro tem alguns mapas com lugares sublinhados."

Causa para pausa, Payne pensou. Sapatos que combinam com os do suspeito que tem feito todos aqueles saques em caixas automáticos — genérico, sim, mas era um fato. Os bancos usavam tinta para explodir nas notas dos caixas em caso de roubo. E usar mapa de papel em tempos de GPS?

"Ele não está colaborando", contou Gannaway. "Está agitado e quer saber por que fazemos tantas perguntas em uma abordagem rodoviária de rotina. O que quer fazer?"

Payne sentiu uma descarga de adrenalina. Precisava pensar rápido, mas com cuidado. Tinham algum indício de crime que justificasse revistar o veículo de Keyes? O relato de Gannaway era bem frágil.

"Não sei", confessou Payne. "Mapas e tênis... não temos muita coisa."

"Concordo", devolveu Gannaway.

"Por outro lado, temos aqui uma carteira de habilitação do Alasca e essa história maluca. Isso é causa provável?"

Gannaway pensou por um momento.

"Não quero ser desmancha-prazeres", preveniu. "Deve saber que, no Texas, só temos uma exceção para a revista em automóveis sem mandado. É preciso haver indícios suficientes que nos levem a crer que o veículo foi usado em um crime, só assim podemos revistá-lo."

A decisão de Payne tinha que ser incontestável. O pouco que sabia fazia de Keyes um suspeito automático. Porém, se durante o julgamento o indício fosse considerado frágil para embasar uma revista, o ato seria anulado e todas as provas colhidas desconsideradas pelo tribunal — teoria dos frutos da árvore envenenada[*] é o nome técnico.

Payne se conteve. Nunca precisou pensar nesta questão antes em qualquer das investigações que conduzira, pois dava mais importância a encontrar alguém do que a perder provas pelo caminho.

Keyes perguntou: "Posso ir embora? Ou telefonar para o meu irmão, pelo menos?"

Gannaway virou a cabeça com o celular na orelha.

"Sim", lhe respondeu. "Pode telefonar para o seu irmão."

Payne tomou sua decisão.

"Não quero liberar esse cara sem revistar o carro dele", resolveu. "Não me interessa como vai fazer isso."

Payne desligou. Estava quase chorando. Pegou o café e estacionou o carro atrás do quiosque. Queria muito continuar ao telefone com Gannaway, contudo seguiu as diretrizes do treinamento. Sabia que ela e a equipe precisavam se concentrar. Pensou em ir para o FBI, porém não queria; não agora. Queria ficar sentado no carro com seu café, em silêncio, e pensar.

Existia a possibilidade de aquele ser mesmo o homem? Payne tinha consciência de quanto queria que fosse, e teve receio de que alimentar esperanças desse azar.

Afastou esse medo. Pense como o agente que é, disse a si próprio. O que contam os fatos que você conhece?

---

[*]   A teoria dos frutos da árvore envenenada nos diz que se o modo empregado (a árvore envenenada) para a colheita de provas for considerado ilegal, todas as provas que foram recolhidas em razão de um ato nulo (os frutos) estão contaminadas pela ilegalidade.

Temos alguém do Alasca, lembrou, lá no Texas. Estamos longe. E ele não consegue explicar por que escolheu um caminho tão longo para ir ao casamento da irmã. O veículo é o mesmo. A tinta é uma indicação forte. Os mapas, os sapatos. O comportamento errático.

Existe a possibilidade de ele ser nosso suspeito, Payne raciocinou. Tinha um pressentimento. E se permitiu ir um pouco mais longe: *era* ele. Sabia disso, e sentiu outra vez esperança de que Samantha estivesse viva.

Payne olhou as horas. Dez minutos haviam se passado. Foi como se fosse uma hora. A solidão naquele momento era enorme. Lá estava ele, o agente do FBI chefiando um caso interestadual de sequestro de uma adolescente, sentado em um estacionamento com um café superfaturado que esfriava depressa, o ar limpo e gelado, o céu se iluminando e prenunciando esperança. Era a única pessoa no Alasca a saber que poderiam ter capturado o sequestrador de Samantha e o que aconteceria a partir dali, nos próximos poucos minutos.

A espera era insuportável. E se esses investigadores fizessem besteira? E se esse sujeito fosse ainda mais esperto do que imaginavam? Quem dirigiria por aí carregando provas de um crime como esse, em especial se tivesse dito a verdade sobre estar viajando com a filha? E se não houvesse opção e tivessem que liberar o suspeito? O que aconteceria depois?

Vinte minutos se passaram. Sairiam dessa de mãos vazias?

O celular dele tocou. Era Gannaway.

"Pegamos o cara", informou ela. "É ele."

Payne não conseguia acreditar.

"O que descobriu?", perguntou.

"O suficiente", resumiu a policial.

Payne agradeceu muitas vezes. Trariam Samantha para casa.

7

No Texas, o suspeito continuava em pé no acostamento cercado por cinco oficiais. Rayburn voltou à caminhonete, pegou sua câmera Nikon e a entregou ao sargento na cena.

"Fotografe tudo o que encontrarmos", ordenou.

Eram 12h26, quase uma hora depois de Keyes ter sido parado. Rayburn e Gannaway começaram a revista do interior do veículo. Na parte da frente, além dos mapas no banco do passageiro com destaques marcados nas áreas da Califórnia, do Arizona e do Novo México, encontraram:

- Uma lata de energético AMP, aberta;
- Um conjunto de fotos escolares de uma criança;
- Um par de tênis brancos;
- Um comprovante de saque realizado em terminal de autoatendimento embaixo do tapete do lado do motorista, com a mensagem "débito indisponível";
- Uma câmera digital Sony onde havia mais de duzentas fotos de um casamento;
- Uma camisa cinza nova, com etiquetas da loja, em uma sacola da marca Winchester;
- Óculos de sol de cor âmbar sem embalagem;
- Uma camiseta com uma das mangas cortada;
- Jaqueta Columbia de flanela de cor cinza-escuro;
- Várias sacolas do Walmart;
- Rolos de notas de 5 e 10 dólares.

No banco traseiro encontraram:

- Recibo do Walmart especificando "Lufkin, TX, 4h10, 12/3/2012";
- Um sanduíche;
- Um energético;
- Um par de óculos escuros na cor preta;
- Parte de um galão de água;
- Sabão para lavar roupas;
- Uma mochila cor-de-rosa.

No porta-malas:

- Uma mochila verde;
- Um estojo cinza de DVD com imagens pornográficas de uma mulher negra;
- DVDs pornográficos, incluindo pornografia de pessoas transgênero;
- Confirmação de voo da Alaska Airlines para Israel Keyes e filha, com partida de Anchorage em 6/3/2012 e chegada em Seattle, WA, às 5h54; partida de Seattle às 15h30, chegada em Las Vegas às 17h56;
- Bebidas alcoólicas, ainda geladas, em sacolas do Walmart;
- Jaqueta de flanela cinza;
- Moletom com capuz cinza com óculos de atirador de cor âmbar e uma máscara de tecido cinza no bolso da frente, luvas em outro bolso;
- Um laptop;
- Um celular Samsung preto, tipo *slider*, sem bateria e sem cartão SIM;
- Kit de higiene pessoal;
- Uma pistola;
- Um par de binóculos;
- Uma máscara preta para esqui;
- Uma lanterna de cabeça.

Rayburn queria que Henry, que tinha parado o suspeito em uma abordagem de trânsito, tivesse as honras. "Pode prender", afirmou.

Agora que Reyes estava detido, Rayburn passou à revista da carteira. Dentro dela encontrou uma carteira de motorista no nome de Samantha Koenig.

8

Payne fez o trajeto de cinco minutos até o FBI e ligou para o DPA enquanto dirigia. Na hora, Bell e Doll fizeram um levantamento dos registros criminais de Israel Keyes. Não encontraram nada.

Isso era incomum. A maioria das pessoas presas por acusações importantes quase sempre tem antecedentes.

Em seguida, verificaram a carteira de motorista e encontraram o endereço residencial dele: 2456 Spurr Lane, na área de Turnagain, Anchorage. Isso também era incomum. Muitos advogados, promotores e juízes moravam naquela região.

Todos pensavam a mesma coisa: e se Samantha estivesse na casa? E se estivesse presa no porão, viva e em Anchorage durante todo esse tempo?

Doll começou a redigir um mandado de busca. Bell correu para a casa com a Unidade de Operações Especiais e a SWAT.

Em seguida, Payne telefonou para Kat Nelson e lhe pediu para conduzir uma verificação própria. Ela também começou com o histórico criminal e se surpreendeu com a falta de resultados. Um nome tão incomum em uma comunidade tão pequena e nenhum registro? Como Payne, começou a duvidar de si mesma. "Digitei os dados certos?", pensou.

Nelson verificou o nome Israel Keyes de novo. Dessa vez, usou o banco de dados interno do FBI. Se Keyes já tivesse sido mencionado em um relatório policial prévio em qualquer lugar dos Estados Unidos, apareceria.

Nada.

Desesperada, Nelson enfim recorreu ao Google. Procurou por amigos e familiares — "associados conhecidos", no jargão de agentes da lei —, além de endereços antigos, licenças de caça e pesca e portes de arma no nome dele.

Teria ele alugado um depósito? Quem ele conhecia que poderia ter um lugar para esconder Samantha?

Nelson encontrou algumas pistas. Um dos antigos endereços de Keyes era em Fort Lewis, Washington. Significava que ele tinha servido o exército, provavelmente. Ela decidiu que entraria em contato com o exército.

Nelson descobriu que a casa em Spurr Lane pertencia a Kimberly Anderson, enfermeira no Hospital Regional do Alasca. Nelson verificou Anderson nos registros públicos e do FBI e descobriu que ela comprara a casa em 2009. Também havia um Nissan Xterra no nome dela, que foi visto em alguns dos primeiros vídeos de saques em caixas automáticos de Anchorage.

O que uma mulher inteligente, profissional, tinha a ver com Keyes? Poderia ser cúmplice? Nelson telefonou para o hospital e identificou-se como agente do FBI. Perguntou se Kimberly Anderson estava trabalhando.

Ela está trabalhando, foi a resposta.

Mantenha-a ocupada, ordenou Nelson. Não a deixe sair antes de eu ligar outra vez.

Eram 9h30 no Alasca. Bell e membros da Unidade de Operações Especiais se posicionavam do lado de fora da casa. Era pequena, azul, bem-cuidada, ao final do retorno em um beco sem saída. À direita da casa havia dois galpões e um trailer. Na frente, uma caminhonete branca, uma Chevrolet.

Bell sentiu o coração apertar. Essa caminhonete, nesse mesmo endereço, tinha sido verificada pelo DPA logo depois do desaparecimento de Samantha. Tinham dado uma resposta negativa.

Oficiais bateram na porta da frente. Nenhuma resposta. Olharam para a direita e viram marcas recentes de pneus na neve. Alguém tinha saído de carro pouco antes.

Bell ainda não tinha encontrado um juiz para autorizar o mandado de busca, o que significava que não podiam entrar na casa, nos galpões ou no trailer, embora Samantha pudesse estar em um deles. O máximo que podiam fazer era bater na porta da frente e na dos fundos e olhar pelas janelas.

O policial se aproximou da caminhonete. Anotou a placa, FTC990, e o número de telefone na porta do motorista, embaixo das palavras KEYES CONSTRUÇÕES. Tirou fotos de tudo com seu iPhone.

A caminhonete tinha um rack preso à parte de trás, sobre a área de carga. Olhando com mais atenção, Bell viu que os parafusos que prendiam o suporte eram novos, mas os trilhos estavam enferrujados. A picape no vídeo da câmera de segurança não tinha suporte. Devia ter sido removido antes de Samantha ser levada, depois reinstalado rapidamente.

Bell precisava entrar naquela casa.

Payne telefonou para a detetive Doll, que mais tarde viajaria para o Texas com Bell a fim de interrogar Keyes. Sentiu uma grata surpresa ao ser convidado para acompanhá-los.

Payne foi bastante sincero. "Quero tanto ir e falar com esse sujeito que quase chego a salivar", anunciou. "Temos que conseguir acusá-lo de algum crime ou ele escapará." Payne queria redigir o depoimento. A acusação inicial se limitava a Fraude com Equipamento de Acesso, e Payne queria ter certeza de que seria forte o suficiente para Keyes ser extraditado do Texas para o Alasca.

Encerrou a conversa com Doll e pensou nos objetos curiosos encontrados na primeira revista do carro. Por que tanto dinheiro em notas tão pequenas? A maioria dos caixas automáticos libera notas de 20 dólares. Por que Keyes viajava com um celular desmontado? Por que a bateria tinha desaparecido? Payne nunca tinha visto isso antes.

Kimberly Anderson foi pega pelo DPA no Hospital Regional do Alasca e levada à delegacia, onde acabou sentada na frente de Doll. Anderson ficou horrorizada ao saber que os detetives estavam prestes a revistar a casa que dividia com Keyes e a filha dele. Foi taxativa: seu namorado não tinha nada a ver com o desaparecimento de Samantha. Estava em casa com ela e a filha dele na noite em que Samantha desaparecera, afirmou. Entrou no quarto dela várias vezes naquela noite.

No quarto dela? E onde Keyes dormia?

Anderson explicou que Keyes tinha ido olhar a filha, e que se levantou às cinco da manhã para acordá-la. Os dois viajariam naquela manhã, e ela os viu pegar um táxi para o aeroporto. Era só verificarem os registros de viagem dele: ele e a menina tinham decolado de Anchorage, e Anderson foi encontrá-los alguns dias mais tarde para um cruzeiro que partiu de Nova Orleans.

Não houvera tempo para que ele pudesse ter feito isso, alegou Anderson.

No Texas, enquanto Keyes era levado para a estação de polícia de Lufkin, Rayburn e Gannaway pararam no Subway. Compraram sanduíches e batatas fritas e combinaram estratégias relacionadas à melhor maneira de interrogar Keyes.

"Penso que você deve assumir o comando", antecipou Gannaway. "Não sabemos como é o temperamento dele." Com isso, queria dizer: não sabemos como o suspeito reagirá a uma mulher no comando. "Vamos ver como ele responde a um Texas Ranger", observou.

Quando chegaram à delegacia, Rayburn e Gannaway deram mais uma olhada na carteira de Keyes, a mesma que o suspeito teve medo de entregar durante a abordagem na estrada. Dentro havia cartões de crédito, o cartão de débito de Keyes, cartões comerciais e, isolado em um compartimento no fundo, um cartão de débito Visa emitido no nome do namorado de Samantha com a senha rabiscada nele.

Rayburn e Gannaway se olharam em silêncio.

Keyes os esperava em uma saleta de interrogatório, onde áudio e vídeo seriam gravados. Bryan Henry e outros Rangers esperavam atrás do vidro espelhado, ansiosos para ouvir o que o suspeito tinha a dizer. Keyes se mostrava calmo.

Às 15h30, carregando o almoço e garrafas de água, Rayburn e Gannaway entraram na sala e sentaram-se na frente de Keyes. Foram orientados a manter a prisão em segredo, porque uma pista recente sugeria que Samantha estava viva em Wells, Texas, mesma cidade que Keyes tinha ido visitar. Ao que parecia, havia uma tia de Samantha morando lá.

Deveriam agir com cuidado, essa era a orientação.

"Quer um sanduíche?", Gannaway ofereceu. "Trouxemos um para você."

"Não", respondeu Keyes.

"Tudo bem", a policial respondeu. "Vou deixar em cima da mesa, caso mude de ideia."

A tentativa de estabelecer contato não dava bons resultados.

"Sabe por que foi detido?", Rayburn perguntou.

Keyes olhou para ele sem se alterar.

"Acho que não", respondeu.

"Encontramos o cartão de débito do namorado de Samantha na sua carteira", revelou Rayburn.

Keyes nem piscou. "Não quero conversar", falou.

Isso não encerrava as possibilidades, Rayburn pensou. Keyes não disse que queria um advogado. Tentou insistir um pouco mais.

"O FBI tem imagens da sua caminhonete na cena do crime", revelou.

"Se tivessem", alegou Keyes, "eles já teriam me procurado."

Keyes estava certo, e isso irritou Gannaway. A atitude dele era arrogante e superior. O comportamento os desafiava: quem eram eles para interromper seu dia? Encontraram-no com a carteira de habilitação de Samantha e o cartão de débito de Duane, e ele não se preocupava com nada.

"Anchorage vai te massacrar por isso", Gannaway avisou.

Keyes não disse nada.

A conversa não foi muito além. Depois de um tempo, Rayburn e Gannaway se prepararam para levar Keyes para a prisão federal. Rayburn o algemou com as mãos para a frente, depois as prendeu a uma corrente na cintura com apenas alguns centímetros de folga. O homem quase não conseguia levantar os braços. Em seguida, imobilizou o suspeito com argolas igualmente justas nas pernas e o colocou no banco do passageiro de sua picape Ford preta, prendendo-o com o cinto de segurança e empurrando o banco para a frente até o limite, de forma a encurralar Keyes contra o painel.

Gannaway sentou-se atrás do suspeito, sem grade de separação entre eles. Eram seis horas da tarde, fim do dia mais longo que Rayburn e Gannaway tinham tido em muito tempo. Começaram a viagem de duas horas para Beaumont, onde Keyes ficaria em uma penitenciária federal até a acusação formal no dia seguinte. Ou no outro dia, talvez. A esperança era de que os detetives de Anchorage chegassem ao Texas antes da audiência, antes de o acusado ter um advogado indicado pelo tribunal. Quando isso acontecesse, as chances de Keyes falar alguma coisa seriam bem pequenas.

Bell e Doll se arrastavam. Não tinham tido tempo nem de ir para casa fazer as malas. Tinham feito uma parada rápida no Walmart, onde compraram roupas apropriadas a um clima quente, depois correram em direção ao aeroporto e embarcaram em um voo noturno comercial. Sem voos diretos de Anchorage para Houston, passariam três horas e meia em deslocamento até Seattle. Lá fariam uma conexão em um voo para Houston — mais quatro horas e meia de viagem, sem mencionar o aluguel do carro e o trajeto de quase trezentos quilômetros até o tribunal, cheios de adrenalina e sofrendo com o jet leg em razão da viagem.

Pensavam na reunião de emergência que tinham tido com Steve Payne, Jolene Goeden e dois membros da promotoria pública dos Estados Unidos, Frank Russo e Kevin Feldis. Juntos, tinham tentado decifrar e roteirizar a conversa com Keyes.

Quanto Bell e Doll deveriam contar a Keyes? Ou mostrar? Tinham a foto da caminhonete de Keyes no estacionamento do Home Depot na noite em que Samantha desaparecera, o que, na verdade, não provava nada. Fotos das imagens de segurança do quiosque de café eram inúteis. Imagens granuladas de um homem mascarado só mostrariam a Keyes que era impossível identificá-lo.

Esses argumentos estavam fora de questão.

E o bilhete de resgate? Era bem possível que Keyes não o tivesse escrito. Por outro lado, se tivesse um cúmplice, Keyes ainda saberia sobre o bilhete.

Se jogassem direito, o bilhete poderia dar bons resultados.

Pensavam em James Koenig. Payne o havia chamado ao escritório do FBI depois da prisão de Keyes. Desejava resolver isso lá, em parte por ser um território controlado, mas também por querer que James soubesse o quanto estavam trabalhando sério. O próprio ambiente comedido do escritório do FBI — paredes beges, carpete bege, mobília bege — ajudava a passar aos familiares uma sensação de organização e competência, ressaltando que aqueles eram investigadores do mais alto nível.

Payne disse a James que tinham alguém detido no Texas, e que havia bons motivos para acreditar que ele estava envolvido no desaparecimento de Samantha. James quis saber quem era.

Um homem chamado Israel Keyes, revelou Payne. Estamos investigando tudo o que conseguimos encontrar sobre ele.

James ficou aturdido. Nunca tinha ouvido falar de nenhum Israel Keyes. Não conseguia pensar em uma possível conexão entre esse homem e sua filha. Nenhuma.

Tem que manter isso em segredo, recomendou Payne. Por favor, não conte a ninguém. Não poste o nome dele no Facebook. Estamos na parte mais delicada da investigação, é a nossa melhor chance de encontrar sua filha.

Bell e Doll aterrissaram em Houston no início da manhã de 14 de março, um dia depois da prisão de Keyes. A temperatura era de 20ºC, o dia estava claro e o céu límpido. Alugaram um carro no aeroporto e partiram para Beaumont.

Pouco depois das onze da manhã, Bell teve notícias de Rayburn: "Você não vai acreditar nisso, mas acabei de receber um chamado... Está acontecendo um tiroteio na escada do tribunal. Não é Keyes, mas ainda assim vocês precisam ficar longe."

Cada detalhe desta investigação, desde sua gênese, era bizarro.

Bell tentava manter o raciocínio claro. Ele e Doll seguiram viagem para o nordeste pela I-10, o mesmo caminho por onde Keyes tinha viajado. Uma vez em Beaumont, ao menos poderiam ficar fora da área isolada no tribunal, assando no sol e suando de ansiedade.

Duas horas mais tarde, Rayburn cumprimentou Bell e Doll na escada de acesso ao tribunal. Bell se surpreendeu com a aparência do policial — botas de caubói, jeans, chapéu Stetson branco e uma arma na cintura. Um Texas Ranger como os que se vê na televisão. Era muito mais jovem do que a voz sugeria, e tinha um rosto largo e franco.

A caminho do interior do edifício, Bell e Doll conversaram depressa. A policial assumiria o comando; Rayburn não havia conseguido informação alguma no dia anterior. Talvez Keyes respondesse a uma detetive loira e bonita que tinha viajado do Alasca até ali só para interrogá-lo.

Todos os membros da equipe concordaram: ela deveria mostrar o bilhete de resgate a Keyes.

Bell entrou primeiro na sala de interrogatório. Olhou para Keyes e sentiu um arrepio na nuca. Foi ele, pensou.

Doll estava bem atrás dele, e teve a mesma sensação. Ela empurrou o bilhete do pedido de resgate por cima da mesa. Keyes começou a lê-lo em silêncio.

"Quem quer que tenha escrito isso", Doll começou a falar, "quem quer que tenha sido, é um monstro. Não acho que você seja um monstro."

A detetive seguia o roteiro que tinham criado no Alasca usando uma técnica clássica de interrogatório: tentar criar uma conexão. Não estava dizendo: "Não acho que tenha feito isso". Na verdade, estava dizendo a Keyes que o entendia, que sabia haver uma razão para ele ter capturado Samantha. Estava sendo solidária.

Keyes não falou nada. Doll e Bell esperavam que o bilhete o fizesse contar alguma história, pelo menos. Até uma negação seria um ponto de partida.

"Não posso fazer nada por vocês", declarou Keyes. Porém parecia muito interessado na policial.

"Bem", Doll continuou, "como explica o cartão de débito do namorado dela na sua carteira?"

"Ah." O tom de voz de Keyes ficou mais suave. "Agora sei como fui envolvido nisso."

Doll se animou. Aí vamos nós.

Keyes relatou que alguém havia deixado um saco com fecho hermético no banco da frente de sua caminhonete algumas semanas atrás. Dentro do saco havia um celular e aquele cartão de débito com a senha riscada nele. Keyes disse ter deixado a janela um pouco aberta do lado do motorista porque era fumante, o que já sabiam, depois de ver os cigarros que ele guardava no carro alugado. Deduziu que alguém para quem tinha feito algum trabalho de construção, que ainda lhe devia dinheiro, tinha deixado aquelas coisas como forma de pagamento.

"Francamente", retrucou a detetive, "essa história é ridícula. Sabemos que foi você. Sabemos que pegou Samantha."

"Não sei do que está falando", Keyes devolveu.

Depois de menos de uma hora com o suspeito, os dois policiais saíram da sala desanimados. Keyes não tinha dito nada que pudesse implicá-lo no desaparecimento de Samantha. Mantinha-se extremamente confiante. E se ele acreditava que só poderiam acusá-lo de fraude pelo cartão de crédito, estava certo. Bell e Doll sabiam que, se fosse esperto, Keyes se safaria da possibilidade de ser acusado pelo sequestro de Samantha.

Depois da audiência em que Keyes foi acusado formalmente, Bell viu uma mulher idosa do lado de fora do tribunal. Era alta e magra, não usava maquiagem e tinha cabelo comprido e branco, que usava preso em uma trança. O vestido simples de algodão, que a cobria do pescoço ao tornozelo, parecia ter sido feito em casa. Bell pensou que ela podia ser Amish.

Heidi Keyes, Gannaway disse aos detetives alasquianos. Mãe de Israel Keyes.

Bell aproximou-se dela e se apresentou.

"Acreditamos que seu filho sabe onde está uma jovem desaparecida de 18 anos", introduziu o assunto. "Porém ele se recusa a falar. Pode nos ajudar? Como mãe, pode pedir para ele lhe contar?"

"Não posso ajudar." Heidi falava como o filho.

Bell ficou surpreso. "Por favor", insistiu. "Estou implorando. Tem uma menina por aí cujo pai está desesperado. Ela sumiu há mais de um mês."

"Bem", disse Heidi, "se Deus quiser que essa garota seja encontrada, ela será encontrada."

Depois se virou e foi embora.

2
VIDAS INTERROMPIDAS

9

A extradição de Israel Keyes do Texas para o Alasca demoraria duas semanas e, nesse período, os investigadores precisariam descobrir o máximo possível a seu respeito. Kat Nelson encontrou uma biografia resumida no site da empresa dele, a Keyes Construções. Essa seria a plataforma de lançamento para a segunda parte da investigação.

De acordo com as informações no site, Keyes tinha morado em Colville, Washington, de 1995 a 1997, trabalhando como empreiteiro para um homem chamado Kelly Harris. Nelson procurou Colville na Wikipédia. Era uma cidade pequena, com menos de oito mil quilômetros quadrados. De acordo com o censo de 2010, a população era inferior a cinco mil pessoas.

De acordo com a carteira de habilitação do suspeito, vencida um mês antes de ele ser preso — uma pequena violação, que sugeria uma atitude criminosa — ele nascera em 7 de janeiro de 1978. Isso significava que Israel Keyes estivera em Colville entre os 17 e os 19 anos, pelo menos. As pessoas podiam se lembrar dele por lá.

O parágrafo seguinte da biografia contava que ele servira o exército dos Estados Unidos de 1998 a 2000, lotado em Fort Lewis em Washington, Fort Hood no Texas e Sinai, no Egito. Tinha passado com distinção no curso pré-Ranger do exército, um treinamento impiedoso de 61 dias que, em geral, dispensa metade dos participantes na primeira semana.

Nelson também encontrou uma solicitação de passaporte americano indicando a mesma data de nascimento da carteira de motorista. Constava Utah como seu estado de nascimento. Para a pergunta "já foi emitido algum passaporte em seu nome antes?", Keyes respondeu "não me lembro".

Quem não se lembra de ter tirado um passaporte?

Depois de uma dispensa honrosa do exército em 2001, Keyes se mudou para uma área remota do estado de Washington chamada Neah Bay, onde trabalhou para a Comissão de Parques e Recreação durante os seis anos seguintes.

Uma pesquisa na Wikipédia rendeu a Nelson um mapa da região. Situada no extremo ocidental superior de Washington, Neah Bay era uma reserva designada ao povo Makah. Apenas 865 pessoas viviam lá. Como Colville, tinha menos de oito mil quilômetros quadrados. A renda familiar era inferior a trinta mil dólares anuais.

Como esse homem jovem — atlético, de boa aparência, inteligente, habilidoso, com um evidente espírito de aventura — tinha ido parar em regiões rurais pobres e isoladas do Pacífico Noroeste?

E por que a repentina mudança para Anchorage? O que o atraíra para lá? Kimberly? O relacionamento era outro mistério; desde a prisão, ela se recusava a cooperar. Estava irredutível em sua declaração de que Keyes era inocente e ela também não tinha nada a ver com o crime. Ficou furiosa e humilhada por sua casa ter sido revistada de forma agressiva enquanto Israel estava detido no Texas.

Por que os ajudaria agora?

A biografia de Keyes terminava em 2007 com a mudança para o Alasca e o estabelecimento da Keyes Construções. "Nunca tive um cliente insatisfeito!", ele escreveu.

Nelson mandou toda a biografia para a equipe. Goeden, que agora trabalhava na investigação com Payne, sabia que precisaria procurar Kimberly em algum momento, assim que a raiva e o choque diminuíssem. Porém, como acabou descobrindo, essa não era a única mulher importante na vida de Israel Keyes. Na verdade, existiam duas que o conheciam bem: a mãe dele, Heidi, e Tammie, a mãe da filha dele. Embora nunca tivessem se casado, Keyes a chamava de ex-esposa.

Horas depois da prisão de Israel, Deb Gannaway estava na frente da casa de Heidi. De alguma maneira, convenceu-a a responder algumas perguntas.

Heidi tinha 59 anos, era bonita e tinha um porte altivo. Sua casa na cidadezinha de Wells era pequena e simples, parecida com a do seriado de TV *Os Pioneiros*.

A primeira impressão de Gannaway foi a de uma mulher séria que, diferente de Kimberly, estava triste, mas não em choque. Isso era interessante. A própria mãe de Israel Keyes, em um momento tão delicado, reconhecia em silêncio que sim, era possível que o filho fosse responsável pelo sequestro de uma adolescente, e talvez coisa pior. O que levava Heidi a aceitar aquilo? Como Israel tinha sido na infância e na adolescência? A equipe em Anchorage não encontrou nenhum antecedente criminal dele, mas isso não significava que não houvesse um histórico de crimes. Só significava que ele não tinha sido pego.

Gannaway, como suas colegas Goeden e Nelson, necessitava saber mais da família Keyes. Mais premente, a investigadora precisava saber tudo o que Israel tinha feito nessa visita ao Texas enquanto as informações ainda estavam frescas na cabeça de Heidi.

Tudo bem, ela concordou.

Havia quanto tempo Heidi morava no Texas? Israel a visitava com frequência?

Eu me mudei para cá recentemente com quatro das minhas filhas, respondeu a mulher. Todas moravam em Indianápolis, Indiana, onde tinham conhecido dois rapazes que Heidi chamou de "pregadores de rua", evangélicos carismáticos que, de algum jeito, convenceram as mulheres da família Keyes a se mudarem quase 1,5 mil quilômetros ao sul e se juntarem à congregação deles. Primeiro tinham ido morar em Dallas, depois Wells. Uma de suas filhas tinha se casado pouco tempo atrás com um membro da igreja, um casamento arranjado. Por isso Israel estava no Texas.

Heidi contou tudo isso como se fosse completamente normal, e a agente se manteve impassível. Israel era membro da igreja? Gannaway perguntou.

Não, disse Heidi. O filho não acredita em Deus. O ateísmo dele era uma grande tragédia na vida dela.

Alguma coisa incomum aconteceu? Gannaway quis saber.

Na verdade, algumas coisas, ela respondeu. Segundo soube, pelo menos uma das irmãs tinha pressionado Israel para que aceitasse o Senhor, e seu filho, em geral desdenhoso com esse tipo de conversa, ficara muito emocionado. Tinha chorado, relatou Heidi. E tinha dito à irmã: "Você não sabe as coisas que fiz".

Heidi alguma vez ouvira o nome Samantha Koenig?

Não, respondeu. Jamais, até aquele momento, tinha ouvido esse nome.

Porém havia mais uma coisa que poderia ser do interesse da investigadora.

Na semana anterior, na noite de quinta-feira, 8 de março, Israel e a filha tinham chegado à casa de Heidi por volta das 22h. Seu filho lhe disse que haviam voado de Anchorage para Seattle, depois para Las Vegas, onde alugou um carro e dirigiu até o Texas.

Foi esse itinerário que chamou a atenção de Payne e Gannaway durante a abordagem de trânsito. Heidi achou estranho, a investigadora perguntou, que o filho dela tivesse escolhido um trajeto tão complicado, especialmente na companhia de uma menina pequena?

Na verdade, não, ela respondeu. O casamento da irmã dele foi repentino, e Israel contou que essas passagens tinham sido as mais baratas que conseguira encontrar.

A policial quis saber mais sobre a outra viagem que Israel tinha feito ao Texas em fevereiro, que começou horas depois do desaparecimento de Samantha. Heidi também se lembrava bem dessa.

Seu filho e a neta tinham ido de avião de Anchorage a Seattle, depois para Houston, onde alugaram um carro e seguiram para Nova Orleans. Lá encontraram Kimberly e embarcaram no cruzeiro de cinco dias para o México.

Outra rota sinuosa do ponto A ao ponto B.

Quando o cruzeiro terminou, Israel alugou outro carro e foi com a filha para Dallas, onde Heidi ainda morava. A namorada do filho partiu em uma viagem de carro com uma amiga.

Heidi contou que essa visita foi a mais estranha. Era evidente que havia algo de muito errado com o filho, pois chegou e saiu sorrateiramente, cedo, como um adolescente. Era 13 de fevereiro, um dia antes de ele voltar para Anchorage com a filha. E deixou um bilhete na cama.

"Fui consertar a janela e procurar um lugar para esconder minhas armas", escreveu.

A mãe de Keyes explicou que isso não era incomum. A janela mencionada era do carro alugado. E o filho sempre tivera armas, inclusive quando era garoto. A família toda tinha armas.

A policial então perguntou com gentileza: O que aconteceu depois que Israel foi embora? Quando ele retornou?

Essa era a questão, explicou a mulher. Ele não tinha voltado. Ela mostrou a Gannaway as mensagens de um grupo da família que foram escritas naquela manhã, duas horas depois de terem encontrado o bilhete de Israel.

8h05: "Izy, podemos levar suas armas para [editado], se quiser, sem problema".

Nenhuma palavra o dia todo. Mais tarde, naquela noite, o filho respondeu. Estava atolado na lama no meio do nada, ele disse.

20h34: "Queremos tirar você daí se tiver alguma ideia de onde está".

Nenhuma resposta.

20h52: "Temos um quatro por quatro, se der uma ideia de onde está vamos te buscar".

No dia seguinte, 14 de fevereiro, Israel mandou uma mensagem avisando que estava estacionado perto de um grande shopping center em Cleburne, a uma hora de distância. A família foi buscá-lo, mas ao chegar lá, não havia nem sinal de Israel. Passaram a noite no estacionamento, dormindo na van, à espera da próxima mensagem. Gannaway não perguntou o óbvio: por que não ir para casa, tomar um banho, dormir um pouco? Ou, se estavam tão preocupados, por que não chamar a polícia? Mas não queria que Heidi ficasse na defensiva. Por isso, deixou-a continuar.

Na manhã do dia 15, finalmente um telefonema. Israel disse que estava do outro lado do shopping.

E lá o encontraram, desarrumado e desconexo. O carro alugado, um Kia Soul azul, estava sujo de lama. Israel tinha uma ladainha de desculpas. Ficara sem gasolina, dissera. Seus cartões de crédito tinham sido bloqueados. Não tinha dinheiro. Não comia ou dormia havia dois dias.

Esse não era o Israel que Heidi e as irmãs dele conheciam. O filho sempre fora calmo, organizado e engenhoso. Conseguia construir ou consertar qualquer coisa. Podia passar horas no fundo de um bosque sem se perder. Era um super-herói. A ideia de que o filho pudesse se perder no subúrbio do Texas à luz do dia era ridícula.

No entanto, ninguém lhe perguntou onde estivera ou o que tinha feito. Em vez disso, em 16 de fevereiro, Heidi comprou mais duas passagens aéreas para Anchorage. E de novo, seu filho passou a maior parte daquele dia e do seguinte fora para então retornar com novecentos dólares em dinheiro para reembolsá-la pelas passagens. Israel e a neta dela foram embora de avião no dia 18, e isso era tudo que ela se lembrava a respeito daquelas duas viagens.

Ao relatar tudo isso à investigadora, Heidi precisou admitir: havia algo muito errado. Havia a emoção extrema. E Israel parecia estar bebendo demais. O que a preocupou a ponto de chamar membros de sua igreja, que foram até lá oferecer conselhos.

Ela não sabia o que tinha sido dito, porém a disponibilidade de seu filho em falar com eles era mais um sinal de que havia algo errado. Israel devia estar bastante perturbado para sentar-se com aqueles autoproclamados membros de uma congregação, que eram muito mais novos que ele.

E com tudo o que não sabia, Heidi deu a Gannaway mais do que percebia: o padrão incomum nas viagens de Israel, uma noção cada vez mais ampla da dinâmica da família Keyes, algo que parecia ser um desequilíbrio mental logo após o desaparecimento de Samantha e um ponto crucial.

Por mais que essa família fosse pitoresca, até eles tinham se incomodado com o comportamento de Israel, e ninguém sentia que podia dizer algo. Mas para Goeden, Bell, Payne e Nelson, aqueles dois dias que Keyes passou desaparecido no Texas não eram um mistério. Ele tinha que ter feito alguma coisa.

Na sexta-feira, 30 de março, Steve Payne foi informado de que Keyes, que tinha acabado de ser levado a Anchorage por agentes da polícia federal dos Estados Unidos — com uma parada inexplicada em Oklahoma City — queria falar.

É isso, Payne pensou. Ele vai confessar.

A euforia de Payne foi moderada por duas exigências. Uma, Keyes queria a garantia de que não haveria pena de morte. Duas, ele queria que a mídia tivesse acesso restrito às informações. Sabia que seu nome tinha aparecido em matérias de jornais desde que fora preso no Texas, mas qualquer outra coisa que dissesse não poderia ser tornada pública. Queria evitar que a filha ficasse sabendo.

Payne e a equipe tinham poucas horas para se preparar para o primeiro interrogatório de verdade, e o que acontecesse naquela sala determinaria o rumo para tudo que viria a seguir. Keyes tinha que acreditar que o FBI sabia mais do que de fato sabia. Seria necessário fazê-lo pensar que estava encurralado por provas que o FBI ainda não tinha, para sentir não só medo, mas pavor. Ele precisava ser convencido de que a pessoa que falava com ele já sabia de tudo, que havia lidado com criminosos muito mais duros e corrompidos e que realmente não se importava com o que lhe aconteceria — no entanto, caso ele se dispusesse a falar, talvez o FBI fosse capaz de lhe arranjar alguma coisa.

O outro lado: se Keyes ficasse de boca fechada, só poderiam acusá-lo de uso fraudulento de cartão para saque em caixa automático, mais nada. Mesmo sendo um crime federal, ele cumpriria de seis meses a um ano de prisão, no máximo. Com sua ficha limpa, porém, talvez escapasse com uma multa e um período em liberdade condicional. Samantha nunca seria encontrada. Keyes desapareceria. E tendo cometido um crime tão grave, por certo praticaria outro semelhante. Ou coisa pior.

Faça direito da primeira vez, Payne aconselhara a si próprio. Você só tem uma chance.

Payne chamou Bell, Goeden e Nelson a uma sala de reunião no FBI. Doll estava fora, e por mais que odiasse estar fisicamente ausente do primeiro interrogatório de Keyes, ouviria tudo pelo telefone.

Payne decidiu que ele e Bell deveriam conduzir o interrogatório, que aconteceria no escritório do FBI, como determinava o protocolo. Nenhum outro local em Anchorage era equipado para receber um suspeito tão potencialmente perigoso; tinham a segurança necessária, inclusive o tratamento em todas as janelas para impedir que alguém enxergasse o interior do prédio. As salas de interrogatório eram equipadas para gravar áudio e vídeo. Goeden e Nelson, acompanhadas por promotores federais, poderiam ver e ouvir tudo de outra sala, em seus computadores, verificando ou refutando em tempo real todas as afirmações de Keyes. Agentes da Unidade de Análise Comportamental em Quantico estariam logados para formular perguntas por mensagem de texto.

Com base em tudo que tinham descoberto até então, a equipe acreditava que Keyes sabia onde estava Samantha.

Naquela manhã, Payne telefonou para seu contato na BAU, a unidade de análise de comportamento, e, ansioso, ouviu um conselho importante: que deixasse o suspeito falar. Os mais inteligentes costumavam gostar de falar.

Agora cabia a Payne e sua equipe decidir o que revelar a Keyes, o que evitar, o que e como dizer. O início da conversa era fundamental. No primeiro encontro com um suspeito, Payne gostava sempre de contar ao autor a própria história.

E é claro, só o autor sabe como a história termina.

Como tirar proveito do pouco que tinham para obter uma confissão? Em especial agora que Rich Curtner, um dos melhores defensores públicos do Alasca, tinha sido indicado pela corte para representar Keyes.

"Vamos nos preparar para o pior", disse Payne à equipe. "Se excluirmos a chance de pena de morte, não vamos ter muito com que negociar lá na frente."

"Não devemos complicar muito a nossa apresentação", opinou Bell.

Cogitaram contar a história de trás para frente, começando pelas provas obtidas no carro alugado por Keyes no Texas, mas optaram por apresentar as provas em ordem cronológica. Era mais astuto manter a narrativa enxuta, o que, esperavam, faria Keyes se sentir encurralado pelo que eles sabiam e preocupado com o que poderiam estar escondendo. Todos concordaram que era melhor ficar longe da grande lacuna nas informações que tinham: a relação de Keyes com Samantha.

O roteiro que criaram para o interrogado era forte, mas precisava do mensageiro certo. Payne pediu para que Bell se encarregasse disso; era dono de uma confiança silenciosa, uma capacidade de construir relação enquanto comunicava autoridade.

Bell concordou. Ele e Payne entrariam na sala e Bell começaria a conversa.

"Escute", diria. Faria uma pausa breve, mostrando para o depoente que Bell estava no controle. "Não vamos mostrar todas as provas que temos, pois, francamente, nem temos tempo para isso. E mesmo que tivéssemos tempo, não é assim que funciona. Mas vamos fazer um esforço de boa vontade. Não iremos enganá-lo."

Então mostrariam as fotos. Payne adorava fotos, porque suspeitos não podiam mentir diante delas. Nesse caso, seriam seis fotos, outro ponto fraco que esperavam transformar em força.

"Aqui está sua caminhonete na frente do quiosque de Samantha, do outro lado da rua, na noite em que ela desapareceu", diria Bell. "Ah, e aliás, temos muito mais imagens, estão com os especialistas do FBI em Quantico. Quando terminarem, vou ter ampliações boas o bastante para enquadrar e botar na parede."

Deixariam no ar e esperariam para ver se o suspeito diria alguma coisa.

Caso ele não se manifestasse, usariam mais fotos. Essa era a parte que empolgava mesmo Payne. Alguns agentes adoravam ir para a sala de interrogatório com vários objetos cenográficos, empilhar caixas e pastas e dizer: "Isso é o que temos". Payne acreditava no menos é mais. Depois que Bell mostrasse a caminhonete para Keyes, Payne entraria na conversa.

"Aqui estão a máscara, os óculos e o moletom com capuz que você estava usando quando fez aqueles saques de dinheiro nos terminais eletrônicos", diria. "Aqui está o cartão de débito de Duane, na sua carteira. Aqui está o celular de Samantha Koenig desmontado, escondido no porta-malas do carro que você alugou."

Fariam outra pausa. Caso Keyes insistisse em não falar, Payne continuaria. "Ainda não temos todas as respostas", continuaria.

Essa admissão funcionaria como um sinal contraintuitivo de confiança.

"Mas não vamos parar até as encontrarmos. Temos mais provas, e estamos descobrindo mais a cada dia." Diriam ao suspeito que sabiam da namorada e da filha dele, e sobre a ex-esposa no Estado de Washington. Que tinham conhecimento do relacionamento complicado dele com os pais e da estranha comunidade religiosa no Texas, insinuando saber detalhes constrangedores da vida dele, as dificuldades com a mãe — não que estivessem ali para constrangê-lo, de jeito nenhum.

De todas, essa era a melhor chance que tinham para tirá-lo do sério.

A última prova a ser exibida seriam os computadores retirados da casa dele. É verdade que ainda não tinham encontrado nenhuma ligação entre Keyes e Samantha, porém havia informações perturbadoras naqueles HDs. Principalmente links para matérias de jornal alusivas a Samantha, sobre a cobertura da investigação e vários comentários de leitores postados por alguém chamado Israel.

"Temos os seus computadores", prosseguiria Bell. "E repito, não vamos enganar você. Vai demorar para examinarmos tudo o que há neles. No entanto, vamos analisar cada cache, cada conversa, tudo o que você acha que deletou ou destruiu. Somos muito, muito bons no que fazemos."

A maioria dos suspeitos acredita nisso, pois aprende como é o trabalho deles assistindo a *CSI*.

Payne, Bell, Goeden e Nelson achavam que era uma estratégia vencedora.

Até que receberam um telefonema. E souberam, horrorizados, que o chefe da promotoria no Alasca pensava diferente.

Kevin Feldis trabalhava para o Ministério Público dos EUA desde 1999 e estava no Alasca desde 1997. Era esguio, de meia-idade, com cabelos castanhos e ralos. Havia se formado em Yale e na Escola de Direito da Universidade de Chicago, e nunca estivera envolvido em crimes de rua, muito menos homicídio. Trabalhava estritamente com crimes do colarinho branco, porém lá estava ele, avisando a Payne que era ele quem comandaria o espetáculo.

Feldis anunciou que Israel Keyes seria interrogado pelo Ministério Público dos EUA, e não pelo FBI, e ele não só estaria na sala como conduziria o interrogatório com seu assistente, Frank Russo. O FBI seria seu reforço.

Payne ficou aturdido. Não era apenas uma péssima ideia, era uma prática ilegal. Porém nenhum agente ou oficial de polícia em Anchorage queria brigar com Feldis, porque era ele quem punha seus suspeitos na cadeia. Ninguém jamais enfrentava o promotor de justiça. Isso era Anchorage e o pior de sua insularidade; em qualquer outro lugar, um agente nessa situação poderia telefonar para seu superior e resolver a questão. Caso não conseguisse apoio, ameaçaria vazar a história para a mídia esperando que acusações públicas de abuso de poder fizessem Feldis recuar. Se nem assim resolvesse, podia-se sempre cumprir a ameaça de vazamento.

Não ali.

Payne teria que tentar outro caminho.

Havia muitos motivos para Feldis não ter nada a fazer naquela sala, em especial tentar cooptar a investigação. Para começar, o Gabinete do Ministério Público dos Estados Unidos não estava equipado para gravar áudio e vídeo do interrogatório. O prédio também não tinha a segurança adequada. Keyes não se sentiria tão intimidado, física ou psicologicamente, quanto nos escritórios do FBI. Todas essas preocupações eram muito reais.

O promotor não se importava.

E a responsabilidade pela qual ele ficaria sujeito? Por lei, oficiais de polícia e agentes do FBI podem mentir para conseguir uma confissão; promotores não podem. Investigadores podem acenar com uma possibilidade de acordo com a promotoria e colorir esse acordo com tons positivos ou negativos. Toda essa vantagem, a capacidade de distrair e perturbar um criminoso que provavelmente quer um acordo, se perderia se o próprio promotor estivesse ali sentado e o suspeito pudesse apenas olhar para ele e perguntar: "Vai me dar o que quero?".

E ainda havia a necessidade de encurralar o suspeito. Havia um motivo para as salas de interrogatório serem pequenas e sem janelas. Faz o suspeito sentir que as paredes estão mesmo se fechando em torno dele. De modo semelhante, há uma razão para apenas dois oficiais ou agentes conduzirem um interrogatório: mantém o fio da conversa estreito e restrito. Permite a construção de contato e a clássica dinâmica do "policial bom/policial mau". Interrogar um suspeito em uma mesa de reuniões para seis ou mais pessoas só faria Keyes se sentir importante e poderoso, não pequeno e fraco.

Essa seria a primeira entrevista do FBI com Keyes no território dele, no lugar onde o crime fora cometido. Seria a primeira chance para a equipe saber quem era Israel Keyes e para o suspeito ter uma noção de quem eram eles. Ninguém nessa equipe sabia interrogar melhor que Jeff Bell; Payne tinha um ego saudável o bastante para reconhecer. Caso Keyes sentisse que o promotor estava intimidado ou nervoso, ou se deixasse transparecer que sabiam muito pouco, poderiam perder a melhor e talvez última chance de encontrar Samantha.

Feldis era a personificação da Lei de Murphy.

Agir daquela forma seria um flagrante de ilegalidade. Quando o caso fosse levado ao tribunal, o que nesse momento parecia provável, cada movimento da promotoria, desde o início, seria assunto para registro público, pois o ônus da prova cabe a quem acusa. E a atenção do público garante que todos se deem por satisfeitos, na medida do possível, quando a Justiça tiver sido feita. Ao conduzir esse interrogatório, Feldis seria ao mesmo tempo promotor e testemunha, podendo ser convocado pelo defensor do réu.

Caso alguém descobrisse algo sobre a conduta ilegal da promotoria, ainda que na fase embrionária do interrogatório, o processo poderia ser arquivado. Até um condenado poderia ser libertado e nunca mais julgado pelas mesmas acusações. Promotores não podiam lidar com provas reais nesse estágio; contaminava a cadeia de custódia. Qualquer advogado de defesa de razoável competência poderia dizer a um juiz: "O Estado não deveria poder continuar com isso", e qualquer juiz com um pouco de bom senso concordaria com ele.

Resumindo de maneira simples, as consequências poderiam ser devastadoras.

Porém o promotor estava irredutível. Esse era o maior caso no Alasca desde Joshua Wade, o assassino em série que chegou às manchetes em

2007, e o caso Keyes poderia ser ainda maior. O desaparecimento de Samantha Koenig era notícia nacional. Todos poderiam ser promovidos, em especial nos demais estados. Era um caso perfeito para o *Dateline* ou *48 Hours*, ou quaisquer documentários sobre crimes. Poderia ser o marco de uma carreira.

Por certo, Payne e Bell poderiam dar a Feldis um intensivo de técnicas de investigação para amadores. Certo? Tão simples. Que dificuldade poderia haver nisso?

Jeff Bell também estava chocado. Tinha visto muita politicagem em Anchorage, no entanto, jamais nesse nível. Todo mundo queria estar naquela sala para o primeiro interrogatório — é claro que queria —, mas o correto seria esperar que a integridade da investigação e a busca por uma menina de 18 anos fossem as prioridades.

Bell conversou com Payne quanto a isso. Por mais alarmados que estivessem, concordaram que só havia uma coisa a ser feita: tentar treinar o promotor da melhor maneira possível. A voz fina e fraca dele, diferente da nota rouca de uísque e cigarro de Payne, ou da vibração franca do Meio-Oeste de Bell, era uma fraqueza marcante, que se justificava por Feldis nunca ter se sentado diante de um criminoso de sangue-frio, alguém que tem certeza de que é mais esperto que seu oponente. Todos os criminosos se consideram mais espertos que os investigadores, mais uma coisa que precisavam explicar a Feldis.

Pelo menos tinham o roteiro pronto. Payne se consolou pensando que ainda estaria na sala e poderia redirecionar a entrevista, caso ela saísse dos trilhos. Além disso, Frank Russo estaria lá. Payne e Bell gostavam de Russo, um novaiorquino de meia-idade consumido pela preocupação, que havia trabalhado com gangues e crimes violentos em Manhattan.

Payne e Bell fizeram o trajeto de cinco minutos de carro até o Complexo Presidiário de Anchorage para encontrar o suspeito antes de ele ser transportado. Para Payne, esse seria o primeiro encontro cara a cara com o homem que tinha sequestrado Samantha. Porém os dois pensavam as mesmas coisas: Que tipo de pessoa tinham sob custódia? Que tipo de criminoso? Seria um crime passional? De oportunidade? Ou motivado por algo que ainda não tinham identificado? Qual era a personalidade básica do suspeito? Isso daria alguma dica quanto à melhor maneira de abordá-lo, que dirá de obter uma confissão?

Quando chegaram, Payne achou que Keyes tinha a silhueta da imagem da câmera de segurança: alto, de ombros largos, atlético. Saltar para o interior do quiosque de Samantha por aquele guichê, que ficava a cerca de um metro do chão, teria exigido agilidade e força da parte superior do corpo, e ele parecia ter as duas coisas. Além disso, o prisioneiro seguia orientações com facilidade. Não era alguém com transtornos mentais ou cognitivos. Keyes era, pelo menos na aparência, saudável.

Uma coisa que todos os envolvidos nesse caso sabiam, mas não podiam dizer em público: o presídio de Anchorage não era seguro o bastante para um criminoso como aquele. Anchorage, apesar dos índices de crimes violentos, não tinha uma penitenciária federal.

Goeden e Nelson, já no gabinete do Assistente da Promotoria Pública dos Estados Unidos, acomodavam os laptops do lado de fora de uma sala de reuniões. Bell e Payne tinham pouco tempo para fazer um treinamento relâmpago com Feldis para deixá-lo apto a dobrar um suspeito, habilidades desenvolvidas ao longo de anos de treinamento em academias de polícia, ensinadas a agentes e policiais em Quantico pelas mentes mais desenvolvidas, onde até os investigadores mais experientes voltavam muitas e muitas vezes para se reabastecer dessas habilidades perecíveis e aprender novas técnicas.

A informação a que agentes e oficiais recorrem em todo interrogatório, esses arquivos profundos, vastos, é semelhante à memória muscular. Não existe um algoritmo para arrancar uma confissão de alguém. Um bom interrogador trabalha com a confiança nascida da experiência, porém é inteligente o bastante para se enxergar menos eficiente diante de cada novo suspeito, encarando-o como um desafio.

Os melhores têm agilidade psicológica e intelectual. Precisam ser capazes de perceber as menores revelações, as microexpressões que entregam um suspeito; uma careta suave, um movimento dos pés, um olhar para uma foto que se estende por um segundo além do que deveria. Precisam ter confiança o bastante para ignorar o modo como um suspeito os interpreta. Os melhores interrogadores não pensam em si próprios, mas concentram-se no sujeito diante deles, improvisando a partir de uma base triste, sólida, encurralando de forma verbal o pior que a humanidade tem a oferecer.

É uma forma de arte.

"Tem certeza de que quer fazer isso?", eles perguntaram a Feldis. "Ninguém vai pensar menos de você, se desistir."

O promotor insistiu. A condução do caso agora era dele.

Payne e Bell, ainda incrédulos, deram-lhe o único conselho que podiam dar.

Mantenha a voz baixa e firme, disseram. Não tenha medo do silêncio. Deixe-o se prolongar. Não tenha pressa para falar. O silêncio incomoda as pessoas, e você quer que esse sujeito fale o máximo possível. Descubra o que ele quer e encontraremos Samantha.

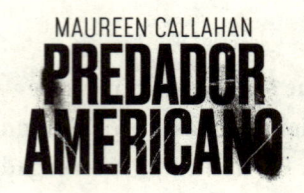

10

Às 17h48 da sexta-feira, 30 de março, a equipe sentou-se com Keyes no gabinete da Promotoria dos Estados Unidos. Dos que estavam presentes de forma física, só Bell tentara um interrogatório cara a cara com o interrogado antes, e o detetive não estava surpreso ao ver que a atitude dele não havia mudado. O suspeito mantinha uma expressão impassível, e quando falou foi com um tom indiferente, como se tudo isso não passasse de um incômodo. Bell captou o ressentimento e a resignação de Keyes por ter sido pego, em especial quando disse que estava falando agora só para facilitar as coisas para si próprio e para sua família. Ao longo do depoimento, disse, talvez fizesse outras solicitações, as quais esperava que também fossem acolhidas.

Bell pôs o pequeno gravador sobre a mesa de reuniões e apertou o botão vermelho torcendo pelo melhor.

Finalmente, a história começou.

Pouco depois das 19h de 1 de fevereiro de 2012, Israel Keyes tirou a caminhonete Chevrolet branca da garagem e foi ao Home Depot na Tudor Road, a quinze minutos da casa dele. Tinha feito o mesmo trajeto, no mesmo horário, em vários dias daquela semana, curioso com a movimentação no quiosque Common Grounds.

Depois de várias noites de observação, decidiu pelo assalto. Embora o quiosque ficasse à margem de uma estrada de trânsito intenso, tinha nevado tanto que bancos de neve de um metro e meio de altura escondiam o lugar. A noite estava fria e muito escura. Ele esperaria até perto da hora de fechar a loja, quando não haveria outros clientes, provavelmente.

Parou primeiro no supermercado Carrs, onde pegou duas de suas coisas favoritas, chocolates Snickers e cigarros Wild 'n Mild. Depois foi ao Home Depot e parou no estacionamento, mais perto da IHOP. Pegou sua caneca de café, um par de abraçadeiras de plástico, a lanterna de cabeça e o revólver Taurus calibre 22. Ele usava um pequeno rastreador da polícia no ouvido.

Keyes desceu da caminhonete, caminhou na direção oeste e atravessou a rua rumo ao quiosque.

Andou pelo estacionamento por alguns minutos. Não havia mais ninguém ali.

Os investigadores o interromperam. Quando foi que vira Samantha Koenig pela primeira vez? Qual era a relação entre eles?

"Não a conhecia", respondeu. "Nunca a tinha visto antes."

Payne e sua equipe não esperavam por essa resposta. E não acreditaram nela.

Então por que ele fora ao quiosque de café Common Grounds naquela noite, naquela hora?

"Porque sim", falou. "Fica aberto até tarde."

Dava para sentir a tensão na sala. Antes de dizer qualquer outra coisa, Keyes quis ver quais outras provas os investigadores possuíam.

Era isso que Payne temia. Prendeu a respiração.

FELDIS: Muito bem. Por onde quer começar?
KEYES: Hum, vocês têm fotos da revista feita na minha casa?
FELDIS: Tenho... Tenho algumas, não muitas.
KEYES: Quantas...
FELDIS: ... Não temos muitas impressas.

Payne já demonstrava estar nervoso. Não era assim que se disfarçava a falta de provas. Esse era o momento de dizer que tinham fotos o suficiente para escolher qual queriam usar, que a sede do FBI as estava ampliando e que suspeitos não têm que ver nada que esteja em poder das forças da lei.

Com menos de um minuto de interrogatório, Keyes já estava perigosamente perto de perceber que eles sabiam muito pouco. Caso tivesse matado Samantha — e com a ausência de urgência na voz dele, até Payne começava a aceitar essa probabilidade —, não tinham nenhuma prova material.

Precisavam saber quem mais estava envolvido. Precisavam de uma confissão.

Feldis perguntou ao interrogado se ele preferia contar sua história do fim para o começo.

KEYES: É, podemos, hum... é, podemos começar.

RUSSO: Isso, quer dizer, sei lá, só para termos... termos um contexto, será que pode nos contar, sabe, o que aconteceu com ela?

Keyes fez uma pausa. Soltou um longo suspiro.

KEYES: É, não sei se vou contar a história toda, tipo, quadro a quadro.

FELDIS: Tudo bem.

KEYES: Hum, bom, então, vamos... vamos então... vamos começar pelo fim e voltar, então, hum, me arrumem um mapa da área de Palmer.

Havia um laptop sobre a mesa de reuniões, e abriram na tela o Google Earth e um mapa de Anchorage. Keyes lhes disse para darem zoom no Matanuska Lakes State Park, depois no lago propriamente dito. Contou que tinha ido pescar no gelo naquele lago durante uns três dias em fevereiro, e que, era bem provável, já encontraram as provas disso em seu galpão. Fora lá que construíra a cabana.

Para onde essa conversa estava indo?

Feldis precisava acertar.

KEYES: Hum... Partes da minha cabana de pesca no gelo, que na verdade é... não sei se vocês já tiraram essas coisas do galpão, provavelmente.

FELDIS: Certo, a cabana que está no seu galpão?

KEYES: É... vocês não devem ter conseguido achar todas as partes dela, mas, hum, tinha algumas outras partes que deixei atrás do galpão também.

Aí estava a Lei de Murphy de Payne. Eles não tinham parte alguma de cabana porque não tinham encontrado nada no galpão que tinham revistado. *Jesus.* Havia outro galpão? Como Feldis lidaria com isso?

FELDIS: Certo. Vou... eu vou... não sei bem o que... o que encontraram no seu galpão, Israel, por isso estou lhe perguntando, pois ainda não vi tudo o que tiraram do galpão, então, hum...

Só havia uma resposta certa aqui, como Payne e Bell sabiam bem: dizer que nunca revelariam nada disso a ele. Dizer que o FBI tinha especialistas desmontando a cabana pedaço por pedaço, e quando terminassem, nenhum júri do Alasca ia querer ouvir nada do que Israel Keyes tinha a dizer.

KEYES: Eles tiraram tudo de lá?
FELDIS: Não sei se tiraram tudo, mas por que não me diz o que... o que eles deveriam encontrar no galpão.
KEYES: Hum, tem um trenó.
FELDIS: Sei.
KEYES: E um contêiner grande. Acho que é um... não sei, acho que é um contêiner de cento e vinte ou cento e cinquenta litros no trenó... Por isso imaginei que quando conseguissem um mandado de busca para minha casa, provavelmente... provavelmente encontrariam alguma coisa nele.

Naquele primeiro dia de pesca no gelo, Keyes contou, fora de carro até o Lago Matanuska, estacionara fora da estrada e levara o trenó pela superfície do lago até bem longe da margem. Montara sua cabana lá no meio. Uma vez lá dentro, cortara um buraco de dois metros e meio por dois metros e meio no gelo, cobrira o buraco com compensado e fora embora.

KEYES: Eu estava com a caminhonete. Não dá pra... não dá pra estacionar no lago... [Eu] não podia transportar mais que, sei lá, talvez uns setenta quilos de cada vez no trenó, por isso tive que fazer três viagens, e vocês vão precisar de cinco sacolas diferentes.
FELDIS: Certo. Pode nos contar o que pegou em cada uma dessas viagens?

KEYES: Hum, no primeiro dia, foram a cabeça, pernas e os braços.

FELDIS: De Samantha Koenig?

KEYES: É.

Era isso. Payne estava chocado. James Koenig ainda não sabia, e essas eram as últimas horas de esperança para ele. A primavera se aproximava, a época mais bonita no Alasca, neve e luz branca, e James nunca mais conseguiria pensar nela do mesmo jeito.

Feldis abriu uma aba do Google Earth Street View da casa que Keyes dividia com Kimberly e a filha dele. Keyes ficou impressionado. "Caramba, essa é... é uma foto bem recente, hein?". E riu.

Keyes mostrou ao promotor a parte de trás da casa e onde encontrar o conduíte cinza usado para puxar o trenó, a madeira para construir a cabana no gelo, a barra de aço que usou para cortar o buraco no lago coberto de gelo, uma faca de lâmina serrilhada e cabo amarelo e o sangue no chão e em uma parede do galpão, esse na entrada da garagem.

Havia outro galpão. Como nenhum especialista em recuperação de provas o encontrara em um quintal tão pequeno?

Feldis não sabia nada disso, então seguiu em frente, pegou as fotos das coisas que o FBI tirou do galpão revistado. O galpão errado.

FELDIS: Vamos mostrar algumas fotos que...

KEYES: Não.

FELDIS: Acho que devem ter imprimido.

KEYES: Não, nada disso.

FELDIS: Tudo bem, mas essas... essas foram feitas no mesmo galpão, correto?

KEYES: Não.

FELDIS: Não é o mesmo local?

KEYES: Não, esse fica no quintal.

FELDIS: Certo, parece que revistaram o galpão errado. Tudo bem.

KEYES: Acabei de contar tudo isso a vocês à toa?

Sim. Sim, Keyes tinha falado à toa. Payne tinha que ser honesto e reconhecer que o erro tinha sido do FBI, e a única coisa que salvaria esse interrogatório agora era sorte. Caso a conversa tivesse se desenvolvido em qualquer outra ordem... Se tivessem começado falando do galpão errado... Keyes não teria tido motivos para continuar. Ele saberia: o FBI não tinha nada que o ligasse ao corpo de Samantha.

Naquele momento, o réu não tinha percebido a magnitude desse erro.

"Eu estava brincando", justificou ele. "Sei que vocês já têm essas coisas, ou que já as teriam em breve. O principal é o computador... aquele foi o único lago que usei... É claro que, com o passar do tempo, vocês a teriam encontrado, provavelmente."

Sem chance. Payne sabia disso.

Os celulares começaram a vibrar em cima da mesa da sala de reuniões. A chamada vinha de Quantico.

11

Payne e Bell eram os únicos que podiam recuperar o controle do interrogatório. Era evidente que a maior dificuldade não era Israel Keyes, mas Feldis, que reagiu da seguinte forma à última declaração do interrogado a respeito do FBI ter acesso a tudo em seu computador:

"Eles vão... vão precisar recolher tudo, hum, então temos que... precisamos ouvir tudo sobre, hum, porque eles vão... como você disse, vão..."

"Não", disse o interrogado. "Está tudo lá, no galpão branco. Vocês não precisam de nada daquele galpão de trás."

Keyes agora se tornava mais desafiante, e quanto mais poder conseguia, mais fracos ficavam todos os investigadores na sala. Para Payne, a tensão era aflitiva. Feldis não parecia nem ter consciência dessa mudança. Payne e Bell teriam que interrompê-lo de um jeito que, esperavam, o preso não percebesse.

Payne e Bell tentaram conduzir Keyes de volta à construção de uma linha do tempo. Precisavam ter foco nos fatos — dias, horas e locais — para conseguirem conduzi-lo às coisas das quais estava relutante em falar. Precisavam saber como Samantha percorrera sessenta quilômetros do quiosque até o fundo de um lago sem que ninguém visse nada. Necessitavam de detalhes que pudessem confirmar, para ter certeza de que tinham pegado a pessoa responsável. E como verificaram que Keyes e a filha de 10 anos haviam partido para o aeroporto às cinco horas da manhã seguinte, precisavam saber quem mais estivera envolvido.

Keyes continuou falando, entrando em uma espécie de transe.

Ele dera a volta no quiosque Common Grounds. Não conseguira ver quem trabalhava lá dentro, mas imaginava que fosse uma mulher jovem. Quem quer que fosse a atendente daquele turno, parecia não ter carro; não tinha carro nenhum estacionado ali perto.

Esses quiosques só contratavam garotas jovens. Então, era provável que um namorado estivesse a caminho.

Keyes se dirigiu ao quiosque quando faltavam cinco minutos para as oito horas, pouco antes de fechar, e parou diante do grande guichê, uma janela aberta que ele sabia não ter proteção de acrílico ou tela. Pôs a caneca térmica vazia no balcão e pediu um americano à atendente. Então conseguiu dar uma boa olhada: ela era jovem, pequena, bonita e estava sozinha.

Samantha Koenig.

Enquanto a garota se movia entre o guichê e a máquina de café naquele espaço restrito de um metro de largura, mais ou menos, Keyes começou a pensar no plano. Uma dificuldade surgira: de repente havia alguém em um carro parado ali perto, com o motor ligado, olhando para ele. Isso tornava ainda mais desafiador o que pretendia fazer.

Samantha entregou o americano e ele sacou a arma. "Isso é um assalto", anunciou.

Samantha levantou as mãos. Ele percebeu que a garota estava apavorada.

"Apague as luzes", ordenou.

Samantha foi até o fundo do quiosque e apagou as luzes, depois voltou ao guichê. Não gritou. Se houvesse um botão de pânico e ela o tivesse acionado, Keyes ouviria sobre o chamado em seu rastreador da polícia. Teria que esperar para ver.

"Me dá todo o dinheiro que está na caixa registradora", Keyes falou.

Samantha se moveu depressa para a direita em direção ao local em que a caixa ficava guardada, escondida dos clientes. Esvaziou a gaveta e entregou o dinheiro.

"No chão", ele mandou. Samantha obedeceu.

Keyes ainda estava do lado de fora do quiosque.

Nesse ponto, saiu do transe e se dirigiu a Feldis.

"Estava me sentindo meio invencível", comentou.

"Por quê?", perguntou o promotor.

"Porque ela estava com medo. E fazia tudo que eu mandava, e acho que tive uma descarga de adrenalina. Então decidi continuar para ver o que acontecia. E, bom, vocês têm o vídeo, já sabem o que aconteceu".

Feldis foi bem nessa parte. "É", devolveu, "mas quero ouvir a história do seu ponto de vista."

O interrogado levou um momento para voltar àquele estado de quase transe. Dissera para Samantha que apagasse as luzes e o letreiro luminoso de ABERTO. Ela obedecera.

Enquanto observava Samantha, o suspeito estudava o estacionamento. Mais longe, viu pessoas entrando e saindo da Alaska Club, a academia.

Quem estava naquele carro ligado enfim foi embora. Tudo ficara silencioso, só se ouvia o som abafado dos automóveis passando pela Tudor Road.

Keyes mandou Samantha ficar de joelhos e se virar. Ela obedeceu a ordem. Ele se debruçou sobre o guichê e amarrou os pulsos da vítima para trás com as abraçadeiras de plástico.

Disse para Samantha sair da frente e pulou a janela. Com a luz da lanterna de cabeça, examinou o balcão e viu um molho de chaves.

"Onde está seu carro?", perguntou.

"Não tenho carro", Samantha respondeu. "Mas meu pai vem me buscar em meia hora. Quer dizer... ele deve chegar a qualquer minuto."

Keyes pensou em desistir. Não sabia qual resposta era a verdadeira. "Você acionou um alarme?", perguntou. "Não mente pra mim. Estou com um rastreador da polícia na orelha. Vou saber."

"Não", garantiu.

"Se eu ouvir uma ordem da central para a polícia vir pra cá... eu te mato."

"Não acionei o alarme", insistiu Samantha. "Juro."

Os investigadores assentiram, incentivando Keyes a continuar. Ele prosseguiu em um tom mais profundo, mais baixo. O discurso dele ficou mais lento e a voz começou a tremer. Era uma coisa muito assustadora: Keyes parecia envergonhado e extasiado ao mesmo tempo.

Revelou ter perguntado o nome dela, depois fechou e trancou as janelas, pegou alguns guardanapos e os enfiou em sua boca.

Depois disse a ela que dariam uma volta.

Até então, a história batia com as imagens da câmera de segurança. Com exceção do detalhe sobre os guardanapos. Ninguém vira isso. Agora Payne entendia por que Samantha não gritara naquela noite: não conseguiria.

> **FELDIS:** No que estava pensando naquele momento?
> **KEYES:** Como assim, quando a levei comigo?
> **FELDIS:** Sim.
> **KEYES:** Gostei dela.
> **RUSSO:** Você tinha um cruzeiro agendado com embarque no dia seguinte.
> **KEYES:** Dali a algumas horas, sim. Meio que fazia parte da ideia.

Enquanto conduzia Samantha pelo estacionamento, Keyes encontrou uma câmera Canon nova no chão. Devia valer uns trezentos dólares. Essa era uma informação nova.

"Encarei como um bom presságio, acho", declarou Keyes.

Ele se abaixou para pegá-la. Sentindo a distração, Samantha escapou e correu.

"O que você fez?", perguntou Feldis.

"Derrubei ela", respondeu e parou para pegar um pouco de água. "Havia pessoas por todos os lados."

Seria verdade? Será que havia, de fato, testemunhas do crime mais divulgado em Anchorage em anos? Ou o criminoso estaria só se gabando? Se houvesse testemunhas, será que alguém já não teria se apresentado?

Keyes recuperara o controle sobre Samantha ligeiro, disse, pressionando a arma calibre 22 contra as costelas dela. A arma era pequena, leve, fácil de esconder; acima de tudo, era silenciosa. Ninguém ouviria um tiro em uma rua movimentada. Ele sabia o que estava fazendo.

Ele ameaçara matá-la caso ela tentasse fugir outra vez.

Samantha assentiu. Keyes falou para a garota cambalear um pouco e se apoiar nele, como se estivesse bêbada. Ele a levou até o outro lado da Tudor Road e a conduziu pelo estacionamento da Home Depot, depois para a caminhonete dele no IHOP.

Algumas pessoas conversavam perto de um Chevy Suburban bem na frente da caminhonete. O criminoso precisou contar com o medo de Samantha para paralisá-la.

De certa forma, a primeira tentativa de fuga funcionou a favor dele.

Ele levou Samantha para o lado do passageiro como se fosse abrir a porta por cavalheirismo. Inclinou-se e cochichou no ouvido dela.

"Não quero te machucar. Mas esta arma calibre 22 está carregada com uma munição muito silenciosa. Pode te matar, então, não me obrigue a fazer isso."

Quando Keyes abriu a porta e começou a afastar as coisas que estavam no banco do passageiro — não planejava usar a própria caminhonete —, Samantha observou aqueles desconhecidos em silêncio, a menos de um metro dela, e os viu entrar no carro e ir embora.

> **FELDIS**: Então, vimos no vídeo que você a colocou no carro, na caminhonete, depois deu a volta, entrou no veículo e fez uma pausa de alguns segundos antes de partir.

Se Feldis, por conta de sua atuação como promotor, viu mesmo o vídeo, esse seria outro problema, na hipótese de o caso ir a julgamento. O vídeo era uma prova.

Para aumentar a confusão, era claro que ninguém no FBI ou no DPA pensou em requisitar as imagens das câmeras de todos os estabelecimentos próximos do quiosque. Logo, não faziam a menor ideia das testemunhas no IHOP.

Na caminhonete, Keyes falara com Samantha.

> **KEYES**: Eu só dizia a ela como seria.
> **FELDIS**: O que... foi... o que disse a ela?
> **KEYES**: Fiz muitas perguntas... Ela ainda estava com as mãos para trás quando a coloquei na caminhonete. Ajudei-a a entrar, afivelei seu cinto de segurança, e avisei que iríamos a um lugar.

Payne e Bell sabiam o rumo que a história estava tomando. Keyes já estava usando uma linguagem que minimizava seus atos. Samantha "estava com as mãos para trás", em vez de amarradas, o criminoso a "ajudou" a entrar, em vez de empurrá-la, "afivelou" seu cinto, em vez de contê-la, "iriam a algum lugar", em vez de sequestrá-la. Havia sutilezas que o promotor não captava, pistas linguísticas que mostravam a Payne e Bell que estavam lidando com um suspeito muito ardiloso.

Keyes continuou. Descreveu o que disse a Samantha depois de tirar os guardanapos de sua boca. Ele a trocaria por um resgate e ela ficaria bem.

KEYES: Ela ficava repetindo: "Bom, minha família não tem dinheiro". Eu falei: "Ah, mas é assim que isso funciona, eles vão arrumar dinheiro, não precisa se preocupar. Vou cuidar de tudo, mas você precisa fazer o que eu mandar". Depois disso, foi como se, quanto mais eu falasse, mais ela... quer dizer, eu não estava sendo cruel, nada disso. Não queria assustá-la àquela altura. Estava tentando parecer uma pessoa normal.

"Uma pessoa normal." O interrogado tinha acabado de dar outra pista: havia algo de errado com ele.

Provavelmente já fizera isso antes.

Feldis não estava percebendo nada disso, de jeito nenhum. Mas Jeff Bell não cederia mais o palco.

Keyes saíra do estacionamento.

Percebeu que o cinto de segurança de Samantha não estava preso. A caminhonete era velha e não tinha travas eletrônicas nas portas, então, caso a vítima se soltasse do cinto e pulasse do carro, não seria possível fazer muita coisa. Teria que abandonar o plano.

E então, quando parou o carro em um sinal vermelho, uma viatura da polícia encostou ao lado da janela de Samantha com dois oficiais a bordo.

Quais eram as chances de isso acontecer? O suspeito tinha escolhido atacar naquela região de Anchorage porque, naquela noite, havia um grande festival do outro lado da cidade. Pelo rastreador, sabia que quase todo o efetivo policial estaria lá.

Keyes observou Samantha considerar em silêncio todas as opções.

O que devia fazer? Se começasse a gritar ou bater com a cabeça na janela, ou se tentasse escapar e os policiais fossem embora antes de ela conseguir se soltar, esse homem a mataria. Acreditava nele. Só queria o dinheiro do resgate, depois a soltaria. Os policiais ao lado dela estavam com as janelas fechadas, ouvindo as mensagens que chegavam a toda hora pelo rádio — mensagens que seu sequestrador ouvia, no fone, em tempo real! Talvez devesse fazer o que ele queria.

Keyes também avaliava os riscos. O rastreador informava que esses policiais não estavam procurando uma adolescente desaparecida. Se Samantha tentasse alguma coisa — e naquele momento ele acreditava nessa possibilidade — e os policiais o abordassem, bem... estava armado. No entanto, se ficasse quieto e esperasse o sinal abrir, se conseguisse controlar Samantha sem dizer nada, a noite por certo se desenvolveria conforme o planejado.

A luz ficou verde.

A viatura de polícia seguiu em frente, Samantha só observou as lanternas vermelhas diminuindo na escuridão.

KEYES: Ela não fez nada e eu virei à esquerda e continuei dirigindo... deixei o celular desligado [e] a bateria fora dele o tempo todo, e dirigia para o... não sei o nome do parque. É aquele que não fica muito longe da minha casa.
BELL: Lynn Ary?
KEYES: Isso, Lynn Ary. Alguém chegou a falar sobre isso?

Bell precisou de um momento para pensar na resposta. Faria alguma diferença para o preso? Repetir a pergunta e ganhar tempo.

BELL: Se alguém chegou a me falar disso?
KEYES: É.

O que faria diferença, Bell deduziu, seria o criminoso perceber que ele estava mentindo. Perderia toda a vantagem.

BELL: Não, eu...
KEYES: Só queria saber se alguém nos viu, porque ficamos lá por um tempo, na parte de baixo do parque em Lynn Ary.
BELL: Onde ficam os campos de beisebol?
KEYES: É.

No parque, o depoente notara várias pessoas rumo à caminhonete carregando equipamento de esqui. Seria outra oportunidade para Samantha fugir, mas Keyes se sentira mais confiante depois daquele momento com a polícia.

Samantha continuou quieta.

Os esquiadores cross-country acomodaram o equipamento no carro e foram embora. Depois de esperar alguns minutos para ter certeza de que não voltariam, Keyes desceu da caminhonete. Abriu a porta de trás, tirou todas as ferramentas do banco e as levou para a caçamba. Cobriu o banco com lona e a prendeu bem.

Enquanto trabalhava, observava Samantha. Notou que ela tremia.

"Está com frio?", Keyes perguntou.

Ela disse que sim.

O criminoso se aproximou dela. Rápido, enganchou uma sequência de abraçadeiras uma na outra, como as crianças fazem correntes de papel, e improvisou uma longa correia para prender os pulsos de Samantha ao cinto de segurança. Disse para ela se deitar no banco de trás e a cobriu com a lona.

Keyes voltou ao banco do motorista e pensou no que faria a seguir. A filha devia estar dormindo, mas Kimberly tinha hábitos noturnos. E eram quase 23h.

"Foi então que percebi que tinha muito o que fazer e pouco tempo para isso", Keyes declarou.

Precisava de um telefone para pedir o resgate. Keyes decidiu ir ao Walmart e comprar um pré-pago, que imaginava ser impossível de rastrear.

Mas assim que entrou no estacionamento, mudou de ideia. Havia uma quantidade surpreendente de carros para aquela hora da noite. Câmeras por todos os lados. Ele se lembrou de que as câmeras do Walmart estavam entre as melhores do país.

Outra dica para Bell: Keyes não só sabia o que estava fazendo, como também era um especialista, era bem provável.

Ele percebeu que, era estranho, no entanto, a melhor opção seria voltar ao quiosque e pegar o celular de Samantha. Na verdade, tinha esquecido de trancar a porta do quiosque, e se voltasse até lá para isso, poderia ter uma vantagem ainda maior. Passaria a impressão de que Samantha tinha fechado tudo e ido embora sozinha.

Keyes fez o trajeto de volta a Tudor Road em dez minutos, estacionou atrás do Alaska Club e não viu ninguém, nem carros, nem pessoas.

"Naquele momento eu tinha certeza de que ela iria escapar, apesar de tê-la amarrado bem", afirmou Keyes. "Avisei: 'Vou sair por uns minutos... se eu voltar e tiver a impressão de que tentou alguma coisa, não vai... isso não vai ser... não vai ter um final feliz'."

Payne e Bell reconheceram na ameaça de Keyes o controle mental de um criminoso experiente. Payne aprendera isso em Quantico e ouvira variações em inúmeras confissões.

"Você vai se arrepender." "Eu vou te machucar."

Nenhuma delas era "Vou te matar", e isso dava esperança à vítima. Os melhores criminosos sempre deixavam essa janela aberta, porque ela torna muito mais fácil manipular e controlar alguém. E as vítimas muitas vezes acreditavam, fatalmente, que seriam libertadas.

Keyes descera da caminhonete. O quiosque estava escuro. Abriu a porta e encontrou o celular dela, depois notou abraçadeiras caídas no chão. Pegou-as, ainda de luvas, ajeitou algumas coisas para dar a impressão de que a garota tinha limpado tudo, e saiu.

Depois de dar alguns passos, lembrou-se: as chaves do carro de Samantha ainda estavam no quiosque. Poderia precisar delas mais tarde. Eram erros pequenos, mas que se acumulavam, e precisava recuperar o controle, ou correria o risco de ser pego.

Ele pegou as chaves e foi embora do quiosque pela terceira e última vez.

Esse era mais um golpe devastador. Se alguém no DPA ou no FBI tivesse assistido ao vídeo da câmera de segurança até o fim, sem dúvida saberia que Samantha Koenig havia sido sequestrada naquela noite. Keyes voltou não uma, mas duas vezes sem Samantha, o que enfraquecia a teoria de que a garota havia forjado o próprio sequestro. De fato, quem assiste ao vídeo da câmera de segurança quadro a quadro, que o DPA acabou tornando público, pode ver nos momentos finais, quando Keyes e Samantha vão embora, que o rosto de Samantha está completamente visível, os olhos brilham com lágrimas e a mão dela cobre a boca em um gesto de terror.

Keyes olhara para trás, para Samantha, imóvel sob a lona. Analisara o celular dela, um modelo *flip*. Estava dizendo a verdade quanto a não ter dinheiro.

O interrogado saiu com a caminhonete. Depois de alguns momentos de silêncio, Samantha falou. Precisava ir ao banheiro.

Ele pensou que podia ser um truque, mas apesar disso não queria correr o risco de um acidente na caminhonete. O DNA dela estaria em tudo.

Então parou no amplo e deserto terreno do Earthquake Park. Estavam no limite da cidade, perto da água, a apenas quinze minutos do quiosque. Keyes pegou uma corda na caçamba da caminhonete e a amarrou no pescoço de Samantha, depois cortou as abraçadeiras que a prendiam ao cinto de segurança. Conduziu-a pela grama, sem árvores ou vegetação mais alta por perto, nenhum lugar onde a vítima pudesse se esconder. O espaço concedido pela corda era suficiente apenas para a garota se agachar e se aliviar.

KEYES: Eu a deixei sair e àquela altura estávamos fumando cigarros, e coisas.
FELDIS: Quem estava fumando?
KEYES: Nós dois. Estávamos dividindo.

Dividindo. De novo, Payne e Bell ficaram agitados. O único jeito de Samantha fumar com as mãos amarradas era se Keyes segurasse o cigarro para ela. E o quão assustador não teria sido estar amarrada à noite, sem ninguém por perto, com um estranho corpulento aproximando um cigarro aceso de seu rosto? Se esse homem tinha a capacidade de sequestrá-la e mantê-la refém para trocar por um resgate, se a tinha amarrado e obrigado a urinar ao ar livre como um animal, o que o impedia de queimá-la?

Garota corajosa, pensou Bell. Estava tentando criar uma conexão.

FELDIS: Quando foi isso?
KEYES: Mais ou menos depois do que aconteceu em Lynn Ary. Assim, eu... eu... ela insistia em tentar conversar comigo, sabe, e tive que mandar a garota calar a boca algumas vezes, mas fora isso... eu ainda estava sendo legal com ela... Então, depois de Earthquake Park... ficamos lá por alguns minutos. Havia outras pessoas.

Outras pessoas? Essa era a sexta vez que Keyes mencionava possíveis testemunhas. Falara de um motorista desconfiado no carro perto do quiosque de café, comentara dos transeuntes quando conduzira Samantha ao outro lado da Tudor Road para o estacionamento, das pessoas no Chevy Suburban na frente da caminhonete perto do IHOP, dos policiais no semáforo fechado, dos esquiadores em Lynn Ary Park e agora isso.

Ousadia era pouco para descrever esse sujeito, pensou Payne.

Keyes teve outra surpresa. Em Earthquake Park, percebeu que não tinha planejado uma noite tão longa. Estava ficando sem gasolina.

KEYES: Percebi que a caminhonete... a luz do marcador do combustível estava acesa desde, sei lá... pensei: "Cara, isso seria demais. Ficar sem gasolina no meio do nada com tudo isso acontecendo". Então... então, sim, parei no Tesoro, já havia trocado — eu trocava de jaqueta sempre. Estava com o casaco escuro e a outra jaqueta no carro... só para o caso de precisar deles.

Em seguida, Keyes mandara mensagens para as pessoas que tinham ligado para Samantha: uma para o namorado, outra para o chefe. Escreveu como se Samantha estivesse muito brava.

KEYES: E depois disso, tirei a bateria do telefone.
BELL: Para quê? Por que fez isso?
KEYES: Não tem como rastrear, até onde sei.
BELL: Não era só desligar?
KEYES: Sou paranoico.

Além de mais esperto que a maioria, pensou Bell. Keyes se enganara ao pensar que um pré-pago não podia ser rastreado, mas acertara em relação à bateria.

Finalmente, Keyes fora para casa e parara a caminhonete na entrada da garagem. Era mais ou menos meia-noite, fazia um frio de congelar, porém ainda havia algumas pessoas do lado de fora, vizinhos passeando com os cachorros. Teria que esperar um pouco mais.

Acho que falei para ela: "Não tenta sentar, não fala nada, fica aí quieta e falo com você em um minuto, preciso fazer umas coisas".

Ele desceu da caminhonete e fechou a porta. A cabine ficou escura.

Samantha provavelmente não fazia ideia de onde estava. Mesmo que ouvisse cachorros latindo, não tinha como saber se havia pessoas com eles ali perto. Ficou quieta enquanto a caminhonete sacudia para cima e para baixo e de um lado para o outro, enquanto Keyes reinstalava um rack e a caixa de ferramentas que tinha removido mais cedo.

Nenhum vizinho reclamou com Keyes. Tinham reclamado antes, algumas vezes, quando ele trabalhava com ferramentas barulhentas até tarde da noite, mas com exceção dessas vezes, deixavam-no em paz. O Alasca era assim. Se Keyes queria fazer trabalho braçal pesado no meio da noite — trabalho que, aliás, não era nada urgente —, bem, vá em frente, com a bênção de Deus. Não é da conta de ninguém, isso é problema seu.

KEYES: Aquele rack é pesado. Deve pesar cinquenta ou setenta quilos. [Eu] prendi uma cruz de madeira nele com parafusos para poder levantá-lo pelo meio e colocá-lo lá. Parafusei o rack — não sei que horas eram. Estava ficando tarde. Kimberly ainda estava acordada.
BELL: Ela não... não ouviu você fazendo todo aquele barulho, prendendo de volta a caixa de ferramentas?
KEYES: Não, ela é bem... bem desligada em relação ao que faço.
FELDIS: E o que você fez depois de prender o rack? Era bem tarde.
KEYES: Bom, eu...

Ele fez uma pausa. Havia coisas, declarou, sobre as quais nunca tinha falado antes.

12

Ainda eram poucos os detalhes que Keyes se dispunha a fornecer, mas o que ele falava era mais do que Payne e sua equipe poderiam ter esperado. Na verdade, era tudo. Até ele perceber outro erro e interromper a declaração.

KEYES: Onde eu estava com a cabeça? Porque o galpão já estava preparado. Tinha dois aquecedores ligados lá dentro e uma lona grande, uma lona de três por quatro metros estendida no chão, e tinha um rádio e outras coisas. E sim, acho que era entre uma e duas (da manhã) quando tive coragem para tirá-la da caminhonete e guiá-la até o... eu vendei os olhos dela antes, porque sabe, eu dizia, "Não tenta ver nada, porque temos que resolver isso aqui".

Agora Samantha estava dentro do galpão.

KEYES: Eu lhe dizia... "Vou deixar você confortável. Sente-se aqui... Mas vou continuar com esse rastreador da polícia na orelha, por isso, se eu ouvir denúncias de gritos na vizinhança ou alguma coisa assim, qualquer agitação por aqui, volto antes de a polícia chegar".

Samantha tinha todos os motivos para acreditar nele. Keyes ligou o rádio e aumentou o volume, heavy metal que abafava qualquer outro barulho que ela pudesse fazer.

KEYES: Sabem, ela cooperou muito. Não dava sinais de que tentaria nada... dei a ela um balde de vinte litros para urinar, esvaziei o balde no trailer e o levei de volta para o galpão para lhe fornecer um lugar onde sentar, peguei um pedaço de corda, amarrei em seu pescoço e parafusei as pontas na parede dos dois lados, e acho que a troquei.

Não fica claro se o repórter no tribunal escreveu "troquei" em vez de "tranquei", ou se Keyes mudou alguma roupa que Samantha vestia. O interrogado, tão meticuloso até então, provavelmente imaginou que a neve lavaria o DNA de Samantha, que agora estava espalhado pelo trailer dele.

KEYES: Eu... mudei o modo como prendia as mãos dela, passando-as para a frente, assim ela podia fumar, entre outras coisas. E lhe disse para relaxar.

Em seguida, ele contou ter dito para Samantha dar o endereço da casa dela, a localização e a descrição da caminhonete que dividia com Duane. O cartão de débito que os dois compartilhavam estava na caminhonete, ela informou ao seu algoz, no porta-luvas ou preso no visor.

Keyes entrou em casa e pesquisou o endereço de Samantha no MapQuest. Foi olhar Kimberly, que finalmente dormia. Eram mais ou menos 2h30. Em duas horas e meia, ele e a filha teriam que ir embora.

KEYES: Peguei o carro de Kimberly... [Eu] estacionei a três ou quatro quarteirões de onde estava a caminhonete [de Samantha] e fui até lá a pé, usei a chave para abrir a porta e o cartão estava exatamente onde ela disse que estaria, e eu estava trancando a caminhonete quando um cara saiu e, é claro, ele soube que estava acontecendo alguma coisa.

Duane. Isso se alinhava bem ao que ele dissera à detetive Doll a respeito do desconhecido mexendo na caminhonete de Samantha. De acordo com Keyes, Samantha passou três horas sendo levada por todas as partes de Anchorage e foi vista por vinte pessoas, pelo menos, inclusive dois policiais. Tivera uma chance real.

O sequestrador agora estava diante do namorado dela.

Os dois ficaram ali por um momento, Duane paralisado e o criminoso aguardando para ver o que o rapaz faria. Keyes tinha uma faca; e a usaria. De repente, o namorado de Samantha correu para dentro da casa. Ficou com medo? Teria, de alguma forma, se sentido ameaçado?

Com o cartão de débito em mãos, o interrogado informou que desceu a rua correndo e se escondeu atrás de um banco de neve. Ninguém mais saiu da casa. Ele entrou no carro de Kimberly e foi embora.

E Kimberly, insistiu, não sabia de nada. Nada.

O preso estava procurando por um terminal para testar o cartão quando, de novo, percebeu que tinha cometido outro erro. Não anotou a senha que Samantha lhe dera, e agora teria que voltar ao galpão, pegar o número da senha, acalmar Samantha e correr o risco de se expor pela décima terceira vez naquela noite.

O quiosque. A tentativa de fuga na Tudor. O IHOP. Os policiais na viatura. Lynn Ary Park. Os esquiadores. O posto de gasolina. A volta ao quiosque, duas vezes. Earthquake Park. Tirar Samantha da caminhonete na entrada da garagem da casa dele e levá-la para o galpão. Duane. Agora isso.

Era mais um risco com o tempo passando depressa, Keyes avaliou.

"Eu tinha que voltar à minha casa e falar com ela..." Era como se tivesse esquecido uma sacola de compras no mercado.

E além de tudo isso, havia só 94 centavos na conta.

KEYES: Esse não foi o problema, na verdade. Eu não... não estava interessado no cartão, naquela altura.

FELDIS: Estava interessado em quê?

KEYES: Aquilo foi só um bônus.

FELDIS: Bônus em relação a quê?

KEYES: A coisa toda. Se conseguisse algum dinheiro com o cartão em algum momento, então esse era o plano.

FELDIS: Isso faz parecer que tem mais alguma coisa nessa história.

KEYES: Ah, sim. Tem muito mais nessa história.

FELDIS: Sei.

KEYES: Mas não sei se vou contar tudo hoje.

FELDIS: Tudo bem. Bom, quando saiu para o cruzeiro você pegou um táxi... sabemos que chamou o táxi.

Keyes telefonou pedindo um táxi às 5h em ponto. Depois de testar o cartão no terminal do banco, chegou em casa por volta das 3h.

O que ele poderia ter feito com Samantha — sem deixar nenhum tipo de prova — no tempo que teve antes de tomar banho, trocar de roupa, acordar a filha, alimentá-la, verificar se a menina tinha feito as malas com tudo de que precisava para a viagem de duas semanas e ir para o aeroporto, deixando para trás a namorada que não sabia de nada?

KEYES: Sim, eu estava começando a ficar atrasado (*risada*).

FELDIS: Onde estava... onde estava Samantha quando você saiu de táxi?

KEYES: Ela estava no galpão.

FELDIS: Estava viva?

KEYES: É, talvez eu deixe essa história para mais tarde.

Payne e Bell tinham uma estratégia para um momento como esse. Feldis abordou metade da situação da maneira certa — a mudança para o bilhete de resgate com a foto de Samantha e a prova de vida, uma cópia do *Anchorage Daily News* de 13 de fevereiro de 2012.

FELDIS: Ela está viva nessa foto?

KEYES: Não.

FELDIS: Estava viva quando você voltou da sua viagem na manhã do dia 18 [de fevereiro]?

KEYES: Não.

FELDIS: Estava viva quando você foi embora?

KEYES: Essa pergunta é meio óbvia.

FELDIS: Então, ela... ela estava viva?

Ai, Deus. Nesse momento, Steve Payne teve certeza: Bell deveria estar comandando o interrogatório. No minuto em que aquele bilhete de resgate chegou, Bell falou em voz alta: Samantha está morta. Ninguém mais na equipe de Payne queria acreditar nisso. Bell teria se antecipado a Keyes com tranquilidade e nunca, jamais presumido a resposta para alguma coisa de que não tinha certeza. Mas Feldis não sabia se controlar.

FELDIS: Então, ela... ela estava viva?

KEYES: Hum?

FELDIS: Ela estava viva?

KEYES: Quando saí? Não.

FELDIS: Certo. Mas o que fez com ela?

Essa interação, por menor que possa parecer, foi devastadora. Keyes recuperou a atitude desafiante. Agora e dali para o futuro, dominava a sala. Payne e Bell também sabiam disso. Essa confissão, um atestado de vitória, poderia acabar levando-os de volta ao início. Quem sabia quais seriam as consequências? Até Frank Russo sentiu o problema e tentou ajudar.

KEYES: Vou contar essa história toda, mas talvez não agora.

RUSSO: Tem algum motivo para não querer contar a história agora?

KEYES: Sim.

RUSSO: Pode nos dizer qual é?

KEYES: Já sei para quem quero contar essa história.

FELDIS: Quem?

KEYES: Como é o nome dela... Miki? A detetive no comando.

BELL: Qual a razão de querer... por que quer contar especificamente a ela?

KEYES: Porque eu sou assim.

Feldis ainda não reconhecia essa dinâmica invertida de poder. É bem provável que nem mesmo tivesse consciência dela. Payne e Bell ficavam constrangidos cada vez que o promotor se tornava mais pessoal e usava a primeira pessoa no interrogatório: "Me conte isso", "Preciso saber disso". Essa linguagem sugeria que ele, interrogador, era maior que a investigação, que suas necessidades e vontades se sobrepunham às do interrogado, que quem fazia as perguntas era a pessoa mais importante na sala.

Mas na verdade era o contrário. Israel Keyes era a pessoa mais importante na sala. E Feldis estava confessando o quanto era importante para ele estar ali.

FELDIS: Muito bem. Entendemos que não vai nos contar tudo, mas o que preciso saber antes de sair daqui hoje é como a matou.
KEYES: Por quê?
FELDIS: Bom, isso é o que nós... essa é uma das coisas que combinamos... certo?

Esse não era um bom motivo, como Payne sabia bem.

KEYES: Não. Eu... quer dizer, não importa como aconteceu. Estou dizendo que sim, fui o responsável e, sim, contei onde ela está.
FELDIS: Certo. Então, você foi o responsável pelo quê? Precisa me dizer.
KEYES: Por ela estar morta neste momento.
FELDIS: Você a matou, então?
KEYES: Matei.
BELL: E... quer contar à Miki, à detetive Doll?
KEYES: Conto com todos os pormenores a ela, se quiserem saber... se quiserem saber todos os detalhes.
BELL: Em outras palavras, o que fez com ela, além de matá-la?
KEYES: Vou contar tudo o que querem saber. Conto cena por cena, se quiserem.
FELDIS: Bem, pode nos dar alguma ideia do que quer contar a ela?
KEYES: Não. Por que faria isso?
RUSSO: Quer nos contar só como ela morreu, sem dar nenhum detalhe?
KEYES: Não.

Keyes tinha outras condições; não queria que a casa da namorada fosse revirada de novo. Os investigadores teriam que pedir permissão a ele para revistá-la. Talvez ele permitisse.

E não queria que falassem com Kimberly. Nunca. Não fazia diferença se acreditavam nele. Ela não tinha nada a ver com isso.

KEYES: Não quero ficar sabendo que a interrogaram de novo. Sabem, é como eu digo... é claro que vocês não têm motivos para confiar em mim, mas posso dizer agora que ninguém que me conhece, ou que jamais tenha me conhecido, sabe alguma coisa a meu respeito de verdade... basicamente, sou duas pessoas diferentes. E a única pessoa que sabe sobre o que estou contando a vocês, o tipo de coisas que estou contando, sou eu.

RUSSO: Há quanto tempo você é duas pessoas diferentes?

KEYES: Ah, faz tempo. Quatorze anos.

13

Miki Doll voltou a Anchorage no domingo, 1 de abril. Pela segunda vez em três semanas, ficou frente a frente com Israel Keyes.

Steve Payne não contava com essa ajuda. Por mais que ele e Doll se estranhassem, a presença dela, exercendo uma espécie de comando, faria do interrogatório uma vitória para a polícia. A detetive poderia neutralizar o promotor e até humilhá-lo um pouco, talvez. Mais importante, ela conseguiria aqueles detalhes. Miki Doll sabia jogar.

Feldis começou lendo os direitos de Keyes, mas em vez de passar a palavra a Doll, ele prosseguiu para o interrogatório.

FELDIS: Tem algum lugar por onde gostaria de começar, ou...

KEYES: Olha, você vai ouvir a versão editada.

FELDIS: Certo, e o que isso significa?

KEYES: Que vou omitir algumas coisas.

FELDIS: Por quê?

KEYES: Tem muita... tem muita gente aqui, por isso.

FELDIS: E daí, o que tem isso?

KEYES: O fato de ter muita gente?

FELDIS: Aham.

KEYES: Ah, parte das coisas é muito, hum, pessoal para mim.

FELDIS: É claro, entendo.

KEYES: E, hum, sim... é difícil de descrever, e não me sinto à vontade para falar disso com um monte de gente, então é... vocês decidem o que fazer.

Não tinham o que discutir, Payne pensou. Era deixar Keyes com Doll, Curtner e talvez Bell, se fosse possível. Para Payne não fazia diferença se esse cara teria prazer contando sua história para uma detetive jovem e deslumbrante ou se precisava mesmo de alguma forma de falsa privacidade. Eles precisavam dos detalhes.

FELDIS: Bom, não sei por que não seguimos com isso. Como não sabemos para onde vamos... eu não sei para onde vamos, Israel, só você sabe, certo? Então, vamos começar e ver onde terminamos, certo?

O promotor não sairia da sala sem antes brigar muito.

Doll decidiu que era hora de agir a seu modo. Esse não seria o tipo de interrogatório radical, hipócrita, como se vê na TV. Ela se comportaria com humildade, da forma correta. Pediria desculpas por interromper e mostraria um respeito distante. Poderia ouvir as piores atrocidades que um ser humano é capaz de praticar com outro e responder apenas "entendi". Se o sujeito risse, ela riria também, por mais que pudesse estar sentindo repulsa.

A detetive começou dizendo a Keyes que, mesmo tendo ouvido a entrevista do dia anterior pelo telefone, a conexão estava ruim. A maioria das vozes lembrava a do "professor do Charlie Brown". Não estava inteiramente a par de tudo e precisaria da ajuda dele.

DOLL: Não sei se quer que eu faça perguntas, ou se vai...
KEYES: Se tiver perguntas, tudo bem.

Ela conseguia criar a base para uma nova dinâmica, uma interação que lembrava o relacionamento entre Clarice Starling e Hannibal Lecter em *O Silêncio dos Inocen*tes. Não era acidente. Durante a revista da casa de Kimberly e Keyes duas semanas atrás, tinham encontrado uma coleção de livros, ficção e não ficção, sobre assassinos em série. Aqueles dias nos quais Keyes passou desaparecido no Texas causavam preocupação cada vez maior, e considerando o que agora sabiam do sequestro de Samantha, era evidente que o sequestrador já havia feito isso antes. Quantas vezes? Se Samantha não era sua primeira vítima, era a última, de fato? Ele dissera ter sido "duas pessoas diferentes" por quatorze anos, e que tinha muito mais a contar. A equipe digeria a possibilidade de Keyes ser um assassino em série. Caso fosse, ele se via de forma clara no panteão, digno de ser interrogado por alguém com características de estrela de cinema.

Doll, é claro, entendia isso.

A primeira pergunta não estava diretamente direcionada à Samantha, mas à filha de Keyes, que estava no Texas com a mãe dele. Payne e a equipe sabiam que a criança era o ponto fraco do depoente.

DOLL: Quando conversamos no Texas — e talvez eu esteja completamente errada, me avise se for esse o caso —, tive a clara impressão de que você não queria que [ela] fosse criada por sua mãe.

KEYES: Percebeu muito bem.

DOLL: Isso é algo que o preocupa?

KEYES: Não mais.

DOLL: Certo, entendo. Não vou perder mais tempo com isso. Como eu disse...

"Como eu disse." Sutil. Perfeito. A detetive, não havia dúvida, ouvira a confissão com toda atenção, porque tinha captado e repetia um dos bordões do interrogado: "Como eu disse". Ela estabelecia conexão.

DOLL: Não sei muito bem onde vocês pararam e por que existem coisas que só quer falar para mim. Hum, então, não sei quais perguntas fazer.

KEYES: Não precisa perguntar... hum, como eu disse, vou lhe dar um relato detalhado de tudo o que aconteceu. Se quiser um relato cena a cena... sabe, o que eu estava pensando, ou o que foi dito entre mim e ela — essas coisas ficam comigo, a menos que haja menos gente na sala.

RUSSO: Quantas pessoas você...

DOLL: Pelo menos seu advogado precisa ficar.

FELDIS: Bom, vamos... vamos começar pela versão editada, e depois continuamos a partir dela.

Feldis agarrava a beirada da mesa de reuniões e seus dedos estavam pálidos. Agora tinha ficado óbvio que os agentes do caso tinham que ter feito o que fosse preciso para mantê-lo fora daquela sala desde o início.

O modo como Keyes falava com Feldis era muito diferente da forma como se dirigia a Doll. Ele queria colaborar com a detetive. Fez menção ao primeiro encontro entre os dois no Texas. "Aqui está o seu monstro", declarou. Era quase como se sentisse orgulho dela.

Com Feldis, ele queria dominar. Humilhar.

KEYES: Bem, antes de eu começar a dizer qualquer coisa... Alguns detalhes, seja qual for a versão que eu dê, serão muito explícitos. E não quero nenhum deles na mídia... E imagino que vocês também não vão querer. Não imagino por que fossem querer. Então, sabem, presumo que esse vídeo seja só para vocês reverem, ou mais alguém rever.

FELDIS: Você tem que falar comigo, pois eu sou o promotor do caso. Então, vá em frente.

Era exatamente por isso que Keyes não deveria estar falando com Feldis, mas o depoente não sabia disso.

Os investigadores garantiram que manteriam todos os detalhes fora dos jornais, inclusive o tempo que Samantha passou no cativeiro e a localização do corpo. E, o mais importante para Keyes, fariam tudo que pudessem para manter em segredo o nome e a localização da filha dele.

Até então, os repórteres só sabiam que um homem de Anchorage chamado Israel Keyes estava preso por ter algum tipo de envolvimento no desaparecimento de Samantha. A ironia não passou despercebida para Payne, Bell e Doll: eles também não sabiam muito mais que isso. Os analistas da BAU enfatizaram controle, disseram que todos na sala deveriam fazer Keyes sentir que ele tinha mais controle que qualquer um. A verdade era que não precisavam fazer nada. O interrogado de fato tinha todo o controle.

Ele retornara ao galpão.

KEYES: Tinha uma lona no chão, um tapete de espuma e um saco de dormir... bem, não era de fato um saco de dormir, mas parecia, e era de flanela.
DOLL: Você pôs a lona no chão para o caso de respingar sangue?
KEYES: Não. Só para impedir que qualquer coisa dela se transferisse para o galpão.
DOLL: Entendi.

Keyes disse que preparou o galpão com alguns dias de antecedência. Não tinha plano ou pessoa específica em mente, contou, embora estivesse de olho na área de Huffman, porque era cheia de quiosques de café que ficavam abertos até tarde, em áreas isoladas, e as funcionárias eram adolescentes que quase sempre ficavam sozinhas.

Naquela noite, notou Samantha. Gostou da aparência dela e foi em frente. "Acho até que, pode se dizer, contrariando meu julgamento." A ideia era esperar quem fosse buscá-la — um namorado, como tinha deduzido corretamente — e levar os dois, no entanto acabou decidindo não correr esse risco.

Depois de abrir a caminhonete de Samantha, pegar o cartão de débito e testar a senha em um caixa automático da região, ele voltou para casa. Entrou na cozinha, se serviu de uma taça de vinho e pegou água para Samantha.

E voltou ao galpão.

Samantha exibia uma calma impressionante. Perguntou se tudo estava saindo como ele planejara.

Entrou em contato com meu pai? Ela perguntou.

Fiz o contato, Keyes respondeu. Tudo certo.

Ele se ajoelhou e soltou a corda parafusada à parede. Cortou as abraçadeiras. Sabia o que estava fazendo; acendendo aquela última faísca de esperança, deixando-a pensar que ele pegaria o dinheiro do resgate, já que a desamarrava, que isso era o fim, certamente. Que a deixaria ir embora, como prometera durante a noite toda.

Mas não.

Keyes prendeu Samantha de novo, dessa vez de um jeito mais complicado, com cordas, em vez de abraçadeiras.

"Naquela altura ela sabia", o preso comentou.

Ele saiu outra vez do abrigo e foi checar Kimberly.

"Ela estava acordada", contou.

Isso era diferente do que ele dissera no dia anterior. Naquela versão, teria esperado até Kimberly ter ido dormir. O que estava acontecendo? Keyes agira mesmo sozinho? O cronograma que insistia em seguir... Payne e sua equipe ainda não estavam convencidos.

Mais uma vez, o sequestrador voltou ao galpão. Aquecedores tinham elevado a temperatura à casa dos 30°C. Heavy metal ensurdecedor fazia as paredes tremerem. O cheiro azedo de fumaça, urina e suor permeava tudo.

Keyes disse que estuprou Samantha duas vezes. Durante, disse, "talvez duas ou três músicas" no rádio. Quando terminou, ficou em pé acima dela, nu. Samantha perguntou se ele a mataria. Tentou dissuadi-lo da ideia. A coragem dela era impressionante, Keyes comentou. Admirável. Mas não o comovera.

> **KEYES:** Então, hum, eu pus minhas luvas de couro.
>
> **DOLL:** Por que usou luvas de couro, e não de borracha?
>
> **KEYES:** Porque estrangular alguém é difícil... Eu sabia — soube desde o minuto em que a garota saiu daquele quiosque de café, que ela não — não ia sair viva... Ela não emitiu nenhum som.
>
> **DOLL:** Quanto tempo Samantha demorou para morrer?
>
> **KEYES:** Estava demorando... quero dizer, sempre demora... é difícil dizer quando, hum... Demorou bastante. Eu me lembro de pensar: "Ainda tenho que tomar banho"... Enfim, não vou contar essa parte, mas eu, hum...
>
> **DOLL:** Por quê?

KEYES: Dei uma facada nela, só uma, logo abaixo da omoplata direita, nas costas... e não foi muito profunda. Não vou falar disso, mas enfim, ela... não dei a facada para fazê-la morrer mais depressa ou alguma coisa assim. Foi outra coisa, mas, hum, levei...

DOLL: Deu a facada porque ainda se sentia atraído por ela?

KEYES: Não, não vou comentar sobre isso... Terminei meu vinho, vesti a calça e fui para casa tomar um banho.

Depois acordou a filha. Enquanto ela se arrumava, Keyes voltou ao galpão mais uma vez. Os aquecedores tinham ficado ligados para retardar o *rigor mortis*. Ele enrolou o corpo de Samantha em uma lona, abriu os armários mais baixos, escondeu o cadáver, desligou os aquecedores, trancou a porta do galpão com duas fechaduras e chamou um táxi.

FELDIS: Qual era o plano? Você ia embarcar em um avião e o corpo dela estava no seu galpão. No que estava pensando?

KEYES: Eu estava pensando que a temperatura do lado de fora estava seis graus negativos e eu não tinha com o que me preocupar.

FELDIS: Teve receio de ser pego?

KEYES: Não.

FELDIS: Por que não?

KEYES: Em parte porque estamos em Anchorage... Eu tinha passado a ouvir o rastreador da frequência da polícia havia pouco tempo e achava que, quando alguém entendesse o que tinha acontecido, as pistas já estariam frias, e mesmo que tivessem fotos da minha caminhonete, não saberiam de quem era a caminhonete. Não haveria marcas de pneus. Não haveria provas para os legistas. Não teriam marcas de sapatos. Certamente, não teriam digitais, DNA, nada com que eu tivesse que me preocupar.

Isso era desanimador e, se os investigadores fossem honestos com eles próprios, bem constrangedor. Keyes estava certo. Tinha previsto a reação dos agentes, ou, na verdade, a falta dela. Cometer um crime dessa magnitude, dirigir pela cidade com uma adolescente desaparecida durante três horas, à vista de muitas testemunhas, e não ter receio de ser pego "porque estamos em Anchorage" — isso era uma acusação e uma condenação contra o departamento de polícia. Era verdade. James Koenig sabia disso. As centenas de pessoas que tinham comparecido para a vigília à luz de velas por Samantha sabiam disso. Se a mídia ouvisse isso, todo Alasca saberia. Essa confissão nunca seria registrada no tribunal, nem documentada em lugar nenhum. Seria mantida em sigilo durante anos.

Naquela manhã, sabendo apenas que o FBI tinha um suspeito sob custódia, James postou outro pedido no Facebook.

AGORA QUE ESTÁ ESQUENTANDO E A NEVE ESTÁ COMEÇANDO A DERRETER, POR FAVOR, MANTENHA OS OLHOS ABERTOS PARA TUDO QUE POSSA ESTAR FORA DO LUGAR, VERIFIQUE SEU ENTORNO, NUNCA SE SABE DE ONDE PODE VIR AQUELA PISTA QUE VAI TRAZER NOSSA SAMANTHA PARA CASA!

14

Steve Payne estava mais interessado no bilhete de resgate. Keyes já dissera que Samantha não estava viva quando ele a fotografou. Agora sabiam que o corpo fora deixado no galpão por duas semanas enquanto ele viajava com a filha.

Como fizera isso?

O sequestrador voltou para casa nas primeiras horas da manhã de 18 de fevereiro. Estava acompanhando a meteorologia de longe e sabia que começava a esquentar em Anchorage.

Foi ao galpão para verificar o corpo. Kimberly ainda viajava por outros estados, ficaria fora até dia 22. Isso lhe daria um tempinho para agir.

Keyes esperou até segunda-feira, dia 21, depois que a filha foi para a escola, e começou a desmontar o galpão de dentro para fora. Desinstalou armários, prateleiras, lâmpadas. Trabalhou em volta dos restos de Samantha, ainda no armário de baixo, e cortou tudo que arrancou do galpão para transformar em lenha.

Rolou o corpo de Samantha — enrolado no tapete de espuma, no saco de dormir e na lona — para fora do armário e para cima de um pedaço de plástico grosso. O saco de dormir, ele relatou, "estava bem encharcado de sangue".

Ali ele se contradisse. Mais cedo, descreveu o ferimento à faca em Samantha como mínimo. Os investigadores deveriam prestar muita atenção a cada detalhe.

Keyes disse que removeu todas as camadas que envolviam o corpo de Samantha, cortou-as e jogou cada pedaço em um saco de camadas duplas usado na construção civil. As roupas que vestiu na noite do sequestro, assim como os sapatos, seriam queimados ou iriam para o aterro sanitário. Ele pegou a bolsa de Samantha e examinou o conteúdo, jogou quase tudo fora, exceto o celular e uma pequena quantia em dinheiro. Levou as moedas para dentro de casa e as misturou com as dele em um pote.

Por que se incomodar com isso?

KEYES: Eu provavelmente estava paranoico mesmo, mas pensava que, em teoria, poderia haver algum DNA dela nas moedas, foi isso.

DOLL: Você trançou o cabelo dela?

KEYES: Não imediatamente.

Depois que a filha voltou da escola, fez a lição de casa, jantou e foi dormir, Keyes acendeu a lareira da sala de estar. Era entre uma e duas da manhã do então dia 22 de fevereiro. Ele queimou a lona e tudo que esteve em contato com Samantha.

De volta ao galpão, Keyes pegou um grande pedaço de plástico e cobriu todo o chão e as paredes, que tinha esfregado mais cedo com uma esponja de limpeza encharcada com alvejante. Para liberar o chão de obstruções, pendurou o corpo de Samantha no alto, levantando os braços sobre a cabeça, amarrando os pulsos e parafusando a corda à parede.

DOLL: O que aconteceu depois?

KEYES: Bem, é aqui que vocês terão a versão editada. Digamos que eu, hum, a descongelei e, hum, tinha uma mesa preparada no galpão, àquela altura.

DOLL: Depois que a descongelou, o corpo ainda... ela não estava rígida?

KEYES: Não. Não, estava muito mole.

FELDIS: O que você fez?

KEYES: *(suspiros)* Bom, eu não contaria essa parte, mas vão acabar descobrindo de qualquer jeito, então...

FELDIS: Por que não contaria? Se vamos...

KEYES: Eu falei que isso é muito...

FELDIS: ... descobrir.

KEYES:... pessoal. Tem muita gente aqui. Bom, hum, fiz sexo com ela. Com o cadáver. E, hum, sabe, ela estava quente e... acho que perdi a noção do tempo.

Então amanhecera. A filha dele foi procurá-lo, bateu na porta do galpão.

KEYES: Eu disse, bom, "Já vou sair, um minuto. Volte para dentro e tome seu café da manhã". E, hum, porque ela estava... bom, àquela altura, sempre que eu abria a porta, o corpo estava bem ali.

Ele riu baixinho enquanto fazia o relato.

Keyes se limpou e entrou para aprontar a filha para a escola, deixando o corpo de Samantha no galpão o dia todo. Assim que a filha saiu, ele verificou sua lista de tarefas. Kimberly voltaria no dia seguinte. Ainda tinha muito o que fazer.

O próximo passo foi o bilhete de resgate.

Keyes foi buscar a filha na escola naquela tarde e a levou a uma loja Target, onde comprou uma câmera Polaroid. Frustrado, descobriu que eles não tinham o filme apropriado. Teria que esperar até depois da lição de casa e do jantar. Assim que a filha dormiu, deixou-a sozinha em casa e fez a viagem de uma hora até Wasilla, onde havia outra loja Target.

Um pouquinho antes disso, comprou um grande trenó de espuma, sacolas na Home Depot, fita carbono e papel para a máquina de escrever que tinha encontrado na loja da Legião da Boa Vontade, um kit de costura e linha de pesca para cinco quilos. Pegou uma cópia do *Anchorage Daily News* com data de 13 de fevereiro de 2012 de uma lata de lixo atrás do supermercado Carrs.

DOLL: Por que dia 13?

KEYES: Porque eu não estava em Anchorage nesse dia (*pigarreou*). E sim, depois que juntei todas essas coisas — não consigo me lembrar. Mas sei que demorei a noite toda para fazer aquilo.

DOLL: Fazer o quê?

KEYES: A noite toda. Para terminar a maquiagem.

Além do telefone celular e do cartão de débito, Keyes também pegou a maquiagem que Samantha mantinha na bolsa. Comprou mais no Walmart e ainda usou algumas que Kimberly deixava estocadas na garagem. Parecia que mais um dia tinha se passado.

"Kimberly certamente estava em casa àquela altura", ele lhes disse, "porque esperei até bem tarde, uma noite."

Keyes passou horas tentando posicionar o corpo de Samantha para a foto do pedido de resgate, mas a maior dificuldade foi o rosto. Os músculos de Samantha tinham perdido o tônus, e nenhuma maquiagem do mundo construiria uma expressão. Ela estava morta há cerca de 21 dias.

KEYES: Foi quando desisti da boca e aquelas coisas. Só resolvi cobrir com fita adesiva. Fiz isso para, sabem, dar a impressão de que o rosto dela teria alguma textura, acho. E depois ainda tive problemas com os olhos — ou a testa, sabe, porque não havia expressão. E, hum, tentei supercola; não funcionou. Então peguei as agulhas — eu tinha uma bem grande e curva. Esqueci como chamam aquilo. Mas tinha, e também peguei aquela linha de pesca para cinco quilos e, costurei, peguei a agulha e atravessei a testa, passei entre os olhos e continuei descendo — subi pela, ah, cartilagem do nariz, por baixo da pele, e repeti pelo mesmo caminho, e de novo, depois puxei bem forte para parecer que ela fechava os olhos com força. Fiz uma foto de teste, só para ver como ia ficar. E acho que usei um pouco mais de maquiagem depois disso, e já havia trançado o cabelo antes e, hum...

PAYNE: Onde aplicou maquiagem nela?

KEYES: Em todos os lugares. Tive que passar base — tudo que você vê naquela foto tem base, dois ou três tipos diferentes.

PAYNE: Por que fez isso?

KEYES: Bom, ela não estava com uma aparência boa. A pele, quero dizer... dava para ver, digo, o sangue embaixo da pele estava começando a aparecer e, hum, assim, ela ainda estava em bom estado, mas, sabe, era evidente que não parecia viva, com certeza.

Keyes contou ter demorado entre três e cinco horas para terminar a maquiagem. Depois começou a fazer fotos de teste, o que também foi mais difícil do que imaginara. Precisava segurar a cabeça de Samantha erguida.

KEYES: Acho que fiz umas cinco ou seis fotos antes de finalmente conseguir uma que mostrasse o que eu queria.

DOLL: Você cortou os cantos?

KEYES: Cortei. Bom, corto os cantos em todas as fotografias. No começo tinha pensado em mandar a Polaroid e o bilhete separados. Depois, decidi que seria mais difícil vocês perceberem se eu escaneasse a foto com uma impressora. Não pelo computador, mas direto do scanner para o papel, e assim vocês provavelmente não teriam certeza de que era uma Polaroid. E assim... bom. Foi o que eu fiz.

DOLL: Cortou o canto porque nele aparecia a marca em seu braço?

KEYES: Bem, não era tanto a marca que aparecia, mas tenho pequenas verrugas no braço e estava... olhei para ela com toda atenção, e eu... acho que pensei que poderia mostrar alguma coisa. Pensei em manter uma porção mínima do meu braço ali e mandar a mensagem.

PAYNE: Por que se dedicou tanto a fazer isso? Foi muito trabalho.

KEYES: Hum, bem, é... vamos colocar assim: quero dizer, é óbvio o motivo para eu ter feito aquilo. Fiz... o objetivo era tirar dinheiro daquilo. Porém, ao mesmo tempo, não é como se eu não quisesse fazer tudo isso.

Antes, Keyes tinha dito o contrário: que não estava pensando no dinheiro, que o resgate era só um bônus. No entanto, ele era pobre a ponto de se encaixar nas exigências que lhe garantiam um defensor público. Uma de suas últimas viagens, o voo e o cruzeiro com a filha, fora cara. Levaria tempo para analisar sua vida financeira, mas estava evidente que ele enfrentava dificuldades. Como esse esquema elaborado não seria, em parte, por dinheiro?

Doll perguntou como chegou ao valor de trinta mil dólares que pediu de resgate. Ele contou ter começado a acompanhar a cobertura do desaparecimento de Samantha pela imprensa e ficou espantado com a quantia de dinheiro tão alta que era angariada de forma tão rápida.

Por isso, disse, ele guardou só o celular de Samantha e o cartão de débito, para exigir dinheiro e pegá-lo. Alegou não saber que seus movimentos poderiam ser rastreados quando usasse aquele cartão, argumento que soou inverossímil. Ele se mostrara muito cuidadoso até ali. Será que de fato não sabia que é possível rastrear cartões de débito?

Keyes jurou não saber.

Com Kimberly em casa depois da viagem e Kevin, uma pessoa com quem tinha amizade, hospedada lá, Keyes precisava se livrar do corpo de Samantha. A temperatura estava subindo. Não seria possível controlar o cheiro cada vez mais forte, e não podia correr o risco de um animal selvagem demolir o galpão. Teria que agir depressa.

KEYES: Lembro de ter muita coisa acontecendo, mas um dia, quando não havia ninguém em casa, levei a máquina de escrever para lá e nem precisei de muito tempo. Abri o pacote de papel para impressora que tinha comprado, pus na máquina de escrever e o negócio funcionou bem, e [eu] datilografei um rascunho do bilhete de resgate, enfiei na bandeja de alimentação da impressora, apertei o botão de copiar com a foto lá... usava luvas de látex o tempo todo enquanto datilografava e não toquei no papel, em nada.

RUSSO: E cometeu erros de ortografia de propósito no bilhete de resgate?

KEYES: Não, não foi de propósito. Não estava lá muito preocupado com a ortografia. Só tinha uma ideia, tipo, da mensagem que queria mandar.

FELDIS: O que significa a referência ao deserto? Você disse que ela quase escapou uma vez na Tudor, e isso é verdade — quase escapou na Tudor. Isso foi verdade, certo? E depois disse: "e uma vez no deserto".

KEYES: Aquilo era uma estratégia que bolei na minha na cabeça. Do momento em que a foto foi tirada até o bilhete de resgate ser entregue, foram cerca de dez dias.

Isso também entrava em conflito com o que o próprio Keyes tinha acabado de dizer — que comprara a câmera e o filme usados para o pedido de resgate dois dias antes de mandar o bilhete. Para não perder o embalo, os investigadores deixaram que ele continuasse.

KEYES: Eu estava pensando em fazer parecer que ela fora vendida como escrava sexual em algum lugar no México. Era mais ou menos o tempo que levaria para ir até lá de carro, saindo no dia 13, e voltar a Anchorage.

Ainda com as luvas de látex, Keyes colocara o bilhete de resgate e a foto em um saco com fecho hermético, que depois colocou dentro de outro saco do mesmo tipo. Prendeu o pacote no quadro comunitário do Connors Bog Park por volta das 6h. Sabia que alguém encontraria o pacote.

Naquela manhã, Keyes usou o carro de sua namorada, e a neve que caía fraca significava marcas recentes de pneus. Queria ver a resposta, mas sabia que precisaria esperar.

Mais tarde, depois de deixar Kimberly e Kevin na casa de uma amiga, teve uma oportunidade. A maior parte dos moradores de Anchorage estava no festival anual de inverno Fur Rondy. Keyes tinha a cidade praticamente só para ele.

Foi até o estacionamento do Carrs, parou em um canto nos fundos e ligou o celular de Samantha. Assim que mandou a mensagem para Duane, removeu a bateria e foi para casa. Eram 19h56.

Keyes não sabia ao certo quanto tempo havia se passado, porém usou o carro da namorada outra vez para voltar ao parque, onde, para sua satisfação, viu duas viaturas de polícia e uma van da perícia. Disse que os policiais agiam de maneira bem discreta. Isso o agradou.

"Soube na hora que a mensagem tinha sido entregue", declarou.

Ele dirigiu de volta para casa. Kevin estava lá, Kimberly tinha saído com outras amigas. Então Keyes contou ter pensado em tirar o corpo de Samantha do galpão.

Precisava calcular os riscos. Era mais seguro esperar até Kevin ir embora? A namorada não se aproximaria do galpão; desde que descobrira que ele plantava maconha lá dentro, demonstrara muita raiva e ressentimento. Não podia criticá-la por isso. Apesar de toda independência, Kimberly agora era muito sozinha. O namorado nunca estava em casa. Andava bebendo muito mais que o habitual. Estourara o limite dos cartões de crédito. Ela trabalhava, cuidava dos dois cachorros e mantinha a casa em ordem enquanto o companheiro estava cada vez mais distraído.

Keyes sabia que era o fim da linha. Estava deprimido por isso. Kimberly jamais desejara ter filhos e não era muito carinhosa com a filha dele. Tinha chegado a hora de ir embora. Levaria a filha e se mudaria para algum lugar em outro estado, onde começaria a segunda parte de seu "grande plano".

Contudo, eram planos para o futuro. No momento, precisava tirar Samantha do galpão.

KEYES: Sabem, o corpo começava a cheirar um pouco, e eu, hum... queria ficar com Samantha. Não queria resolver naquele momento... estava pensando em levá-la para fora, para o quintal, enterrá-la no banco de neve e terminar mais tarde. Foi quando decidi que era melhor fazer tudo de uma vez, ou seja, resolver o problema e pensar em uma desculpa para o que fizera durante aqueles três dias. Quando decidi isso, rolei o corpo para fora da mesa, a qual desmontei, cortei o compensado de que era feita e queimei, e, em seguida, peguei uma grande bolsa com rodinhas — não muito profunda, uns doze ou quinze centímetros de profundidade. Nessa bolsa, depositei os pedaços dela.

Keyes fizera três viagens, em três dias, até o Lago Matanuska, sempre removendo a bateria e o cartão SIM do próprio celular. Ia durante o dia para não despertar suspeita, dirigia uma hora por dia.

No primeiro dia, Keyes andou até o centro do lago, cerca de duzentos metros. Levava uma serra elétrica, pesos de chumbo, uma pá de neve, um pedaço de compensado de quarenta por oitenta centímetros e algumas partes da cabana de gelo que montaria no dia seguinte, tudo em um trenó.

Nada disso pareceria incomum em uma tarde de inverno no Alasca. Mesmo assim, Keyes não corria riscos.

"Acho que naquele dia também estava com o meu equipamento de pesca", acrescentou. "Só para garantir as aparências."

Ele achava que cortar o buraco seria fácil. Estava enganado.

"Levei uma eternidade", revelou. "A serra elétrica não... ela morria toda hora." O gelo tinha cinquenta centímetros de espessura, e Keyes tentava abrir um buraco de trinta por cinquenta centímetros.

Naquele dia havia uma testemunha, relatou, outro homem pescando no lago congelado, olhando para ele com curiosidade.

"Por que acha isso?", Doll perguntou.

"Bem", respondeu, "o homem estava com uma furadeira de gelo bem ali." Era estranho que Keyes não tivesse pedido para usá-la.

Depois de cortar o buraco contou ter amarrado barbante em dois pesos de chumbo e os jogou para testar a profundidade da água. Tinha perguntado para Kevin, que trabalhava no Pesca e Caça, quais eram os melhores lagos para pescar no gelo. Kevin dissera que era o Matanuska, 25 metros no ponto mais profundo.

"Acho que eram só doze metros, no fim", comentou. "Mas avaliei que a profundidade seria o suficiente."

Depois disso, guardou tudo, cobriu o buraco com o compensado, escondeu o compensado com neve e foi embora.

No segundo dia, segundo seu relato, colocara parte dos restos de Samantha nas sacolas, embrulhando-as com três camadas para conter o sangue, se houvesse. Naquela manhã, fizera o trajeto no horário do trânsito matinal, sem se preocupar com a possibilidade de ser parado ou se envolver em um acidente.

No lago, protegido pela cabana de gelo, removeu os restos de Samantha da sacola e os preparou com os pesos. Depois jogou os pedaços no buraco.

"No primeiro dia, como eu disse... jogar o corpo demorou de cinco a dez minutos depois que montei a cabana." Em seguida, ele foi embora e compareceu a uma reunião de pais e mestres na escola da filha.

"Como conseguiu ter calma para isso?", Feldis quis saber.

"Eu não fiquei pensando, na verdade", raciocinou. Foi uma reunião rápida, só ele e a professora, para falar do programa para dotados e talentosos no qual a filha seria inscrita.

Aguardou mais dois dias para continuar, Keyes relatou, só pela logística. Não poderia ter transportado os restos de Samantha de uma vez só, e não queria criar suspeitas no lago. Contou nunca mais ter visto ninguém lá, só um carro estacionado perto de sua caminhonete no segundo ou terceiro dia. Não conseguia ter certeza, só se lembrava de que era um dia em que estava submergindo os restos, e isso não lhe causou preocupação.

"Pelas marcas no chão, vi que tinham ido só, tipo, esquiar", contou aos investigadores. "É, eles nem desceram até o lago. Provavelmente nem me viram no lago".

Muito disciplinado, Payne pensou. Muito metódico.

Quando as últimas partes de Samantha afundaram, Keyes sentou-se na beirada do buraco para pescar.

Enfim, Payne e sua equipe tinham o relato ponto a ponto do que acontecera com Samantha. Sabiam onde ela estava. Podiam levá-la para casa. O caso estava encerrado, mas Payne sabia que havia mais por vir. Para começar, teriam que averiguar da melhor maneira possível tudo o que Keyes tinha lhes contado. Uma confissão sem corpo — sem nenhuma prova material — não produziria os resultados desejados. E se Keyes desmentisse tudo? Se dissesse que algumas partes do que contou eram mentiras? E se negasse tudo o que falara? Se dissesse que tivera um cúmplice sem identificá-lo?

Quatorze anos.

O Departamento não podia correr o risco de cometer mais erros. Tinham que confirmar se Samantha estava onde Keyes indicara... imediatamente.

Isso também seria mais difícil do que poderia parecer.

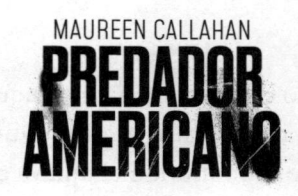

15

Depois da confissão inicial de Keyes na sexta-feira, Steve Payne e Jeff Bell foram de carro até o Lago Matanuska. Os dois queriam ver com os próprios olhos se a história contada era verdadeira, a de Keyes ter passado três dias desovando o corpo de Samantha em um ponto popular de pesca no gelo.

Bell mapeou as coordenadas com a bússola do iPhone e os dois andaram cerca de quinze metros até um acúmulo de neve recente. Bell chutou a pilha para o lado e lá estava: um corte no gelo, como uma cicatriz fresca de um ferimento. Sabiam que o lugar era aquele.

No gabinete em Anchorage, a agente especial Liz Oberlander acionava a Equipe de Mergulhadores do FBI. Trabalhava no departamento de Resposta a Evidências e estivera trabalhando na periferia da investigação do sequestro de Koenig até a confissão. Agora lhe cabia chamar a Equipe de Mergulhadores e pedir para quebrarem o protocolo, que requeria meses de preparação para recuperações de risco no mundo todo.

Sabia qual seria a resposta: a vítima está morta, está fazendo frio, por que a pressa?

Oberlander esperava que a grandiosidade do caso — a idade de Samantha, o que fora feito com ela, a angústia do pai, o medo na cidade — os convencesse do contrário.

Bobby Chacon recebeu o chamado no início daquela noite de sexta-feira, quando estava parado no trânsito em LA. Quem ligava era o agente Charles Bartenfeld, que todo mundo chamava de Bart. "Tem uma adolescente em Anchorage que foi desmembrada", lhe foi dito. "Eles precisam de você imediatamente."

O mergulhador pegou a primeira saída e voltou depressa ao depósito da Equipe de Mergulhadores. Não precisava ouvir mais nada: crianças eram sempre uma circunstância especial. Uma vez no local, levantou a porta, entrou, ligou o computador e mandou um e-mail para sua equipe: Apresentem-se imediatamente.

Chacon tinha muito a fazer. Sua equipe tinha seis ou sete mergulhadores, porém em um trabalho como esse, precisaria de mais dois: é necessário ter dez pessoas para pôr duas na água. Ele acionou Quantico para pedir ajuda, depois o FBI em Anchorage para ter certeza de que a informação era real.

"Temos uma confissão", responderam. "O corpo está no lago."

Chacon integrava a Equipe de Mergulhadores do FBI havia quase vinte anos. Quase ninguém sabe o que eles fazem ou que existem, até mesmo no Departamento. Apesar disso, os membros da Equipe de Mergulhadores veem mais morte e mutilação que a média dos agentes do FBI, que podem chegar a lidar com apenas um homicídio na carreira toda.

Aos 48 anos, Chacon era o mais velho dos líderes de equipe. Não havia outro mais bem-preparado ou mais experiente para conduzir um mergulho tão delicado e de tanta dificuldade física. Antes de a equipe chegar, começou a preparação para a missão, apoiando-se, assim como seus colegas do norte, não em um banco de dados supersecreto, mas no Google. O mergulhador pesquisou os nomes de Samantha Koenig e Israel Keyes, depois telefonou para Oberlander em Anchorage.

Ela lhe disse que tinham um policial no local. E lhe deu as coordenadas do lago, a profundidade e a temperatura média naquela época do ano.

"Você tem uma empilhadeira?", perguntou à detetive.

A Home Depot havia emprestado uma a Oberlander para a recuperação do galpão; a investigadora falou que a equipe de mergulhadores poderia usá-la. Mais importante, ele precisava saber quais eram as condições dos restos de Samantha. Foram amarrados a pesos para afundar, mas não embrulhados. Ela estava nua e desmembrada. Isso poderia dificultar ainda mais a descoberta. Não haveria muito o que pegar.

Chacon precisava escolher com cuidado. Quem em sua equipe poderia lidar melhor com essa tarefa, tanto no aspecto mental quanto no emocional? Conhecia bem essa situação; as vítimas muito jovens nunca saem de você.

Assim que a equipe de mergulhadores chegou, começou a carregar dois caminhões U-Haul com equipamento: uma broca de gelo, âncoras, veículos de operação remota (ROVs), sonares, monitores e serras elétricas lubrificadas com óleo vegetal para cortar o gelo com precisão. Chacon falou a Oberlander que precisaria também de quatro ou cinco tendas de montagem rápida, duas para os mergulhadores poderem se vestir no gelo, duas para proteger os monitores da luz direta do sol e uma para esconder os restos mortais da imprensa.

Chacon pousou em Anchorage no início da tarde de sábado. Ficou chocado com a frequência com que viu o rosto de Samantha em cartazes colados em vitrines, cabines telefônicas, restaurantes e bares, no lugar onde alugou o carro. Passou pelo quiosque de café e viu um cartaz onde estava escrito:

ESTAMOS REZANDO POR VOCÊ, SAMANTHA

Ele odiava chegar em cidades e regiões onde um crime era tão divulgado a ponto de causar comoção na comunidade, pois no minuto em que a equipe exibia o crachá de identificação, invariavelmente a notícia se espalhava depressa: temos agentes federais desconhecidos na cidade. Isso não pode ser bom.

O dia 2 de abril de 2012 estava perfeito no Alasca: limpo e claro, sem neve, sem vento, sem chuva, quinze horas de luz do sol. O Lago Matanuska estava tão branco quanto a Lua.

No dia anterior, domingo, Chacon fora ao escritório do FBI em Anchorage para encontrar Oberlander. Ela o levou à unidade de processamento de veículos, onde guardavam o galpão de Keyes.

O galpão era pequeno, porém grande o suficiente para ser habitado. Havia ferramentas, roupas, sacos plásticos e peças sobressalentes por todos os lados, empilhados em várias prateleiras, pendurados em ganchos, em pilhas caídas no chão. Era um caos organizado que invocava a maldade. Chacon se lembrou da cabana do Unabomber, onde Ted Kaczynski morou sozinho durante décadas, sem aquecimento ou água quente, sem encanamento ou eletricidade, construindo e despachando bombas para todos os Estados Unidos de seu casebre em Montana até sua prisão em 1996.

Kaczynski era um terrorista doméstico, mas também um gênio. Se metade da confissão de Keyes correspondesse à realidade — e agentes no caso acreditavam na maior parte dela —, isso faria dele alguém tão organizado e letal quanto Kaczynski, um mestre das pistas falsas e hábil em encobrir provas materiais. O terrorista vivia fora da civilização, era um ermitão, um homem paranoico com profunda desconfiança do governo dos Estados Unidos. Será que o assassino de Samantha também tinha algumas dessas características? Era uma possibilidade.

Enquanto isso, Kat Nelson estava com dificuldade para encontrar Israel Keyes nos arquivos públicos. Nenhum registro de propriedade. Nenhum documento de pais ou irmãos. Nenhum histórico de endereços, porte de armas, transcritos acadêmicos. Ele não tinha conta no Facebook, Instagram ou Twitter. Quase não deixava pegadas digitais, nem trilha de papéis — e era um homem com um nome incomum.

Se Israel Keyes não estivesse preso, Nelson teria dificuldade em acreditar que ele existia.

A essa altura, o FBI tinha convocado um especialista que trabalhava com famílias de vítimas. Precisavam preparar James para a terrível probabilidade: a morte da filha dele. Não podiam ter certeza até o FBI revistar o fundo do lago. A tênue esperança dele, translúcida e quebrável como o fio de uma teia de aranha, era que a confissão fosse uma farsa.

Nos soou verdadeiro, lhe disseram. Temos razões para acreditar que seja verdade. Prepare-se como puder.

James postou no Facebook.

FAÇAM TODOS UMA RÁPIDA ORAÇÃO, POR FAVOR. OBRIGADO.

A Equipe de Mergulhadores começou a se preparar ao meio-dia. Payne, Bell e Nelson ficaram todos de prontidão. Goeden estava de licença médica, e Doll trabalhava em outra investigação, mas Payne queria as duas ali. Era importante ser parte da solução, pensava, mesmo que fosse trágica. Mantinha a humildade. Ele ficou fascinado com a força e a precisão da Equipe de Mergulhadores, que nunca tinha visto em ação, e triste com o que estava prestes a acontecer. Recuperar os restos de Samantha tornaria a morte dela real.

Bart, que Chacon escolheu para liderar o mergulho, era veterano do exército, havia oito anos. Ele agora supervisionava as quatro Equipes de Mergulhadores do FBI a partir de Quantico; para essa missão, trabalhava em parceria com o amigo e antigo companheiro de alojamento em Quantico, Joe Allen. Os dois homens tentavam proteger os colegas de equipe, alguns dos quais haviam recuperado apenas armas, nunca um cadáver, muito menos o de uma jovem desmembrada. Bart não queria que essa fosse a primeira experiência de um mergulhador.

Allen tinha duas qualificações singulares. Era o único na equipe com um certificado de mergulho no gelo e era paramédico para cuidados avançados. Uma escolha óbvia, pois como ele sempre dizia: "Já vi o pior de tudo".

Keyes disse que o gelo tinha meio metro de espessura, mas Chacon descobriu que eram quase noventa centímetros. Delegou depressa a tarefa de quebrá-lo aos investigadores do Alasca, e alguns deles levaram as próprias ferramentas. Tendas brancas foram erguidas; a cabeça de um sonar foi submersa para possibilitar à equipe de mergulhadores a identificação de objetos no fundo do lago. Demorou quase duas horas para ser instalado, porém, uma vez no fundo do lago, o sonar apitou cinco vezes identificando alvos diferentes, como Keyes havia descrito.

"Lá está ela", disse Chacon. Alguém atrás dele insistia em perguntar se podia autorizar o mergulho, quase eufórico.

"Não", respondeu ele. Não permitiria que mergulhassem até ver os restos com os próprios olhos. Esses alvos poderiam ser qualquer coisa. Isso era algo que tinha tentado explicar a Liz Oberlander — mergulhos são um processo. Todo mundo precisa ser paciente.

Chacon dirigiu a atenção para a equipe da SWAT.

"Abram um buraco", solicitou. O próximo a descer seria o ROV, o veículo de operação remota, que transmitiria imagens. De novo, uma vez no fundo do lago, o ROV encontrou algo quase em seguida.

Um pé. Um pé humano. Até Chacon foi pego de surpresa. Apesar de ter sido informado de que os pedaços do corpo não estavam embrulhados, não estava preparado para o que viu. No entanto, lá estava, no lado direito inferior de seu monitor, nu e inchado, um pé preservado em água doce e gelada.

Eram 16h42, quase cinco horas depois da equipe começar a se preparar. Chacon olhou para Oberlander. Os dois amavam e odiavam essa parte. O sucesso da equipe era a tragédia de uma família.

"Agora posso confirmar que temos restos humanos", o líder dos mergulhadores avisou. E viu todo mundo pegar os celulares.

O nível de tensão no lago era palpável, e Chacon se preocupou. A partir de agora haveria pressão para trazer Samantha à tona com urgência, para que polícia e FBI pudessem ter seus créditos.

Isso contrariava tudo o que a Equipe de Mergulhadores defendia. A primeira recuperação que tinham feito fora a busca de 230 passageiros e tripulantes desaparecidos no acidente da TWA em 1996, em Long Island, e embora tivesse levado quatro meses de trabalho diário, a equipe encontrou o DNA de cada uma das vítimas. A primeira recuperação de Chacon foi uma menina de 12 anos. Batismo de fogo, ele dizia. Via seu trabalho como uma vocação.

Antes de começar a recuperação de Samantha, reuniu sua equipe em uma das tendas, onde ficavam invisíveis às câmeras e agentes no gelo. Eles fizeram um minuto de silêncio e, quando saíram de lá, viram uma águia enorme voando em círculos sobre o local. Chacon interpretou aquilo como um sinal de que Samantha olhava por eles. Os mergulhadores se entreolharam, assentiram, e em silêncio foram trabalhar.

Allen entregou o controle remoto e foi se vestir. A SWAT foi acionada para abrir mais um buraco, um triângulo de três metros de cada lado, de forma que os mergulhadores pudessem descer pendurados em um ângulo de 45 graus, com apoio para entrar e sair do lago.

Allen e Bart tinham uma equipe de dez pessoas preparando tudo para eles; mergulhadores trabalham tão duro embaixo d'água que não fazem nada em terra. Preparar-se com cinquenta quilos de equipamento demora duas horas, o que lhes dá muito tempo para pensar. Allen afastou da cabeça quaisquer imagens do que encontraria e se concentrou na logística: do que poderiam precisar, quanto tempo poderiam ficar lá embaixo, qual seria a ordem da recuperação. Desviava o pensamento da garota lá embaixo e do que tinha sido feito com ela.

Bart fez a mesma coisa. Concentre-se nas condições, pensava. Estão perfeitas. O gelo está tão espesso que é possível dirigir um tanque em cima dele. A água lá embaixo está transparente como vidro.

Havia um pequeno grupo de civis próximos ao gelo, e outras se reuniam ao longe. A imprensa tinha chegado.

Bart desceu primeiro. Eram 19h.

Ele demorou quinze minutos para fazer a descida, doze metros e meio da superfície até o fundo. Teve que esperar outros quinze minutos até Allen descer. Quando cada um deles tocou o fundo de maneira suave, o lodo se agitou e obscureceu todo o campo de visão. Eles ficaram bem quietos por vários minutos, ouvindo o ruído dos tanques de oxigênio, um conforto familiar, vendo aquelas partículas escuras baixarem como uma cortina pesada.

Bart pousou onde pretendia, bem perto do tronco do cadáver.

Ajoelhou-se e soltou um saco para corpos que levava pendurado no peito, depois o estendeu sobre as pernas. Allen se aproximou, e os dois tentaram manter o saco parado enquanto puxavam o tronco. Ele escorregava das mãos, por isso decidiram rolar o tronco para dentro do saco, o que não era muito fácil. Keyes tinha usado arames para prender pesos aos restos de Samantha, portanto eram provas que não podiam ser removidas.

Era o começo da recuperação, porém Bart e Allen se surpreenderam com a dificuldade. "Não há peso na água" — isso é mito. Só o tronco, preso às âncoras, já deixava o saco bastante pesado.

Allen deixou Bart com a bolsa para ir pegar os braços de Samantha, que estavam ali perto presos com arame. Enquanto os levava para Bart, uma das luvas de Allen enroscou no arame e expos parte de sua mão à água congelante. Ainda precisavam recuperar as pernas e a cabeça de Samantha.

Chacon falou com Allen lá de cima.

"Consegue trazer tudo para fora?"

"Sim", Allen respondeu.

Alguns minutos mais tarde, todos os restos de Samantha, encontrados próximos uns dos outros, estavam com eles. Allen e Bart levaram o saco para baixo do buraco por onde tinham mergulhado, onde ele ficou sob um raio de luz do sol noturno.

Esperaram até uma tenda branca ser posicionada sobre o buraco, escondendo a cena da mídia.

Assim que receberam o sinal, Bart e Allen prenderam três pequenos sacos elevatórios ao invólucro contendo o corpo e viram-no subir. Na superfície, Chacon se ajoelhou e olhou dentro dele. A primeira coisa que viu foi o rosto de Samantha. Os olhos dela estavam abertos.

Bart e Allen passaram mais trinta minutos na água esperando a conclusão de todos os procedimentos necessários, a cadeia de formulários à prova d'água ser preenchida para o FBI.

Steve Payne e Jeff Bell permaneceram no local, ajudaram a desmontar todo o equipamento até a última tenda ser dobrada. Era a única maneira de colaborar. Bell finalmente foi para casa às 21h. Agora, cada vez que passava de carro pelo quiosque de Samantha, não haveria mais perguntas. Sabia exatamente o que acontecera com ela, com detalhes tão minuciosos que parte dele preferia nunca ter ouvido nada. Sabia o caminho exato que Keyes seguira naquela noite. Conhecia cada oportunidade que a garota tivera de escapar. Bell também era pai, e agora tinha mais pontos de pesar em sua constelação pessoal de marcos: uma prisão, um tiroteio, um corpo.

Telefonou para a esposa, disse a ela que logo estaria em casa e chorou no caminho.

Depois de encerrar tudo no lago, Chacon e sua equipe, exaustos e famintos, procuraram um lugar onde comer. Passava um pouco das 22h. Depois do banho e de fazerem a barba, todos eram parecidos: cabelo curto em estilo militar, calça cáqui, jaquetas pretas. Chacon brincou, disse que era o mais próximo que podiam chegar de usar um "FBI" estampado no peito.

Encontraram um lugar tranquilo, discreto, onde só havia quatro pessoas. No entanto, a televisão transmitia o jornal da noite e a recuperação do corpo de Samantha era a notícia principal. A equipe de mergulhadores resolveu se acomodar em duas mesas no fundo da sala.

O gerente se aproximou e serviu a primeira rodada de bebidas. "Sabemos que não podem nos dizer quem são", comentou, "mas sabemos o que fizeram. Obrigado."

Quando a equipe decolou na noite seguinte, Anchorage parecia diferente. Chacon sempre sentia isso, essa mudança palpável de esperança para luto comunitário. Ao chegar, tinha visto aquele cartaz no quiosque, a cidade rezando por Samantha. Ao sair, menos de 36 horas mais tarde, viu que o cartaz era outro.

NOSSOS MAIS PROFUNDOS SENTIMENTOS À FAMÍLIA KOENIG

Quando voltou ao depósito da equipe em LA, Chacon pendurou na parede as duas fotos que tirou dos cartazes, ao lado dos trabalhos que outros mergulhadores desenharam e pintaram ao longo dos anos. Essas imagens impressionavam pela semelhança: os mergulhadores, anônimos em seus capacetes, ajoelhados sobre crianças pequenas ou bebês que estendiam os bracinhos pedindo ajuda. Um membro da Equipe de Mergulhadores de Samantha a desenhou como um anjo com um pombo nos braços, enquanto um mergulhador a tirava da água.

Chacon aposentou-se em julho de 2014, e em sua festa de despedida disse que a única coisa que nunca sentiria falta era tirar outra criança morta da água. Falou em tom de brincadeira, porém chocou os colegas. Ele, até hoje, sofre de estresse pós-traumático. Provavelmente o enfrentará até o fim da vida. Às vezes, pensa que o motivo de não ter conseguido gerar filhos com a esposa, apesar dos anos de tentativas e de consultar vários especialistas, que jamais lhe ofereceram uma solução, era nunca ter que conhecer a dor de um pai ao perder seu filho.

James Koenig passou o dia todo ligando para Steve Payne, cujos pensamentos agora estavam com o pai da vítima. James insistia em querer saber tudo que acontecera com a filha, mas o detetive lhe dizia para reconsiderar esse pedido. Aquelas tendas no gelo tinham sido postas para poupá-lo de ver a recuperação de Samantha nos jornais da noite, ou para sempre na internet.

Contudo, nada o fez mudar de ideia. Payne se lembraria dessa conversa como a mais longa de sua vida, e uma das mais gentis e importantes discussões que perdeu. Para James, o mínimo que podia fazer pela filha era ser testemunha daquelas últimas horas da vida dela. Toda a esperança e a promessa de Samantha, construídas com tanto esforço, sua doçura essencial, tudo destruído sem qualquer razão. Sua garotinha lutara até o fim. O mundo era melhor com ela. James queria muito se despedir da filha, vê-la pela última vez. Bell e Goeden receberam a incumbência de comunicar a James que ele não iria querer ver a filha daquele jeito.

3
RAÍZES
DO MAL

16

Com o corpo de Samantha recuperado, familiares e amigos — e Anchorage, em menor grau, mas não com menos emoção — podiam viver o luto. Agora era hora de homenagear Sam, direcionar a emoção e a atenção da comunidade em confortar James e Duane e preservar a memória de uma vida tão breve. Para eles, essa história terminava.

Para os investigadores, era só o começo. Como o próprio Keyes havia declarado, "Tenho muito mais histórias para contar".

Aquela declaração deixou Payne e sua equipe com três grandes questões. Que histórias eram essas? Quantas eram?

E quem era Israel Keyes?

O FBI agora teria controle total dessa investigação. Miki Doll fazia lobby para tentar continuar na equipe, o que podia ou não dar certo. Payne estava resoluto quanto a não querer que a detetive participasse, mas Keyes gostava de falar com ela.

Os quatro protagonistas continuavam em cena: Payne, Bell, Goeden e Nelson. Essa era a equipe que Payne montara com todo o cuidado desde o início, e agora se sentia gratificado. Sabia o quanto era raro trabalhar com um grupo de investigadores que se davam bem e o quanto isso era importante para solucionar um caso.

Payne tinha uma nova orientação. Descobrir rapidamente tudo que fosse possível a respeito de Keyes.

Não faltavam dados. Payne tinha copiado tudo o que havia nos discos rígidos dos dois computadores apreendidos na casa de Kimberly. Nelson procurava históricos financeiros e de viagem de Keyes e da namorada. Precisavam verificar os registros dos celulares dos dois, e saber se o celular de Keyes estava ligado na noite em que pegou Samantha. Enquanto isso, Payne telefonava para locadoras de automóveis em todo o Sudoeste na tentativa de encontrar provas ainda desconhecidas de estadias de Keyes por outros estados.

Payne refletiu sobre como esse era o trabalho duro que a série *CSI* transformava em um truque cibernético: digite uma senha e tenha as coordenadas que precisa em segundos, registros de celular em um instante — quem dera fosse assim. Levariam semanas para peneirar e examinar tudo.

No entanto, as coisas estavam acontecendo de verdade. Em 15 de março, dois dias depois de Keyes ser preso no Texas, o FBI criou um disque-denúncias, o que resultou em várias pistas reais.

Foram dezessete ligações de moradores que contrataram Keyes para fazer serviços em suas casas, e todos os relatos eram muito positivos. Diziam que fizera um ótimo trabalho. Era confiável e simpático. Uma pessoa disse que ele tivera acesso ao dinheiro e ao cofre da casa e nada nunca desaparecera. Outra contou que ele tinha livre circulação à sua residência durante o serviço. Um casal, ambos advogados e donos de vários imóveis, o contratava com frequência e o deixava trabalhar sem supervisão. Torciam para que a prisão fosse um mal-entendido, pois jamais presenciaram ou souberam de nenhum ato nem remotamente impróprio que tivesse sido praticado por ele.

Heather Andrews, que também o havia contratado várias vezes, disse que ela e o marido conheceram Keyes e Kimberly por intermédio de amigos em comum. Quando trabalhava no verão, ele levava a filha todos os dias para o trabalho e era "adorável" com ela. Heather sabia pouco a respeito dele, nada além de que havia mencionado ter passado a infância em uma espécie de comunidade e dizia coisas como "religião envenena as pessoas". Ele também contou que a mãe de sua filha tinha sérios problemas com drogas, e por isso havia assumido a guarda integral. Trabalhava sozinho e nunca parecia precisar de ajuda.

"Ele era forte como um touro", lembrou Andrews. "Podia carregar uma viga sobre o ombro sem esforço aparente. Possuía uma força elegante. Parecia sobre-humano."

No entanto, Andrews revelou que dois incidentes recentes a tinham incomodado. Houve um dia — não conseguia se lembrar de quando — no qual o surpreendeu lhe encarando de um jeito estranho. Andrews sentiu medo de verdade, mas quando pensou no Israel que conhecia, convenceu-se de que não era nada. Então, mais ou menos uma semana antes de Samantha desaparecer, Keyes não apareceu para trabalhar e não atendeu às ligações dela. Assustada, ela foi à casa dele e passou vários minutos batendo na porta.

Ele só a atendeu por volta das 9h. Andrews sentiu cheiro de álcool. Ele estava desarrumado e tinha um olhar vazio. Nunca o tinha visto descomposto, e perguntou se podia ajudar em alguma coisa.

Não, estou bem, respondeu. É só o inverno do Alasca. Ele me deprime.

Andrews acreditou nele.

Outra pessoa telefonou e contou uma experiência semelhante. Era uma mulher que contratara Keyes em fevereiro de 2011. Ele fora muito gentil, disse, e levara a filha junto quando foi orçar o serviço. Ela o contratou, mas sentiu-se aliviada quando o trabalho ficou pronto, e nunca mais o chamou.

Várias outras pistas foram importantes. Um investigador on-line descobriu que Keyes mantinha uma página no Facebook com um pseudônimo. A foto era de um militar parecido com ele. E alguém chamado Israel postou uma resposta do tamanho de cinco páginas no site da CBS News do canal KTVA, abaixo do vídeo da reportagem sobre o caso de Samantha. Mais alguém disse ter encontrado uma pessoa que se identificava apenas como Israel em um site de notícias local em Utah vendendo uma Glock 27 por 350 dólares, bem abaixo do valor. O anúncio era de 11 de março de 2012, quando Keyes estava — ou deveria estar — no Texas, apenas dois dias antes de sua prisão.

Valia a pena conferir as duas dicas, em especial a da arma.

A próxima pista digna de atenção foi fornecida por um anônimo que relatou a existência de uma irmã de Keyes em Smyrna, Maine, que fazia parte da comunidade Amish. Essa pessoa também disse que, quando Keyes era um rapaz, as irmãs e os pais dele moravam em Idaho com um grupo de denominação cristã que pregava a supremacia branca.

Duas outras pistas se relacionavam com a igreja de Heidi. A primeira foi fornecida por alguém de Wells, Texas, que alegava ter havido recentemente na cidade uma rápida expansão de um culto. E que Israel Keyes era membro desse grupo.

A outra pessoa que telefonou de Wells forneceu mais detalhes.

"Há cerca de três meses, o pastor desse grupo chegou a Wells, Texas, em um trailer Winnebago e começou a construir casas. O grupo tem hoje umas quinze casas em Wells, muitas delas ao lado ou perto da escola fundamental. O [EDITADO] acredita que é um grupo de koreshianos, seguidores de David Koresh. Eles interrompem os cultos de outras igrejas gritando: 'Vocês todos vão para o inferno!', limpam armas no jardim de suas casas e já falaram sobre explosivos. Os homens do grupo têm várias esposas jovens, muitas vezes adolescentes ou pré-adolescentes. Os homens do grupo entram no jardim das pessoas. O [EDITADO] viu um homem de um metro e oitenta de altura, mais ou menos, obrigar uma mulher e três meninas (entre 5 e 11 anos) a marcharem para cima e para baixo na rua delas das sete da manhã às sete da noite. O [EDITADO] e os vizinhos dela estão morrendo de medo por sua segurança e a de seus filhos, não deixam as crianças brincarem no jardim da frente ou irem sozinhas à escola." Essa pessoa disse que a polícia não fazia nada, e que certa altura, perguntou a um oficial se deveria comprar uma arma. A resposta: não faria muita diferença.

"Eles não vão matar só você", avisou o oficial. "Vão matar muita gente."

O que era a Igreja de Wells?

Uma das últimas pessoas a ligar para o disque-denúncias, um morador de Anchorage, contou ter visto uma picape Ford branca em Wasilla e em Anchorage com as palavras KEYES CONSTRUÇÕES pintadas nas portas. Havia três cartazes presos na caminhonete, todos iguais, como os que James havia espalhado pela cidade.

SEQUESTRADA, RECOMPENSA US$ 41 MIL: SAMANTHA KOENIG

O DPA encontrou vários arquivos de metal no porão da casa de Kimberly, mas eram uma bagunça, lotados de registros de viagem, recibos e formulários de imposto de renda. Keyes contou aos investigadores que usava os dois computadores; o laptop era dele e a CPU da namorada. Havia um terceiro, outro laptop, o qual foi destruído por ele com um golpe de martelo e levado para o aterro sanitário, mais ou menos na época em que pegou Samantha.

Os investigadores pensavam que o laptop deveria ser o mais importante. Não tinham muitas esperanças quanto ao computador de Kimberly. Keyes era muito cuidadoso, de modo que era improvável haver algo nele.

Porém, quando Nelson começou a olhar o que os arquivos continham, ficou chocada.

Um a um, eles foram aparecendo. Rostos. E eram centenas deles. Crianças, mulheres, homens. De meia-idade e velhos. Brancos, negros, multirraciais. Magros e gordos. Alguns pareciam elegantes e abastados. Outros pareciam viciados e profissionais do sexo.

Essas fotos, em muitos casos, estavam anexas em artigos de jornais relatando cada desaparecimento. Algumas, a panfletos de "Pessoa Desaparecida". Outras tinham sido extraídas do Facebook ou de outros sites.

Entre elas havia fotos de Samantha Koenig. Eram tantas que Nelson pensou que Keyes devia ter stalkeado a garota.

Não pode ser, ela pensou. Nem fodendo.

Payne entrou em contato com Armin Showalter, um dos principais perfiladores criminais do Departamento. Assassinos em série eram a especialidade de Showalter, e Payne precisava da ajuda dele. Todas aquelas imagens em um computador. O que isso significava? O que o FBI podia fazer aqui?

Showalter respondeu que não sabia o que dizer. Desconhecia qualquer outro sequestro e assassinato que se assemelhasse a esse. Nenhum dos especialistas da BAU nesse caso conheciam outro parecido.

Ele sugeriu que Payne mandasse aquelas imagens para a sede do FBI. Peritos digitais submeteriam cada uma delas ao reconhecimento facial.

Payne ficou desanimado. Essa ajuda seria insuficiente. Não existia um banco de dados nacional de pessoas desaparecidas. Nenhuma lei obrigava que adultos desaparecidos fossem reportados à polícia. E não havia como saber, até agora, se Keyes só gostava de ler a respeito de pessoas desaparecidas ou se estava catalogando suas vítimas.

Showalter faria o melhor que pudesse para criar um perfil. Porém, no momento, seu único conselho era que mantivesse Keyes falando.

Às 11h de 2 de abril, antes de começar a operação de recuperação da Equipe de Mergulhadores, Payne e Doll falaram com Keyes no Complexo Presidiário de Anchorage. Garantiram que o acesso da imprensa às informações relacionadas ao que acontecera com Samantha seria restrito a alguns elementos.

"O comunicado que pretendemos fazer à imprensa depois de encontrarmos o corpo", disse Doll, "é 'Encontramos os restos mortais de Samantha Koenig. Acreditamos que o responsável por isso está preso'."

Keyes não falou nada.

"É o máximo de controle que temos sobre a situação", falou Doll. "Acredito que, sabe, vai ser uma questão de horas até a imprensa somar dois e dois e deduzir que só há um motivo para haver equipes de mergulhadores no Lago Matanuska."

Doll reiterou que a polícia não divulgaria detalhes.

Ele entendeu. Estava bem com isso. Parecia um bom negócio em relação ao que estava por vir.

"Como eu disse, vai haver mais conversas", Keyes lembrou. Porém agora não era a hora. Ele já estava tentando dispensar Rich Curtner e se defender sozinho. Não explicou por que, mas falou que qualquer outra coisa que tivesse a dizer, não relacionadas com Samantha, seriam ditas nos termos dele.

"Quero coisas muito específicas", declarou, "e não vou falar nada até saber se essas coisas são possíveis ou não."

Doll disse que isso era inteligente. "Não vou dizer que está errado", comentou. "Eu faria a mesma coisa, no seu lugar." E enfatizou como todos, toda a cadeia de comando, estavam se esforçando para mantê-lo fora dos noticiários.

Ouvir isso foi importante.

"Bom, vou dizer, hum... tem mais coisas que falarei com você ou com outra pessoa", avisou Keyes. Porém queria garantias de que tudo aconteceria depressa.

"Esse caso não é o fim", expressou.

"Sim, senhor", concordou Doll.

"Na minha cabeça, não importa se falo ou não", prosseguiu ele. "Não vou falar só por falar. Não tem nada com que eles possam me ameaçar, me dizer, tirar de mim ou me dar, exceto o que quero."

Ele ainda não dizia o que era. Sabia como criar e usar um suspense.

"Como eu disse, vai ser um prazer ajudar", lembrou Keyes. "Porém nos meus termos."

Payne achou que Keyes ainda estava preocupado com a cobertura da imprensa, mas ele negou que se preocupasse. "Sei que é inevitável", declarou. "Não estou nisso pela glória. Não estou tentando aparecer na TV."

Quando Bell ouviu a gravação dessa entrevista, a palavra "glória" chamou sua atenção. Era outra dica. Quem pensa que o estupro e o assassinato de uma menina de 18 anos é algo a ser glorificado?

Payne e sua equipe passaram a acreditar que estavam lidando com um assassino em série. E Keyes tinha acabado de dizer a Doll e Payne: vocês estão certos. E nunca encontrarão outro corpo sem mim.

Eles precisavam de uma segunda confissão.

Na manhã de 5 de abril, Payne e Doll foram visitar Keyes no Complexo Presidiário de Anchorage na esperança de obterem alguma informação importante. Para surpresa de ambos, Keyes lhes ofereceu alguma vantagem. Precisava de ajuda. Ainda não tinha conseguido demitir o próprio advogado.

Tinha informações com prazo de validade para lhes dar, avisara. O que poderiam fazer por ele?

O FBI não tinha autoridade nas relações advogado-cliente, contudo podiam falar com Keyes de outros possíveis crimes, pois Curtner só o representava no processo de Samantha Koenig. Keyes só precisava abrir mão do advogado e dizer que estava se representando nos outros casos.

Payne marcou o próximo interrogatório para menos de 24 horas mais tarde, sexta-feira, 6 de abril.

Era muito conveniente. Keyes ficaria limitado a falar somente sobre a outra vítima. Era um movimento incrível, duas confissões em menos de uma semana.

Na manhã seguinte, Payne, Doll, Russo e Feldis sentaram-se em torno da mesa de reuniões no gabinete da Procuradoria dos Estados Unidos, com Keyes na ponta da mesa.

Como um touro selvagem, Feldis começou o interrogatório. Falou de Samantha e de tudo o que os investigadores tinham feito até então. Tentou ameaçar Keyes. Ele só estava com a vantagem naquele momento porque tinha informação, disse. No entanto, se encontrassem outro corpo, ou se investigadores em algum lugar do país encontrassem algum outro corpo — e eles sabiam o quanto Keyes gostava de viajar —, não seria possível controlar a situação. Não tinham como conter as polícias locais, e menos ainda a imprensa. Ele perderia todo o poder que tinha ali.

Keyes não se convenceu. "Vocês não vão encontrar o bastante pra isso", anunciou.

"Não sei", insistiu Feldis. "Não sei. Não estou blefando."

Feldis disse a Keyes que tinha mapas das viagens dele. Isso não significou nada para ele. Mapas? E daí? Jamais entenderiam como ele viajava. Não viajava como as demais pessoas.

Mas o promotor não parava. "Jamais blefaria com você, Israel, certo? Tenho mapas que sei que fazem parte de um conjunto de outros, de muitos estados. Tenho Washington, Texas, Utah, Montana, tenho... nem consigo listar todos. E não os trouxe todos comigo."

"É o seguinte." Keyes agora falava com desprezo. "Sei o que você tem, pois conheço o conteúdo do computador. Só vou lhe dar os pontos que sei que vão acabar conectando em algum momento. E francamente, se não tivessem me prendido no Texas, esse computador agora estaria no aterro sanitário. Então, estou dizendo a vocês... Não falarei dessas coisas a menos que saiba que terei o que desejo."

"Fale o que você quer", respondeu Feldis. "Não sei o que você quer."

"Quero uma data de execução."

A sala ficou em silêncio. Isso era o oposto da exigência inicial de Keyes — sem pena de morte. Depois de alguns instantes, o promotor tentou esclarecer.

"Para você?"

"Sim. Quero essa coisa toda resolvida e encerrada o mais depressa possível. Estou dizendo que posso acabar indo parar em uma prisão federal de segurança máxima e passar o resto da vida lá, que é... Se meu advogado conseguir o que está tentando fazer, é para lá que quer que eu vá, e não é isso que eu quero."

Agora tudo fazia sentido. Curtner era contrário à pena da morte, estava entre os advogados de defesa que mais lutavam contra ela no estado, talvez no país. Em hipótese alguma concordaria com a vontade de um cliente de ser executado, ainda que fosse culpado, como Keyes era. Keyes havia pensado muito nisso. Queria deixar claro para as pessoas na sala e todas as outras que o estivessem ouvindo que estava lúcido, em sã consciência.

"Quero que tudo isso acabe em um ano", afirmou. "A partir de hoje, do começo ao fim, basicamente. Vou contar tudo, vou... Vou me declarar culpado de qualquer coisa, fornecer todos os detalhes mórbidos que quiserem, porém somente se as coisas acontecerem como eu desejo."

O motivo dele era muito simples. "Quero que minha filha tenha uma chance de crescer", explicou. "Ela está em um lugar seguro agora. Não vai ver nada disso. Quero que ela tenha uma chance de crescer sem tudo isso pairando sobre a cabeça dela. Se eu acabar na prisão por sei lá quantos anos... dez, vinte anos... sei como isso funciona. Vão continuar me procurando, voltando aqui, e não quero mais notícias a meu respeito. E, francamente, já conversei com meu advogado a esse respeito, não tem..."

"Isso você não pode me dizer", interrompeu Feldis. Era contra a lei que o promotor que fosse fazer a acusação tivesse acesso às conversas entre um réu e seu advogado, pois essa informação é protegida pela constituição. Feldis deveria ter saído da sala já neste momento. Contudo, não saiu. Jamais sairia. E Keyes continuou.

"Não tem júri nos Estados Unidos ou no mundo, caso eu responda judicialmente e seja condenado, que não vote pela pena de morte. Já sei disso."

"Posso ajudá-lo", respondeu o promotor. "Me diga mais alguma coisa e vamos começar daí." Ele se referia a outro corpo.

"Você já tem por onde começar."

Feldis disse que Samantha não era o bastante. "Você me dá a localização de um corpo e seguimos em frente com isso."

"Como disse, as cartas que estou disposto a jogar são limitadas."

"Segure a maioria delas, Israel, segure. Me dê alguma coisa que acabarei encontrando de qualquer jeito. Não deixe que isso se arraste por anos e anos."

"Ah, mas *não vai* se arrastar", assegurou Keyes. Ele falava como um adolescente petulante.

Payne perdeu a paciência. O promotor não conseguia enxergar, mas Payne via: ele estava dando abertura. Insinuava que trocaria informações por algo que fosse de seu interesse. Tentar usar o desespero como ferramenta não era o jogo ali.

"Tem uma tempestade de fogo a caminho, Israel", interveio Payne. A voz dele era baixa e grave. "Os chefes estão ficando nervosos. Vão começar a agir conforme a cartilha do FBI — e posso afirmar que existe uma cartilha do FBI —, e ela determina que as pistas sejam enviadas para todos os postos policiais e que os agentes entrevistem pessoas, e aí vão enviar fotos para a imprensa e isso tudo vai ganhar vida própria. Vamos ter ainda menos controle. Se tivermos uma carta para jogar com os chefes e dizer: 'Ei, queremos controlar a situação e fazer tudo de um jeito mais quieto e ele vai cooperar', talvez possamos fazer alguma coisa para frear o processo."

Keyes olhou para Payne, depois suspirou. Não disse nada.

Por favor, que ninguém tenha pressa para encerrar esse silêncio, Payne pensou. Por favor.

Mais de um minuto se passou.

"Muito bem", concordou Keyes. "Vou dar a vocês... dois corpos. Dois corpos e um nome."

17

Naquela mesma sala de reuniões, momentos mais tarde, outro mapa foi aberto, dessa vez de Burlington, Vermont, no Google Earth. Como fizera com Samantha, Keyes queria contar essa história ao contrário, começando pelo fim.

Os melhores perfiladores criminais do Departamento ouviam, o tempo todo, em Quantico. Quando Keyes dizia alguma coisa interessante ou um interrogador estava prestes a cometer um erro, ou falava a coisa errada, chegava uma mensagem de texto e a sala vibrava com um som baixo, revelador:

BZZZZZZZZZZZZZZZZ.

Enquanto observavam e ouviam tudo de outra sala, Goeden e Nelson pesquisaram no Google "Casal desaparecido, Vermont" e encontraram uma foto de Bill e Lorraine Currier. A foto tinha sido tirada ao ar livre, embaixo de uma árvore. Parecia ser um piquenique, ou uma reunião de família. Todos estavam vestidos de maneira casual, com exceção de algumas flores que Lorraine usava na roupa e do enfeite na lapela de Bill. Eles sorriam, e Bill estava com um braço ao redor de Lorraine.

A foto foi enviada a Feldis.

"Essas são as duas pessoas que você matou?", perguntou o promotor.

"Isso", confirmou Keyes.

"Já os conhecia antes?"

"Não."

"Havia se encontrado com eles alguma vez antes?"

"Não."

Os Currier pareciam ter uns cinquenta e pouco anos, um casal comum de classe média a caminho da aposentadoria. Estavam acima do peso, mas Bill era um homem especialmente grande. Não teria sido fácil dominar e controlar um deles, muito menos os dois.

Em 2 de junho de 2011, Keyes viajara de Anchorage a Seattle e de lá para Chicago, onde alugara um carro e partira em direção ao leste. Visitaria os irmãos no Maine, disse, mas no caminho parou em Indiana por alguns dias, depois em uma velha casa de fazenda que possuía no norte de Nova York, e de lá foi para Burlington antes de chegar ao seu destino.

Dois dias em outro estado? Jeff Bell fez uma anotação: pessoas desaparecidas, Indiana, junho de 2011.

Nelson também fez uma anotação: eles precisam do endereço dessa casa de fazenda.

Cinco dias mais tarde, em 7 de junho, Keyes se registrou no Handy Suites em Essex, Vermont. Afirmou que nunca estivera em Essex antes.

Naquela tarde, foi fazer compras na Lowe's, depois circulou um pouco de carro. Foi pescar naquele dia e no dia seguinte em um parque nacional, levando no bolso uma licença para três dias de pesca. Quando o sol se pôs, deu uma volta pela cidade. Fazia uma bela noite de primavera.

Quando se aproximou dessa parte da história, Keyes ficou agitado, balançando os joelhos, sacudindo as algemas, esfregando o metal na cadeira com tanta força que arrancou uma lasca de madeira. Esse se tornaria outro sinal, sua expressão característica de excitação sexual. Os movimentos funcionavam como uma espécie de substituto para a masturbação. Observando esses gestos, os investigadores saberiam que havia muita coisa verdadeira em sua história. Histórias.

Naquela noite, a última dele em Essex, Keyes esperara até o sol se pôr e saíra do hotel a pé. Tinha sonhado com esse cenário em Anchorage, mas como todos os seus planos, esse também precisava de improvisação. Desafiar-se a passos maiores fazia cada nova experiência ser algo muito mais excitante.

Keyes carregava uma mochila com equipamentos, alguns trazidos de casa, outros, como o fogareiro portátil para acampamento, comprados pouco antes na Lowe's. Tinha desenterrado outros equipamentos mais cedo, naquela tarde, de um arsenal que havia escondido em Vermont dois anos antes.

Um arsenal? Feldis queria saber o que isso significava.

Há alguns anos, Keyes contou, ele havia comprado na Home Depot um balde de vinte litros e o enchera com abraçadeiras, munição, armas e silenciadores, fita adesiva e um desentupidor de ralos para acelerar decomposição humana — coisas desse tipo — e havia enterrado tudo lá. Tinha mais coisas enterradas por todo o país. Falaria disso mais tarde. Talvez.

Eram oito ou nove horas em Essex, chovia e estava escuro. Muitas pessoas estavam em casa depois de um dia de trabalho. Ele andava por lá com o celular sem bateria.

À medida que se aprofundou nessa história, Keyes entrou em outro transe, sua voz baixou duas oitavas e ficou trêmula.

KEYES: [Eu] atravessei a rua do hotel e fiquei de tocaia diante de um prédio de apartamentos. Estava esperando alguém entrar. Uma pessoa sozinha. Na verdade, estava procurando um homem. E chovia de forma torrencial, uma grande tempestade com raios, e um sujeito entrou no prédio. Ele estava em um Fusca amarelo, o modelo novo. Saí daquela área arborizada e fui me aproximando por trás do carro dele — andando ao longo da fila de automóveis na direção do veículo dele, e ele meio que pulou do carro com um jornal em cima da cabeça e correu para o prédio para não se molhar. E quase... Quase tombou naquela noite. Se demorasse mais cinco segundos para sair do carro e entrar no prédio, teria sido O Escolhido daquela noite.

Keyes ficou desapontado, mas não desistiu.

KEYES: Quando aquilo não deu certo, não me preocupei. Estava só andando, e acho que voltei ao hotel por algum tempo, para esperar até depois da meia-noite. E não havia ninguém na rua naquela noite, pois a chuva não dava trégua. Decidi procurar uma casa. Com um casal dentro dela.

Pouco depois da meia-noite, cerca de três horas após o sequestro frustrado, Keyes saíra outra vez do Handy Suites. Estava a pé. Cinco minutos depois, olhava para a casa número 8 da Colbert Street.

A casa era um rancho simples com uma garagem. Ele espiara pela janela, dera a volta e fora até o quintal. Estivera com a sensação de que ali morava um casal idoso, o que era bom, porque tivera outra ideia, mas que exigia uma mulher. O quintal da casa tinha uma piscina elevada e uma churrasqueira, nenhum brinquedo ou boia, nenhum sinal de crianças ou animais de estimação.

Keyes interrompeu o devaneio. Isso era parte de seu código, esclareceu. Sem crianças. Ou cachorros. Cachorros eram só um aborrecimento, mas com crianças era diferente.

"Uma coisa que não faço é mexer com crianças", declarou.

Payne, Bell, Golden e Nelson ficaram intrigados, mas impassíveis.

Keyes dera a volta na casa, encontrara o cabo do telefone e o cortara; não havia sistema de alarme. Trabalhar no ramo da construção civil, contou, o ajudava a prever plantas baixas com muita facilidade. Ele encontrou só um aparelho de ar-condicionado instalado em uma janela e deduziu que aquele era o quarto principal.

Ficava de frente para a rua.

Keyes explicou que esperou no quintal, nas árvores e no escuro, quando um vizinho entrou e saiu da própria casa com o cachorro, fumando. Aquela casa tinha luzes com sensor de movimento. Não se aproximaria dela.

Pareceu uma eternidade, relatou, o tempo que passou esperando aquele sujeito ir dormir. Na verdade, Keyes passou uma hora esperando lá fora, fumou um cigarro, correndo o risco de ser visto cada vez que puxava a fumaça, cada vez que o cigarro ficava vermelho e escurecia outra vez, piscando como luzinhas em uma árvore de Natal.

Ele tinha certeza de que não tinha sido visto. Usava luvas de couro e carregava uma mochila, e estava vestido de preto da cabeça aos pés. Levava uma lanterna apagada presa à cabeça.

Finalmente, às duas da manhã, o vizinho fumante se recolheu.

Keyes esperou um pouco para ter certeza. Teria três horas antes de o sol nascer.

Então amarrou uma máscara de tecido sobre os dois terços inferiores do rosto, pegou uma cadeira de plástico do deque nos fundos e a levou para a lateral da casa. Subiu nela, removeu uma hélice de ventilação instalada na janela da garagem, passou por ela e deixou o ventilador no chão. Havia um sedã Saturn verde estacionado lá dentro. Destrancou a porta principal da garagem, que levava ao quintal. De lá, podia ir e vir sem fazer barulho. Pegou um pé de cabra da parede. Um homem morava nessa casa.

O que Keyes estava fazendo? Planejava roubar a casa?

Não, respondeu ele. "Eles eram a principal razão para eu estar lá."

Destravou a porta do Saturn e entrou. Abriu o porta-luvas e descobriu que o carro pertencia a Lorraine Currier. Suas suspeitas se confirmavam: um homem e uma mulher moravam ali.

Ele destrancou a porta de tela para a cozinha usando a faca como ferramenta. "Essas portas externas têm fechaduras de qualidade bem baixa", contou ele.

Keyes se surpreendeu ao encontrar a porta interna trancada também. Quando as pessoas têm duas portas, falou, em geral trancam só uma. Essa porta interna tinha uma fechadura de duplo cilindro, que ele teria quebrado com o pé de cabra, mas isso demoraria muito, além de fazer barulho demais. Era mais rápido quebrar um dos painéis de vidro e destrancar a porta por dentro.

E foi o que ele fez.

Keyes ligou a lanterna de cabeça e viu que estava na cozinha. Era uma linha reta pelo corredor até o quarto.

O raio da lanterna de cabeça estreitava seu campo de visão. Ele passou por uma gaiola de passarinho coberta com tecido.

A coisa toda levou seis segundos, atestou, desde invadir o quarto a acordar e amarrar os Currier. Um ataque relâmpago, ele o chamou.

De início, contou Keyes, Bill e Lorraine não entenderam o que estava acontecendo. Levaram alguns segundos para despertar por completo e perceber: aquilo não era um pesadelo. Um homem grande e mascarado com uma arma, um total desconhecido, estava mesmo no quarto deles.

Keyes relatou que sabia como eles reagiriam. Conhecia a vantagem tática que teria com isso.

Dirigiu a atenção a Lorraine, perguntou se havia armas na casa. Lorraine respondeu que sim, uma Smith & Wesson calibre 38 na mesa de cabeceira.

Keyes apontava sua arma para ela com firmeza e segurança. Abriu a gaveta da mesa de cabeceira e pegou a arma.

Lorraine dormia de camiseta e short, descreveu, mas Keyes pegou uma lingerie da gaveta da cômoda.

Ele a fizera trocar de roupa?

"Não sei se quero falar disso", respondeu Keyes.

Ele disse que seu motivo com os Currier era puramente sexual. Isso desafiava uma crença dos analistas da BAU: um casal como os Currier abordado de forma aleatória devia ser inédito. Um casal escolhido por propósitos sexuais? Bastante incomum também.

Keyes ordenou que Bill e Lorraine se deitassem de bruços na cama e prendeu os pulsos deles com abraçadeiras enquanto os enchia de perguntas: vocês têm cofre? Outras armas? Remédios controlados? Onde estão as joias? Cartão de débito? Pediu a senha e a anotou no próprio cartão, depois pegou duas malas e começou a enchê-las com roupas e joias. Encontrou frascos de Vicodin e Percocet[*] e os pegou também.

Em um dado momento, enquanto o invasor arrancava tudo da cama, Lorraine arriscou. Reagiu e tentou rolar para o chão. Antes que percebesse, o bandido a segurava pelo pescoço e empurrava seu rosto contra o travesseiro. Ele a ameaçou como havia feito com Samantha: se tentar isso de novo, não vou ficar feliz.

Isso o deixou muito bravo, discorreu, pois passava a ideia de que essas pessoas não o levavam a sério.

Lorraine ficou quieta e Keyes voltou a vasculhar as gavetas, depois foi a outro quarto, onde encontrou uma insígnia militar chamada Electric Strawberry [Morango Elétrico]. Que coincidência. Bill Currier servira

---

[*] Trata-se de dois analgésicos muito fortes, um deles um opiáceo.

na mesma unidade que Keyes, a 25ª Divisão de Infantaria do Exército. Contara isso a Bill. Deixara que Bill pensasse que isso poderia afetar o desfecho da noite.

Depois de quinze minutos, avisou que os três sairiam da casa. Preocupado com os cacos de vidro espalhados no chão da cozinha, fez Bill e Lorraine calçarem os chinelos. Nenhum rastro de sangue. Nenhum DNA.

Keyes interrompeu a história para se exibir um pouco. Nunca tinha deixado prova material de seus crimes. Era uma questão de orgulho. "Duvido muito que vocês encontrem DNA ou digitais em algum lugar", desafiou. Como tinha feito com Samantha, ele usava luvas de couro.

Levou os Currier à garagem, pôs Lorraine no banco do passageiro com as mãos presas às costas pelas abraçadeiras e afivelou seu cinto. Repetiu o procedimento com Bill no banco de trás. Depois recolocou o ventilador da garagem à janela e o pé de cabra ao gancho na parede.

Então acomodou-se no banco do motorista. Com a luz interna acesa, viu que os dois o observavam. Apesar de usar máscara, sabia que o casal podia ver seus olhos, notar que sua pele era branca e que usava o cabelo castanho e comprido preso em um rabo de cavalo.

Tirou o Saturn da garagem sem pressa.

O casal implorava. Bill precisava de seus remédios. Não tinham dinheiro. Não tinham visto o rosto dele. Caso os deixasse ir embora, podia levar o carro, o pouco dinheiro que tinham, tudo. Jamais diriam algo a quem quer que fosse.

Ah, não se preocupem, Keyes respondeu. Isso é só um sequestro, vou pedir resgate. Vou levá-los a uma casa usada como cativeiro. Outras pessoas vão assumir o comando dali para frente. Vocês vão ficar bem.

Dentro da mochila dele havia uma frigideira, garrafas de água, um rolo de quinze metros de corda de náilon, fita adesiva, luvas de látex e aquele pequeno fogareiro de propano.

Eram cerca de quatro da manhã, tudo estava quieto e escuro, a rua e o céu sem horizonte, quando Keyes parou o Saturn em uma casa abandonada na saída da Route 15. Por isso tinha ido até ali mais cedo, para procurar uma casa para esse momento.

A casa que escolheu estava vazia, com uma placa de VENDE-SE no gramado seco.

"Sempre paro em casas vazias", ele revelou. "Em especial se tiverem uma placa de VENDE-SE."

Essa era uma casa de fazenda antiquada, velha, com dois andares, caindo aos pedaços, recuada da rua e aninhada contra uma colina, parcialmente escondida por uma árvore grande. Nada convidativa, mesmo à luz do dia, quando entrou pela varanda decrépita e fechada com tela, certo de que ninguém morava ali havia muito, muito tempo.

E estava certo. A sala de estar tinha só um sofá, uma poltrona reclinável e um velho aparelho de TV de uns cinquenta anos. Com exceção disso, quase não havia mobília. A maior parte das portas internas estava fora das dobradiças, apoiadas às paredes. Boilers tinham sido deixados em vários aposentos. O porão estava vazio, exceto por uma pá e um pouco de lixo. No andar de cima, em um dos quartos, havia dois colchões sem nenhuma cobertura sobre uma cama de estrado. Um buraco no teto atravessava o segundo andar e descia direto para a sala de estar, como se uma bala de canhão tivesse entrado por ali.

Essa casa era perfeita.

Quando Keyes capturava suas vítimas, estava atento aos instintos animais: a descarga ácida de adrenalina que inundava as veias, a cor desaparecendo do rosto e as pupilas dilatadas de medo. Podia sentir tudo isso no suor delas. E ele gostava de prolongar essa aflição o máximo possível.

No cenário daquela noite, imaginou as vítimas amarradas em um carro, levadas para a escuridão rural, com a única luz em um raio de quilômetros brotando dos faróis, e eles se aproximando mais e mais de um lugar de onde nunca sairiam. Mais adiante, na estrada, havia uma viatura de polícia estacionada a uns cem metros de distância. Keyes imaginou seus reféns percebendo aquele carro e sentindo esperança.

Keyes apagou os faróis e desligou o motor, deixando Lorraine amarrada no banco da frente. Levou Bill à entrada externa do porão e escada abaixo, e, em minutos, o amarrou a uma banqueta. Impassível, subiu a escada e saiu.

Lá estava Lorraine fora do carro, em pé.

Ela o viu. Correu tanto quanto podia, diretamente para a Route 15, porém Keyes era mais rápido. E a agarrou, levando-a de volta para a casa. A empurrou escada acima e para o quarto com o buraco no teto e no chão. Não conseguia acreditar. A mulher quase escapara. Isso o deixou mais bravo.

O sequestrador prendeu os braços e as pernas de Lorraine à cama com fita adesiva, depois enrolou uma corda em torno de seu pescoço e passou as pontas por baixo do colchão, amarrando-a com um nó complicado. Ela lutou o tempo todo.

Gritos vinham do porão e ecoavam pela casa toda.

Onde está minha esposa? Onde está minha esposa?

Keyes verificou os nós: estavam firmes. Pegou a faca — a mesma que tinha no Texas, afirmou —, o revólver calibre 40 e a garrafa de água. E desceu ao porão.

Por que a garrafa de água?

Não sei bem se quero falar a respeito disso, anunciou ele.

Bill estava quase se soltando, tinha destruído a banqueta. A única luz vinha da lanterna de cabeça que Keyes usava, e a imagem de Bill se debatendo lembrava uma luz estroboscópica.

Por que está fazendo isso? Bill quis saber. Não precisa agir assim. Vá embora e nunca contaremos nada a ninguém. Você ainda não fez nada tão grave. Por que não vai embora?

Agora Keyes estava furioso. Bill não só estava atrapalhando seus planos. Teimava em não se resignar. E se debatia a ponto de conseguir empurrá-lo de um lado para o outro.

Onde estava o medo abjeto? Como, de repente, Keyes estava prestes a perder o controle?

"Quando as coisas ficaram físicas... bem, aquilo me enfureceu", confessou. "Porque quero que as coisas sejam feitas de um jeito bem específico, que se desenrolem de um modo bem específico, e tenho tudo planejado, e um método para que as coisas saiam como desejo."

Quais eram os planos dele para Bill?

"Não vou dizer o que pretendia fazer com ele."

Os investigadores não precisavam que lhes dissesse. Eles sabiam: Keyes tinha planejado estuprar Bill também.

"Então, quando alguém atrapalha esse plano — até eu fiquei meio surpreso por ter perdido o controle daquele jeito", Keyes relatou.

Por isso agrediu Bill com uma pá que encontrou no porão, mas o homem não caiu. Foi preciso mais uma pancada, pelo menos, para jogá-lo no chão.

Keyes subiu a escada correndo. O fogareiro de propano que tinha montado havia caído pelo buraco no chão do quarto. Ele entrou em pânico. A casa era de madeira seca. Não precisaria de muito para pegar fogo bem depressa.

Em seguida desceu correndo à sala de estar e pegou o fogareiro, subiu de novo e analisou suas opções.

Não podia atirar em Bill com a arma de calibre 40. Faria muito barulho. Para isso teria que usar a de calibre 22 que estava lá em cima, carregada com um pente de dez tiros e equipada com um silenciador. Pegou a arma e desceu correndo ao porão, onde, para sua surpresa, Bill estava em pé e gritando.

Keyes disse que começou a atirar como que por reflexo. Efetuou disparos nos braços de Bill, na cabeça, no pescoço e no peito.

Bill Currier ainda estava em pé. Keyes nunca tinha visto nada parecido.

Enfim o homem caiu e deu o último suspiro. Seus olhos estavam fechados.

Nervoso, Keyes ficou parado por um momento. Tirou o silenciador da arma. Saiu para fumar um cigarro e se recuperar. Essa noite estava dando errado.

Se Keyes era tão cuidadoso quanto a não deixar rastros de DNA, o que fizera com as bitucas de cigarro — ali e no quintal dos Currier?

Isso nunca tinha sido um problema, respondeu. Se você as esmagar bem com o pé, as pontas de cigarro se misturam às folhas no chão. Naquela noite, deixou Lorraine fumar também, disse, entre uma e outra coisa que fez com ela.

E o que fez?

Keyes entrou e subiu a escada. Tinha começado a chover de novo, e pelo que se lembra havia água entrando por aquele buraco. Pegou algumas portas soltas e cobriu as janelas do quarto, as que ficavam viradas para a rua.

Depois ferveu água no fogareiro de propano.

Para quê?

Keyes riu. "Não sei se quero falar sobre isso hoje", comentou.

Cortou com uma faca as roupas de Lorraine, que lutava para impedi-lo. Encheu a boca da vítima de papel toalha, tapou-a com fita adesiva, em seguida estuprou duas vezes a mulher, sempre usando preservativos. Na segunda vez, disse, sufocou Lorraine até ela desmaiar.

Ainda não estava pronto para matá-la, revelou. Contudo, os investigadores tinham visto o suficiente para saber que Keyes tentava impor seu domínio ali. Bill o havia emasculado.

Nesse cenário, Keyes queria ser Deus.

Ele não sabia quanto tempo tinha se passado, mas quando Lorraine recobrou a consciência, desamarrou-a e levou-a ao porão, onde a sentou em um banco e lhe mostrou a cena final: o marido dela, morto a balas, caído em meio ao próprio sangue.

Havia muito sangue, mencionou. Não era o tipo de erro que costumava cometer.

Ele calçou as luvas de couro. Depois se colocou atrás de Lorraine Currier e a estrangulou com uma corda. Mesmo depois de sentir a vida abandonar o corpo da vítima, precisava ter certeza; esse casal, mesmo velho e doente, era bem mais resistente do que havia imaginado.

Keyes envolveu o pescoço de Lorraine com uma abraçadeira e a puxou. Nada.

Ele estava ficando sem tempo. Arrastou o corpo de Lorraine para cima do de Bill e cortou as amarras dos dois. Despejou desentupidor de ralos sobre os rostos e as mãos, pôs os corpos em sacos de lixo de duzentos litros e os empurrou para o canto sudeste do porão, cobrindo-os com lixo e madeira. Estava com tanta pressa que deixou todos os cartuchos disparados no chão do porão.

O sol tinha nascido, as pessoas passavam pela Route 15 a caminho do trabalho. Ele planejava queimar a casa com os corpos lá dentro, no entanto era tarde demais. Nenhum problema — tinha certeza de que quem comprasse aquela casa estaria interessado no terreno e a demoliria ou queimaria. O cheiro de podre no porão manteria os mais curiosos afastados— além disso, a dedução mais provável seria de que um animal qualquer tinha entrado ali e morrido. Não, não estava preocupado com a possibilidade de alguém encontrar os restos mortais.

Keyes pegou a maior parte de suas coisas e dirigiu o carro dos Currier até o estacionamento do Rite-Aid próximo, onde estava estacionado o carro que alugara na noite anterior. Parou o Saturn verde o mais longe possível das câmeras de segurança e se dirigiu ao carro alugado, andando com cabeça baixa coberta pelo capuz do moletom. Entrou no carro e saiu do estado, rumo ao Maine.

Seis horas, do começo ao fim.

Os investigadores estavam perplexos. Por que ele faria isso? Keyes não entendia.

"Não me considero tão diferente de centenas de milhares de pessoas", declarou. Disse que era só olhar para a pornografia que tinham encontrado no computador dele: bondage, sadomasoquismo, gay, transgênero. Os investigadores não poderiam pensar que ele era a única pessoa no mundo com esses interesses.

"Eu só elevo a um novo nível", continuou Keyes. "As fantasias sexuais, o dinheiro, a descarga de adrenalina... Quando você começa, não tem nada parecido."

Payne pensou em um documentário que tinha visto algumas noites antes sobre predadores de emboscada: animais que matavam na velocidade da luz e desapareciam com a mesma rapidez.

Esse sujeito era assim, Payne percebeu. Um verdadeiro predador de emboscada.

Todos esses detalhes macabros lhes deram outra percepção: as semelhanças entre o que Keyes fizera com Lorraine e Samantha. Ambas tinham uma corda amarrada ao pescoço. As duas tinham sido amarradas e amordaçadas de maneira quase idêntica, até o detalhe de encher a boca com produtos de papel em geral usados para limpeza. Ele permitira que Lorraine e Samantha fumassem em sua companhia. Usara uma faca com as duas e estuprara cada uma delas duas vezes, exatamente do mesmo jeito.

Considerando tudo isso, um modus operandi (MO) estava surgindo. Em menor grau, também havia semelhanças no modo como lidara com o cartão de débito dos Currier. O casal disse a Keyes que só havia cem dólares na conta, e ele acreditou. Decidiu que não valia a pena correr o risco, uma admissão de que estava ciente da possibilidade de ser rastreado.

Como no assassinato de Samantha, Keyes pôs centenas de quilômetros entre ele e a cena do crime horas depois de matar e ocultar os corpos, atravessando vários estados em pouco tempo. O itinerário real dele, descobriu-se, tinha sido até mais complicado do que induzira os investigadores a crerem. Ele sempre tinha um plano.

Nessa viagem, Keyes fora de avião de Anchorage a Seattle, de lá para Chicago e, como relatou, dirigira até Indiana para visitar a família, depois para Nova York e Vermont. Porém, depois de matar os Currier, fora até New Hampshire, onde visitara uma área de acampamento e queimara boa parte de seus pertences no fundo da floresta. Depois dirigira até o Maine para visitar os irmãos e, voltando para casa, viajara por Vermont — passando pela casa dos Currier. Ficara satisfeito ao constatar que a polícia estava sem pistas e totalmente perdida na investigação.

Ah, e mais uma coisa: Keyes também sabia que uma testemunha havia se apresentado dizendo ter visto um homem branco de cabelo comprido e castanho dirigindo o carro dos Currier. Depois de ver o retrato falado feito pela polícia, não ficou preocupado. A semelhança com ele era muito pequena.

Antes que Payne pudesse absorver a enormidade disso tudo, Keyes ofereceu um pouco mais. Tinha outra história para contar, caso eles estivessem interessados.

Era sobre o curioso incidente que a mãe dele descrevera aos investigadores: sobre aquela vez que desaparecera no Texas.

18

Ele achava que o nome da cidade era Alto. A-L-T-O. E, outra vez, um mapa surgiu na tela.

Cinco dias depois da confissão sobre os Currier, Keyes estava de volta ao gabinete da Promotoria dos Estados Unidos. Tinha motivos para falar sobre o Texas: sabia que o FBI tinha algumas informações relativas ao tempo que havia passado por lá e sabia ter sido relapso. Nem sempre desligara o celular. Tinha usado cartões de crédito e débito. E tinha todo aquele dinheiro marcado no carro alugado, as notas tingidas pelo sistema de proteção depois de um evidente assalto a banco, apreendido no momento de sua prisão. Keyes sabia que os investigadores tinham sido informados de que o National Bank em Azle, Texas, havia sido assaltado durante o tempo em que ele estivera na região. Bell acessou o Bandit Tracker, um site que cataloga imagens de câmeras de segurança de assaltantes de banco, e encontrou um homem mascarado que parecia com Keyes assaltando aquele banco. E adivinhe o que mais havia no laptop de Keyes? Links e mais links para o Bandit Tracker.

Em uma conversa na semana anterior, ele havia reiterado seu motivo para confessar: "O mais importante", disse, "é que todo mundo que esteja nesta sala queira a mesma coisa. Vocês querem toda a informação que posso fornecer, eu quero dar toda informação que puder fornecer dentro do que é razoável para mim. Vocês querem que eu seja punido e eu quero ser punido. Quero que isso aconteça porque assim facilito a situação para todo mundo. Não sou uma pessoa paciente. Acho que nunca morei no mesmo lugar por mais de cinco ou seis anos. Fico entediado com facilidade. Então, vocês podem entender por que passar anos e anos na cadeia, à espera de que isso se resolva, não é muito atraente para mim."

As sugestões de Payne e Bell estavam, pelo menos até aquele momento, funcionando. Keyes acreditava que era mais inteligente controlar sua narrativa e mostrar cooperação antes que o FBI descobrisse mais alguma coisa. Ele precisava dessa data de execução.

"Vocês já têm um monte de informação sobre o assalto ao banco no Texas", comentou. "Se quiserem, posso falar de um incêndio criminoso no Texas. Queimei uma casa. Mas quero um cigarro para falar disso."

Ele riu. Bell estava preparado, tinha à mão uma caixa de Wild 'n Mild.

Uma das coisas das quais Keyes gostava de fazer no Alasca era pesquisar cidades pequenas, no computador, espalhadas por todos os demais estados, lugares afastados com três ou quatro rotas de acesso e saída. Cidades que quase nunca testemunhavam crimes e tinham uma polícia inexperiente.

Depois, Keyes pesquisava quantos bancos havia em uma região qualquer e quantas câmeras de segurança cada banco tinha. Preferia bancos pequenos, que muitas vezes contavam com vigilância limitada, pouca infraestrutura e eram completamente despreparados para um assalto à mão armada. Pesquisava o melhor lugar para estacionar e a distância entre cada banco e o departamento de polícia local, calculando seu tempo de fuga e avaliando a direção de onde os policiais provavelmente chegariam depois de acionado o alarme.

Keyes estava eufórico depois do que havia feito no Alasca. Era tudo em que conseguia pensar. Matar Samantha no próprio quintal fora a coisa mais arriscada, a maior que jamais fizera, e conseguira escapar. Admitiu que se sentiu tão ousado que fez comentários on-line a respeito disso no site do *Anchorage Daily News* usando seu primeiro nome para sugerir teorias sobre os motivos para a polícia nunca encontrar Samantha Koenig.

Ninguém suspeitou dele, mas as pessoas lhe deram atenção. E ele gostou disso mais do que esperava, esse reconhecimento anônimo paradoxal o agradava. Adorava ver uma investigação se desenrolar nos jornais enquanto só ele sabia a distância entre o que a polícia imaginava e o que de fato tinha acontecido. Era onipotente. Sentia uma urgência esmagadora de fazer mais alguma coisa o mais rápido possível.

Esperava que o cruzeiro em família abrandasse essa urgência. Mas não abrandou.

"Você pegou alguém?", perguntou Bell.

"Não", respondeu Keyes.

Bell duvidava. Dois dias desaparecido só para assaltar um banco? Improvável. Mas guardou suas suspeitas.

Muito bem, seguiu. O que fez, então?

Fiquei andando de carro, contou Keyes.

"E o que encontrou pra fazer no meio-tempo?" insistiu Bell. "Encontrou a casa para queimar?"

"Sim", confirmou Keyes. "Também estava pensando em pegar alguém."

Mais uma vez, o instinto de Bell estivera certo.

"Estava procurando por uma casa abandonada", relatou, "e por caixas automáticos afastados. Mas havia muitos policiais no Texas, então acho que fiquei com um pouco de receio. Não sei."

Bell achava que Keyes estava mentindo. Podia não ter sequestrado ninguém em um terminal bancário, mas sequestrara alguém. Keyes repetiu que não.

"Não estava com a minha arma, a que costumo carregar. Vão encontrar duas delas em Nova York."

Outro kit assassino para procurar.

"Com o silenciador?", perguntou Bell.

"Não a com o silenciador, falo da calibre 22", esclareceu. "Normalmente, se vou fazer alguma loucura muito grande, tipo à luz do dia, por exemplo — porque loucuras são normais para mim —, levo uma delas. Elas são, basicamente, como um rifle de calibre 22 de cano serrado, e as carrego embaixo do casaco. Minha lógica era que se algum dia me pegassem em flagrante e a cidade fosse pequena o bastante e eu tivesse umas cem balas em pentes diferentes para elas, e em geral uso uma mira ou uma lente de aproximação nelas, então... Nunca planejei ser pego vivo. Vamos colocar nesses termos." Ele riu.

Bell continuava desconfiado.

"Porém quando saiu para essa viagem, sua intenção era encontrar uma casa, pegar alguém, sacar dinheiro em caixas automáticos e aí acabou assaltando o banco porque o resto não deu certo? Ou planejava roubar bancos?"

"Eu não planejava fazer nada no Texas", alegou. "Se tivesse seguido meu plano quando saí do Alasca, a ideia era enterrar as armas em algum lugar."

"E quando estava circulando e procurando", insistiu Bell, "não encontrou ninguém que pudesse..."

"Bem, foi uma dessas coisas."

Bell o vencia pelo cansaço.

"Cheguei lá e... tínhamos acabado de voltar de férias — o cruzeiro — e eu achava que aquilo me acalmaria. Estava pensando em bancos, acho, um pouco, mas não acredito que pensava a sério, era uma dessas coisas, tipo, quando encontrasse o ideal, uma cidade pequena com um banco e praticamente nenhum risco, então pensava que poderia roubá-lo."

Apesar disso, enquanto esteve no Texas, Keyes não conseguiu parar de pensar em Samantha.

"Eu acompanhava as notícias do Alasca com frequência e acho que me empolguei um pouco e decidi sair para fazer alguma coisa. De preferência, pegar alguém. Mas... não sei."

"Você pegou alguém?"

"Não."

Feldis interrompeu. "Por que não?", perguntou. Afinal, Keyes tinha dito que planejava voltar a Vermont naquele ano e queimar a casa onde havia deixado os Currier. Se Keyes ia usar um incêndio criminoso para encobrir um duplo homicídio lá, por que não no Texas?

Keyes passou a minimizar a situação.

"Quer dizer... É um jeito muito bom, também, de encobrir um assalto", afirmou. "Quando estava em Vermont, procurei uma igreja para queimar. Era isso que queria fazer, na verdade. Quando estava no Texas, também procurei muitas igrejas."

Bell o interrompeu. Por que igrejas?

"Ah, só... É uma coisa pessoal. Não que me importe, mas... Eu tinha na cabeça a ideia de começar a usar igrejas."

Bell não ficou surpreso. Tinha passado muito tempo vasculhando os computadores de Keyes e vira que ele ficava horas pesquisando on-line dois tipos de imóveis: casas abandonadas e igrejas isoladas. Qual era o plano dele para elas? Bell perguntou.

"Bom, se é uma igreja isolada, normalmente não tem ninguém lá nos dias de semana. Era isso que eu procurava em Vermont, uma igreja."

"Para levar os Currier?". O tom de Bell era calmo e discreto.

"Para levar alguém", respondeu. "Sim."

Keyes pensava em manter suas vítimas, quem quer que fossem, em uma igreja de cidade pequena, estuprar e torturar esses desconhecidos enquanto eles imploravam pela própria vida a um Deus que não existia. Talvez posicionasse os corpos no altar, um retrato do sexo e da mortificação esperando para ser encontrado por um padre, uma freira ou, melhor ainda, pela congregação inteira no dia seguinte. Ou talvez só queimasse a igreja com as vítimas lá dentro.

Porém nenhum desses planos funcionou, contou Keyes.

"Deixa eu só... Você disse que era uma coisa pessoal", apontou Feldis. "Isso vem da coisa com a qual sua mãe está envolvida? Aquele grupo religioso?"

"Não", respondeu Keyes. "Tem a ver só com a minha... Quer dizer, tenho certeza de que tem a ver com o jeito no qual fui criado. Porém, na maior parte, é só a minha visão geral da vida e da humanidade, acho."

Keyes não falou mais nada sobre sua infância, e a recusa em discutir esse assunto convenceu a equipe, em especial Goeden e Nelson, de que era solo fértil. Para esses dois investigadores, o mistério sobre como Israel Keyes ficara desse jeito era tão intrigante quanto descobrir outras vítimas.

De volta à manhã de 13 de fevereiro. Bell, Goeden, Russo e Feldis queriam o relato completo, como fora prometido, do tempo que ele passara desaparecido no Texas. Heidi tinha dito que Israel saíra escondido da casa dela em Dallas e deixara um bilhete na própria cama que dizia, em parte: "Fui procurar um lugar para esconder minhas armas".

Isso era verdade, confirmou Keyes. Desejava, de fato, enterrar as armas.

Arsenais no Texas, escreveu Bell.

Isso assustou a mãe dele? As irmãs?

Não, respondeu. Todas tinham armas.

Enfim, ele havia decolado do Alasca com todas as pistolas que tinha — não disse quantas, nem como passou pela segurança — e pretendia escondê-las em algum lugar. Talvez no Texas, talvez perto do Grand Canyon.

"Havia dois motivos para isso", explicou. "Um deles era que estava planejando ir embora do Alasca e sabia que não poderia atravessar o Canadá de carro com elas, então..."

Os celulares dos investigadores começaram a vibrar. Keyes tinha viajado pelo Canadá? Sabia por onde podia e não podia viajar com armas?

"... eu ia deixá-las nos Estados Unidos."

Mas, contou, não enterrou as armas imediatamente. Naquela noite e na seguinte, foi procurar vítimas, andando de carro por cidadezinhas na região nordeste do estado. Uma cidade foi Cleburne. A outra foi Glen Rose. Procurava cemitérios.

Bell já sabia disso. Tinham encontrado no celular de Keyes uma busca no MapQuest de um cemitério em Glen Rose.

"Por que foi ao cemitério?", perguntou Bell. "Era um local de desova? Um cativeiro?"

"Não era um cativeiro", respondeu Keyes. "Era só um lugar pra pegar alguém."

Nesse contexto, Bell percebeu que a palavra "pegar" também podia significar "levar".

Keyes agora falava em voz baixa, esfregando os braços com força na calça.

"Muitos desses cemitérios têm galpões de manutenção e lugares onde é bem fácil de entrar", contou. E em qualquer espaço público ao ar livre — campings, trilhas, as montanhas, margens de rios, lagos, cemitérios — é muito mais fácil explicar o que você está fazendo lá, em especial nas áreas isoladas.

Igrejas e cemitérios. Nascimento e morte. Celebração e luto. Esperança e abandono.

Keyes contou que, em seguida, percorreu algumas trilhas ribeirinhas. Foi quando a viu.

Nelson jogou no Google "Glen Rose TX trilhas rios". As duas principais ocorrências: o Rio Paluxy e o Dinosaur Valley State Park. Sabendo o quanto Keyes adorava parques nacionais e estaduais, havia uma boa chance de ser a segunda resposta.

"Começou a ficar tarde e aquela mulher apareceu. Ela estava a caminho das trilhas que subiam e desciam o rio", descreveu Keyes. "Quase fui atrás dela. A mulher tinha um cachorro grande, um mastiff ou alguma coisa assim. Eu atiraria no cachorro."

Ele pensou melhor: transportar uma mulher e um cachorro grande... Muito trabalho. Melhor deixar passar.

O Texas se mostrava mais difícil do que Keyes havia pensado. As pessoas ali desconfiavam abertamente de forasteiros. Pelo menos uma pessoa o abordou enquanto ele fumava um cigarro na frente do banco que estava prestes a assaltar, perguntando-lhe quem era e o que fazia ali.

Keyes não disse o que respondeu. Isso não o detivera, mas confirmava a imagem de objetividade e franqueza que os texanos tinham. Além disso, muitas pessoas tinham armas! Fez este comentário com toda a seriedade: quase ninguém descuidava da segurança pessoal. "Fiquei surpreso com o grau de segurança", comentou Keyes. "Muita gente tinha portões trancados, e acabei demorando um pouco para encontrar aquele lugar."

Era 16 de fevereiro, relatou ele, quando encontrou a casa.

"O jeito mais fácil de encontrá-la era provavelmente fazer uma busca no Google por 'Incêndio, Alto, Texas'", sugeriu Keyes.

Kat Nelson não encontrou nenhum incêndio em Alto, mas houve um em uma casa em Aledo, Texas, em 16 de fevereiro de 2012. Era fácil ver como Keyes misturava os nomes. Devia ser o de Aledo. Enviou uma mensagem para Bell.

Goeden falou, com seu tom manso. "Como escolheu essa casa?"

"Ficava fora da cidade", respondeu. "Eu não sabia ao certo se havia polícia local ou não, mas imaginei que, se iniciasse o incêndio, isso os tiraria da cidade, e eu assaltaria o banco logo em seguida."

Um incêndio criminoso e um assalto a banco no mesmo dia, pensou Bell. Com uma caçada logo antes. De acordo com ele próprio, estava fora de controle. Quais eram as chances de esse incêndio ter sido usado para esconder um corpo, como o que ele planejara em Vermont?

Keyes se orgulhava de seus crimes e de seu MO, porém deixou claro desde o início: só forneceria as informações que eles acabariam, de um modo ou de outro, descobrindo. Se encontrassem um corpo sem a ajuda dele, seria vitória dos policiais e ele confessaria. Caso contrário, as vítimas eram só dele. Era estranho, para ele, estar falando tudo aquilo. Nunca tinha falado, e achava que nunca falaria.

Estava acumulando crimes, confessou. Durante muito tempo, tudo que quis foi ficar fora do radar. Viajava como um fantasma, sem deixar pegadas digitais ou sinais rastreáveis de celular. Morava lá no Alasca. Uma casa pega fogo, um incêndio alimentado por um acelerador, em uma parte remota do Texas? A polícia investiga o proprietário por fraude no seguro. Alguém desaparece? A polícia investiga amigos e familiares da vítima. Talvez a pessoa que ele pudesse ter matado nem fosse do Texas, digamos. Poderia estar de férias por lá, podendo ser de outro estado ou outro país. Quem iria relacioná-lo ao crime? Keyes sabia que sequestros estranhos eram raros. Sabia que sua maneira de fazer as coisas era ainda mais rara.

Mas agora se descobria concebendo crimes elaborados que chegariam aos jornais — não só os locais, mas os nacionais. Por isso as igrejas. Um assassino em série atacando igrejas causaria pânico nacional.

Keyes relatou que sua ânsia por fama cresceu com o tempo. Durante anos, verificava a cobertura da mídia sobre o que tinha feito em aeroportos ou bibliotecas, somente em computadores públicos. Porém, à medida que seus crimes se tornaram mais ousados, as notícias se mantinham não mais por dias ou semanas, mas por meses ou anos, e Keyes ficou frustrado. Queria que o mundo ficasse sabendo que, na história dos monstros, ele era um dos grandes. "Eu me empolguei com a publicidade, sem sombra de dúvida", admitiu.

"E os Currier viraram notícia grande" concluiu Goeden. "Notícia importante para aquela região."

"É, viraram", confirmou Keyes. "E acho que foi aí que começou. Eu acompanhava a história e sentia uma espécie de euforia... porque, é claro, sei o que aconteceu. E ver a diferença entre a perspectiva deles e a minha, e depois, quando as pessoas liam as notícias nos jornais, todo mundo queria comentar a própria teoria do que acontecera. E fiquei fascinado por isso também."

Ele não conseguia mais esperar. "Ia para casa tarde da noite e pensava, uau, queria saber se tem mais matérias. Umas duas doses de uísque e já queria dar uma olhada nisso. E fazia buscas e lia tudo, e comecei a comentar nas coisas. Sabia que estava... Sabia que era idiotice, acho. Porém ainda estava planejando o futuro."

Ainda acreditava que nunca seria pego.

Keyes disse que encontrara a casa em Aledo enquanto dirigia e só a arrombou. "Era um horror", comentou. "Todos os cômodos estavam entulhados. O lugar era vulnerável a incêndio — eles tinham dois ou três freezers funcionando lá dentro, com extensões de tomadas ligadas em tudo. A casa, em resumo, parecia ter sido abandonada."

Isso era interessante. Keyes descrevia uma casa semelhante àquela para onde levou os Currier. A vocação dele era construir casas, mas o que ele de fato queria era queimá-las.

Encontrou gasolina na garagem. Abriu todas as janelas e a porta do sótão, depois fez uma trilha de roupas e lençóis, da frente para o fundo, encharcou tudo com gasolina e ateou fogo.

"Aumentou muito rápido", relatou. Ele ficou olhando por um tempo, mais do que planejava, escondido e distante, perto de uma igreja em uma colina. A repercussão desse incêndio foi muito maior do que podia esperar, com policiais, caminhões de bombeiros e pessoas comuns querendo olhar tudo, a mídia local correndo para lá enquanto o tráfego permaneceu travado em todos os lugares.

Isso fora planejado como uma distração para atrair os policiais até lá enquanto ele assaltava um banco?

Keyes ficou ofendido. "Eu não *precisava* de distração", devolveu. Outra contradição. Poucos minutos antes, dissera que considerava justamente essa possibilidade.

E tirou vantagem, dirigindo por meia hora em sentido norte para a cidadezinha de Azle, onde assaltou um banco, uma ação com disfarce e uma arma, de onde saiu com dez mil dólares. "Conseguiu muito dinheiro nesse assalto a banco", mencionou Bell.

"Na verdade, não", retrucou Keyes.

"Conseguiu mais que isso?"

Keyes riu.

Ao longo da conversa, os investigadores notaram que Keyes tinha relatado o que fizera nos dias 13, 14 e 16 de fevereiro, mas pulara o dia 15.

Esse fora o dia em que tinham encontrado Keyes ao lado do carro alugado, imundo e errático depois de dois dias desaparecido.

"Você atolou mesmo o carro na lama em algum lugar?", perguntou Bell.

"Sim", confirmou Keyes. "Só que... quanto mais tempo passava fora de Dallas, mais eu ia para o sul, mais pensava que... que queria fazer mais alguma coisa."

O que acontecera no Texas nas primeiras horas da manhã de 15 de fevereiro? O próprio Keyes descreveu que dirigiu por milhares de quilômetros tendo dormido muito pouco, movido pela adrenalina, observando os policiais, como ele disse, "correrem de um lado para o outro como formigas em uma frigideira" tentando resolver o crime em Anchorage.

Durante todo esse tempo em que passou desaparecido, Keyes alegou que só enterrou suas armas. Bell continuava cético. Tinha certeza de que um kit, pelo menos, estava enterrado no Texas, provavelmente mais — a família de Keyes era uma desculpa perfeita para visitas regulares.

Outra coisa: quando revistara a casa de Kimberly, a polícia recuperara um pedaço de papel com uma relação de números aleatórios: 5, 79, 105, 633, 1.5, 5, 5.

Bell digitou a sequência no Google. Encontrou "Frequência da polícia, Stephenville, Texas". Abriu um mapa de Stephenville — a rodovia de acesso era a 5; a de saída era a 105.

Então, Bell buscou no Google: "1.5-5-5, Stephenville TX". Apareceu a frequência do rastreador.

Keyes lhes contou a verdade. Tinha planejado essas rotas de fuga com antecedência, em Anchorage, a seis mil quilômetros de distância. Stephenville ficava a apenas uma hora de carro de Aledo e Cleburne, onde ele tinha sido encontrado pela família. Usara o rastreador da polícia naquela viagem.

"Ele pegou alguém no Texas", presumiu Bell. "Só pode. Não estava conseguindo se controlar. Sei disso. Eu sei."

19

Pessoas desaparecidas, Texas, 15 de fevereiro, 2012.

Jimmy Tidwell.

Tidwell tinha sido visto pela última vez em Longview, a duas horas de Dallas, em 15 de fevereiro de 2012. Era eletricista e trabalhava no plantão noturno, saía do trabalho às 5h30 da manhã para ir para casa.

Nunca mais foi visto.

Dias depois, a polícia encontrou a picape Ford branca de Tidwell estacionada a oito quilômetros da casa dele, perto do cruzamento da I-315 e Farm com a Market 95. Não havia sinal de arrombamento ou irregularidades. Nada foi encontrado no interior do veículo, exceto os óculos de Tidwell sobre um banco. Celular, carteira e chaves desapareceram. Não havia pistas ou DNA de outras pessoas.

Não havia nada em seu perfil que fizesse dele uma vítima de alto risco. Tinha 58 anos, era casado e pai de dois filhos adultos. Trabalhava na mesma empresa havia dez anos. Era próximo da família. Um funcionário leal e pontual. No tempo livre entalhava madeira. Não tinha inimigos, nenhum passatempo perigoso ou antecedentes criminais.

Jimmy Tidwell era um americano comum em todos os aspectos. A ideia de que estacionaria a caminhonete em uma via paralela à estrada interestadual e iria para a floresta, ou pegaria carona para algum lugar a fim de começar uma vida nova, era inimaginável.

"Não acredito que ele tenha abandonado aquela caminhonete, que adorava, por livre e espontânea vontade e ido embora", declarou a irmã.

A polícia tampouco acreditava nisso. Os agentes começaram uma busca que se prolongou por dias. Polícia estadual e local, patrulha montada e unidades com cães vasculharam um raio de oito quilômetros no interior da floresta. Amigos e familiares uniram esforços. Foi oferecida uma recompensa de três mil dólares, mil deles doados pelos chefes dele.

Nenhuma pista.

Isso se encaixaria no MO de Keyes. Tidwell dirigia nas primeiras horas da manhã, quando havia poucos carros na rua. Keyes disse que gostava de pegar pessoas em um lugar, levar o automóvel delas para outro local e se livrar do corpo em uma terceira localidade para confundir a polícia, depois desaparecia.

Tidwell usava um capacete branco no trabalho. O assaltante, cuja imagem foi capturada pela câmera de segurança do banco em Azle, Texas, um dia depois do desaparecimento, usava um capacete branco, tinha cabelos longos e castanhos visíveis abaixo desse capacete.

O cabelo de Keyes era mais curto que isso, mas o de Tidwell era parecido com o do assaltante do banco. E Keyes deixou escapar uma pista interessante: quando praticou o assalto ao banco em Azle, não estava usando peruca. Bell e Russo abordaram o disfarce daquele jeito casual deles.

"Onde compra cabelo de verdade?", perguntou Russo.

Keyes sabia que não havia nada de casual na pergunta. Ficou em silêncio por um tempo.

"Nem sempre é necessário comprar para obter cabelo de verdade", revelou. E riu.

"É só pegar, certo?", comentou Bell.

Ele riu de novo.

"Cabelo é de graça. Tudo é de graça, se você pegar", analisou. "Bem, mas é aí que você se engana. Em algum momento, vai ter que pagar por isso."

20

No escritório do FBI, no local que agora chamavam de Sala de Guerra, Jeff Bell prendeu na parede um grande mapa dos Estados Unidos. Nele, desenhou cinco grandes círculos. A circunferência de cada um se baseava no que sabiam a respeito das viagens de Keyes: para qual cidade fora de avião, onde alugara um carro, quantos quilômetros percorrera com esse carro ao longo de quantos dias. Um círculo contornava o Alasca. Um delimitava o Estado de Washington. Outro cercava o Texas. Um circundava Illinois e Indiana. O último englobava todo o Nordeste: Nova York, Nova Jersey, Connecticut, Rhode Island, Pensilvânia, Vermont, New Hampshire, Massachusetts e Maine.

Bell começou pela viagem que Keyes fez ao Texas logo depois de matar Samantha. Keyes tinha alugado um carro em uma Thrifty em Houston e percorrido 4.582 quilômetros em dez dias.

"No pior dos casos", explanou Bell. "Se ele tivesse pegado esse carro e ido até onde pôde, e ainda devolvido o carro com 4.582 quilômetros rodados, então estamos... Estamos olhando para áreas nas quais ele poderia ter matado alguém ou assaltado um banco?"

Para começar, Bell dividiu a quilometragem em duas partes. Não era científico, mas era um ponto de partida: metade para Keyes chegar aonde pretendia ir, metade para voltar. Com um compasso, um lápis e um barbante, Bell começou a traçar círculos com raios de 2.291 quilômetros fora das viagens conhecidas de Keyes. Quando terminou, recuou um passo e olhou para o mapa completo.

"Isso é inacreditável", admirou-se. Tinha desenhado círculos em volta de treze estados.

Uma teoria se formava. E se Keyes tivesse levado suas vítimas por vários estados? Matado em um, deixado o corpo em outro? Isso tornaria virtualmente impossível qualquer agência local ou estadual encontrar uma vítima. Ao confessar que matara os Currier, mencionou que nunca se instalou em Vermont; só fora assim que acontecera. "Podia ter sido Nova York", apontou. "Ou então o Maine. Ou ainda New Hampshire."

Queimara as coisas dos Currier em New Hampshire e confessou ter enterrado a arma usada na represa Blake Falls, no norte de Nova York. Isso também foi confirmado. Os investigadores abriram mais uma vez o Google Maps, e Keyes os direcionou para duas grandes pedras perto do reservatório, uma apoiada à outra para formar um triângulo, pedras menores empilhadas à sombra da formação.

"Embaixo dessa laje tem um balde cor laranja da Home Depot, e está bem escondido", relatou. Se animou ao relatar isso, pigarreando e sacudindo as correntes. "Tem, hum, muita terra e outras pedras, grama e coisas empilhadas e amontoadas em torno dele." Dentro do balde havia outra arma e um silenciador. Tinha usado dessecante como proteção contra umidade e selado bem o balde, depois jogara no reservatório a arma que furtara de Lorraine Currier.

Se Keyes tinha tido todo esse trabalho para esconder e se livrar de armas, por que não faria a mesma coisa com uma vítima? Isso explicaria a confiança desproporcional, as ameaças. Com relação às vítimas, nem precisava se preocupar, pois, como mencionou, "Estamos nos Estados Unidos".

Enquanto isso, o FBI examinou centenas de imagens encontradas no computador de Kimberly e identificou 44 pessoas com o auxílio de um software de reconhecimento facial em comparação a todas as imagens no NamUS, o site Nacional de Pessoas Desaparecidas e Não Identificadas. Onze delas eram adolescentes. Dez, crianças pequenas. Os dois mais novos tinham 1 ano.

Uma coisa que não faço é mexer com crianças.

Agora os investigadores tinham ainda mais razões para duvidar dessa afirmação. Para começar, era uma alegação que, de maneira ridícula, favorecia a imagem dele: olhem para mim, um assassino em série que tem consciência! Os investigadores analisavam cada declaração que ele fizera. Mesmo que Keyes estivesse dizendo a verdade e o nascimento da filha houvesse catalisado uma mudança fundamental nele, isso poderia significar que, antes que a menina tivesse nascido, ele havia atacado crianças. E embora os investigadores não pensassem de fato que ele fosse responsável por todas as crianças desaparecidas que tinham visto em seu computador, a inclusão daqueles menores era perturbadora. Afinal, quem lê matérias jornalísticas relativas a crianças e bebês desaparecidos por diversão?

Por mais difícil que fosse, os investigadores precisavam tentar cruzar as referências de cada pessoa cujo desaparecimento fora registrado nos Estados Unidos com as viagens conhecidas de Keyes. Qualquer desaparecido dentro daquele cronograma deveria ser considerado uma possível vítima.

Para manter a interação, os investigadores aceitaram, embora muito frustrados, conceder a Keyes outras coisas menores que ele queria. Intervalos para fumar durante os interrogatórios eram complicados, pois envolviam prender as algemas das mãos e as correntes dos pés à corrente da cintura, levá-lo por um elevador seguro e vazio até a garagem no subsolo, deixá-lo fumar enquanto falava amenidades, depois levá-lo de volta sem ninguém ver. O assassino fez outras solicitações, também atendidas: o *New York Times* entregue em sua cela todos os dias, acesso à internet, cafés, barras de chocolate.

E havia coisas maiores. Os investigadores agora sabiam que ele tinha nove irmãos espalhados por todo o país, mas aceitaram a exigência de não procurar nenhum deles. Heidi era outra história. Se ainda quisesse falar, Keyes decidiu, que falasse. Mas se decidisse parar, que não fosse incomodada.

Keyes tinha todo o poder ali. Sua única outra preocupação real era a filha, mas usá-la como trunfo, mesmo que falso, nunca esteve em discussão.

Liz Oberlander e sua equipe passaram dois dias desmantelando o galpão onde Samantha passou seus últimos momentos, procurando por evidências como sangue, cabelo, digitais, fibras. Apesar de o cadáver ter sido deixado lá dentro por quase um mês, e de ter sido maquiado, ter os cabelos trançados, as axilas depiladas, ter sido fotografado para o pedido de resgate e submetido a necrofilia antes de ser desmembrado, ainda não tinham encontrado nada.

Com a caminhonete tinha sido a mesma coisa. A magnitude era impressionante. Nas poucas entrevistas que concedeu de início, ele pareceu arrogante. Em sua maioria, os agentes pensavam que Israel Keyes devia estar exagerando em alguma medida.

Agora não pensavam mais.

Mesmo os maiores perfiladores criminais do Departamento estavam perdidos. A única coisa que podiam dizer à equipe era que estavam diante de um dos sujeitos mais aterrorizantes que já haviam encontrado. Não havia precedentes para um assassino em série com o MO dele: as vítimas não tinham um tipo específico; a localização que usava para caçar, assassinar e enterrar era aleatória; distanciava-se quilômetros das vítimas; tinha arsenais enterrados por todos os Estados Unidos. Evitava ser identificado viajando. Ele viajava! Pensaram no quanto viajar poderia ser caro: passagens aéreas; passar pela segurança após os Atentados Terroristas de 11 de Setembro e pelas revistas; torcer para um voo não atrasar ou ser cancelado; preencher a papelada envolvida em alugar um carro, depois utilizar apenas mapas de papel, sem comunicador por satélite ou Google; registrar-se em um hotel ou montar acampamento; tirar licenças de caça e pesca — e ainda havia o esforço de encontrar uma vítima, ou vítimas, enquanto tentava recuperar um arsenal enterrado havia meses ou anos, tendo as localizações apenas na própria cabeça; depois livrar-se com grande habilidade dos restos das vítimas e não deixar nenhuma prova desse ocultamento. Keyes demonstrava eficiência e capacidade de administração de tempo impressionantes.

Desmontar o celular e remover a bateria também era algo que a equipe nunca tinha visto. Para Kat Nelson, aqueles pontos cegos em sua história, as horas em que o telefone não emitira nenhum sinal, seriam reveladores. Era nesses períodos que Keyes agia.

E ainda havia a direção, a capacidade de ficar acordado sem a ajuda de drogas, só com café e adrenalina, atravessando cinco estados em vários dias. Até Samantha, Keyes não havia deixado nenhum rastro digital, nenhuma atividade relativa ao uso de celular ou cartão de crédito. Jurou que, antes de Samantha, nunca tinha matado ninguém no próprio quintal. Décadas de violência, fronteiras geográficas desconhecidas.

Se existia um Israel Keyes, alguém ainda mais diabólico apareceria depois dele. Precisavam entender as forças que o tinham construído, o primeiro assassino em série *sui generis* do século XXI.

Alguns agentes, como Steve Payne, insistiam nos métodos tradicionais de investigação: as entrevistas que Gannaway conduzia com Heidi; buscas em registros financeiros, computadores, agendas e diários; interrogatórios com o próprio Keyes. Para outros agentes — Jeff Bell, Jolene Goeden, e agora Ted Halla e Colleen Sanders, dois agentes especiais do FBI que estavam começando a pesquisar Keyes no Estado de Washington —, os poucos assassinos em série usados como referência eram motivo de fascinação e, esperavam, conhecimento. Esses agentes começaram a ler todos os livros e assistir a todos os filmes ou programas de TV que Keyes consumia, construindo pequenas bibliotecas em seus respectivos escritórios e comparando anotações.

Keyes falou aos investigadores que havia estudado em minúcias dois textos, ambos escritos por perfiladores comportamentais inovadores do FBI: *Dark Dreams: Sexual Violence, Homicide, and the Criminal Mind*, de Roy Hazelwood, e *Mindhunter: O Primeiro Caçador de Serial Killers Americano*, de John Douglas, que, por sua vez, era o modelo para Jack Crawford em *O Silêncio dos Inocentes*.

Bell não tinha lido *Dark Dreams*, e o livro foi uma revelação. Hazelwood escreveu sobre os desvios específicos de criminosos sexualmente sádicos, e Keyes tinha quase todos eles: nenhum antecedente criminal anterior à prisão. Uma vida doméstica, ao que tudo indicava, feliz. Direção compulsiva — isso se destacou aos olhos de Bell. Parecia muito específico de Keyes, mas Hazelwood explicava que essa era uma tendência compartilhada entre psicopatas, pois alimentava uma abrangente necessidade de controle, liberdade e constante estímulo visual para se opor ao tédio que sentiam com frequência.

Outro trecho identificava Keyes:

"O criminoso sexual nunca está completamente inativo", escreveu Hazelwood. "Pode não estar agindo contra uma vítima específica, porém estará planejando, escolhendo novos alvos, agindo contra outras vítimas ou reunindo material. Nunca está adormecido."

Keyes era um monstro de Frankenstein. Os investigadores foram descobrindo que algumas de suas táticas eram emprestadas de diferentes predecessores, reconstituídas para a era moderna.

Ted Bundy, que Keyes dizia ser seu grande herói, matava no país todo. James Mitchell "Mike" DeBardeleben, a base para Buffalo Bill em *O Silêncio dos Inocentes*, mantinha ao menos um kit para assassinato. John Robert Williams era caminhoneiro, matava em um estado e deixava os corpos em outro. Dennis Rader, o Estrangulador BTK ("bind, torture, kill", ou "amarrar, torturar, matar") tinha posicionado pelo menos uma das vítimas no porão de sua igreja, amarrada em posições sexuais degradantes.

Antes de morrer em 2016, Hazelwood falou sobre Keyes. Décadas de serviço deram a Hazelwood uma visão cínica da sinceridade do FBI de maneira geral, e ele acreditava que sequestros estranhos eram mais comuns do que o Departamento dizia com insistente regularidade. Estava convencido de que a proliferação de pornografia hardcore, acessível on-line com tanta facilidade e de maneira anônima, tinha contribuído para aumentar crimes e assassinatos sádicos. Pensava que a tecnologia, a banalização da pornografia violenta, a facilidade de se viajar cada vez mais rápido e uma cultura geral de misoginia que ia desde a política até o entretenimento continuariam a gerar criminosos mais aberrantes e perigosos. Ele fez essa previsão em 2001.

Hazelwood concordava que Keyes era uma das principais mentes criminosas que encontrara durante sua carreira. Porém ninguém devia se enganar quanto a Keyes não ter emoções. Longe disso, argumentou

Hazelwood. Sádicos psicopatas como ele sufocavam as próprias emoções de forma tão profunda que só atos extremos lhes proporcionavam sentimentos de prazer. Por isso os crimes deles, horríveis mesmo no início, tinham que aumentar, em geral indo da tortura a pequenos animais para estupros e assassinatos cada vez mais elaborados e planejados. A gratificação palpável vinha só por meio de múltiplas vítimas e de um sofrimento cada vez maior.

Nem todos os psicopatas são assassinos em série, mas todos os assassinos em série são psicopatas. Os mais recentes, assassinos em série movidos pela luxúria, têm um denominador comum: o jeito de pensar. Por exemplo, Keyes um dia pensou em se tornar policial, e quando perguntaram por que, respondeu que era a melhor maneira de caçar vítimas. Um policial faz você parar em uma estrada, tarde da noite...

Mike DeBardeleben fingia ser policial e, enquanto isso, vitimou e assassinou inúmeras mulheres jovens.

Por fim Hazelwood ofereceu um conforto: assassinos em série sexualmente motivados são raros de verdade. E Keyes era o 1% do 1%.

À medida que continuaram lendo, os agentes desenvolveram uma visão mais aguçada não só de Keyes, mas do quanto estavam longe daquilo que conheciam. Keyes lhes contara que depois de ler pela primeira vez *Mindhunter*, de John Douglas, teve a sensação de que lia sobre si próprio. "Me colocar no lugar do caçador", escreveu Douglas. "É isso que tenho que fazer."

Douglas traçou um paralelo com a metáfora de Payne, a de Keyes como um predador de emboscada. "Se você fosse capaz de ter um estímulo sensorial dramático lendo como eles se concentravam em uma vítima em potencial", escreveu Douglas, "acho que seria algo similar a um leão na floresta."

Keyes nunca soube disso antes — que sua psique e suas reações psicológicas não eram únicas. Contou que sentira a mesma epifania com *Dark Dreams* e, embora fosse ficção, com *Intensidade*, de Dean Koontz. Contado ora do ponto de vista de um assassino em série e ora do de sua vítima sequestrada, o romance de Koontz cristalizava seus pensamentos e impulsos: o amor pela dor autoimposta e causada a outros; a definitiva inutilidade da existência humana; a incredulidade em Deus ou qualquer outro ser superior; o poder e a transcendência que só o domínio, a tortura e a morte podem proporcionar. De forma irônica, isso o fazia sentir-se como o Deus em que nem acreditava.

Koontz descreveu assim seu assassino em série: "Ele não acredita em reencarnação ou em qualquer uma das práticas padronizadas de uma vida após a morte vendidas pelas grandes religiões do mundo... Mas se tem que passar por uma apoteose, que seja pelas próprias ações ousadas, não pela graça divina; se ele, de fato, se tornar um deus, a transformação ocorrerá em razão de ter escolhido viver como um deus — sem medo, sem remorso, sem limites, com todos os sentidos em alerta máximo".

Toda a psicologia criminal forense é assombrada por uma pergunta: indivíduos nascem ou se tornam psicopatas? O debate é tão antigo quanto Sócrates, que acreditava que os seres humanos eram incapazes de maldade deliberada. A transgressão nasceu de ignorância e ilusão. "Só existe um bem, o conhecimento", argumentou, "e um mal, a ignorância."

Dois mil anos depois, não sabemos nada além disso: transgressores sempre estiveram entre nós. Mas por quê? O que os faz assim?

Como disse uma vez o grande escritor Ron Rosenbaum, "o discurso do mal" é interminável e não mais província da psicologia, psiquiatria ou filosofia. Buscamos explicações na medicina e tecnologia, embora a ciência ainda nem esteja lá. Nenhuma varredura do cérebro pode detectar definitivamente uma tendência para a psicopatologia. A psiquiatria social é, da mesma forma, inútil. Estudos com gêmeos mostraram que a psicopatologia pode ser uma característica mais hereditária que ambiental, porém filhos podem desenvolver personalidades saudáveis apesar de terem pais ruins e vice-versa.

Nesse ponto específico, não avançamos muito em milhares de anos, teorizando que algumas pessoas apenas nascem assim. Afinal de contas, Heidi Keyes criou dez filhos. Só um era uma aberração.

O sujeito mais jovem que Hazelwood conheceu com comportamento psicopata foi um menino de 3 anos surpreendido pela mãe praticando asfixia autoerótica. Crianças de até 9 anos que viviam em lares estáveis com irmãos que se desenvolviam normalmente apresentavam registros de comportamentos psicóticos tão extremos que os pais temiam ser mortos pelo próprio filho. A mitologia da semente ruim tem raízes primais, nodosas, e as melhores pessoas a quem podemos perguntar "Como?" e "Por quê?" podem ser os próprios assassinos em série.

Os comportamentalistas no FBI pensam assim. Em 2008, a Unidade de Ciência Comportamental fundou o Museu de Pesquisas de Mentes Maléficas, dedicado ao estudo de assassinos em série e o desenvolvimento deles desde a infância. Analistas usam arte, diários e outros bens pessoais na tentativa de mapear a mente de cada assassino, esperando criar um perfil guia. A crença principal é de que cada monstro deixaria a máscara da sanidade cair de tempos em tempos.

Keyes, por exemplo, provou que essa tese estava errada. Como disse aos investigadores desde o início, "ninguém que me conhece agora ou que tenha me conhecido antes sabe qualquer coisa verdadeira a meu respeito… Sou duas pessoas diferentes".

Todo investigador com sorte suficiente para pegar esse caso — e na equipe de Payne, Keyes era considerado "uma ocorrência única" — queria desvendar a história original do agressor. Era irresistível a ideia de que, se pudessem entender todas as especificidades dele e de sua criação, encontrariam uma razão. Um porquê.

No entanto, Keyes não estava disposto a entregar nada disso aos investigadores. Quando perguntavam por que, apenas respondia: "Por que não?". Os agentes suspeitavam de que ele podia ter sofrido abuso na infância, um marco no desenvolvimento desses criminosos, o que Keyes negou ter havido. Além do mais, ele não acreditava em trauma de infância como causa de nada. Achava que isso era bobagem freudiana. Muitas e muitas vezes, repetiu que nada disso era culpa de sua família. Eram pessoas boas que o amavam, garantia.

Uma consequência do esforço de Keyes pela pena de morte foi uma avaliação psiquiátrica solicitada pelo tribunal. Todos os detetives sabiam que ele era saudável. O planejamento de longo prazo, o esforço desmedido para esconder não só seus crimes, como também seu verdadeiro eu — isso era coisa de quem sabia distinguir certo e errado e conhecia as consequências de ser pego.

Mas uma avaliação psiquiátrica iria ocorrer — Goeden e Nelson queriam que ela acontecesse mais que todos. Ela lhes forneceria mais detalhes sobre a formação de Keyes do que possuíam até aquele momento. Com certeza explicaria alguma coisa.

Certo?

21

Na sexta-feira, 27 de abril, Keyes sentou-se diante do Dr. Ronald Roesch, psicólogo forense do Estado de Washington e Canadá, em uma seção do Complexo Presidiário de Anchorage. Eles conversariam por seis horas e meia.

O relatório de Roesch, assim como as entrevistas que os agentes tinham conduzido no Alasca, no Texas e em Washington e os diários apreendidos na casa de Keyes permitiram, finalmente, que os detetives construíssem uma história. Era como descobrir um pentimento, um retrato original que enfim se tornava visível sob uma imagem mais nova, a composição alterada projetada para encarar o mundo.

Israel Keyes nasceu na pequena cidade de Cove, Utah, em 7 de janeiro de 1978. Os pais tinham se conhecido ainda adolescentes em Los Angeles, cidade natal de ambos, atraídos por se sentirem desajustados. Heidi Hakansson foi adotada por um casal maduro, que ficou casado por dezessete anos antes de começar uma família.

Heidi era solitária. Não pensava muito, pelo menos não aparentava, a respeito de seus pais biológicos ou do motivo de a terem abandonado. Era madura para a idade. Não se interessava por jogos de futebol ou por passear na praia; preferia a companhia de adultos. John Jeffrey Keyes, ou Jeff, era parecido com ela. Passava o tempo livre com a família, ou aprendendo a consertar qualquer coisa quebrada, ou sozinho, com um livro sempre à mão. Os dois eram mórmons.

Heidi tinha 21 anos, e Jeff, 22, quando se casaram. A experiência de educação formal mais robusta na vida de Heidi foram seus onze anos como escoteira. Para Jeff, tinha sido o serviço missionário na Alemanha. Os dois eram bons, íntegros, tementes a Deus, pessoas que não queriam nada além de criar os filhos na natureza. Na primeira vez em que entrou na floresta, Heidi pensou: por que alguém vai morar na cidade? Que metrópole construída pelo homem poderia se comparar à criação de Deus?

Mudaram-se, então, para Utah. O primeiro filho do casal, uma menina chamada America, nasceu em 1976. Foi um parto em casa, como ocorreu com os nove filhos seguintes, todos conduzidos por Jeff. Hospitais tinham muitas regras — pelo menos, era o que diziam às pessoas. A verdade era que Jeff odiava médicos e não acreditava na medicina moderna. Nunca foi vacinado e não pretendia vacinar os filhos. Heidi concordava: ela nunca havia adoecido. E nenhum dos filhos teria certidão de nascimento ou número de previdência social, nem seriam matriculados na escola. Ninguém, muito menos o governo, opinaria quanto ao modo como os filhos deles seriam criados.

Mas Heidi e Jeff tinham vizinhos, e essas pessoas se preocuparam o suficiente para chamar as autoridades e denunciar aquela família estranha com dois filhos pequenos que poucas vezes eram vistos fora de casa. Foi quando Heidi e Jeff decidiram fazer as malas e se mudar para centenas de quilômetros de distância dali, para Washington, onde a propriedade era barata e não havia vizinhos para bisbilhotar. Com o dinheiro que economizaram do trabalho de Jeff, que fazia reparos, e de Heidi, que era babá, compraram 65 hectares no topo de uma montanha em Colville, perto de uma floresta nacional. Viveriam da terra, escondidos por árvores enormes e montanhas de mil e quinhentos metros de altura. A natureza seria a fortaleza deles. Para a maioria dos filhos, o local seria uma espécie de prisão.

Israel, o segundo filho, tinha entre 3 e 5 anos quando Jeff e Heidi alugaram uma cabana de um quarto em Washington. Ali a família moraria sem aquecimento, encanamento ou eletricidade pelos próximos sete anos, enquanto Jeff ganhava a vida com o conserto de eletrodomésticos, viajando cinco quilômetros montanha acima e abaixo todos os dias para ir até sua oficina. Ele consertava coisas para outras famílias, mas mal conseguia sustentar a dele. Sim, ele estava construindo uma casa para sua família, inclusive cortava árvores para obter madeira, tudo sozinho, uma tarefa que levaria anos.

Todos os dias antes de ir trabalhar, Jeff ia à floresta e passava muito tempo rezando. Era um homem recatado, mesmo com Heidi. Na maior parte das vezes a esposa não sabia o que o marido pensava ou sentia. Embora bastante religiosa, considerava a religiosidade dele extrema.

Heidi e Jeff amavam os filhos, porém também os viam como o que às vezes chamavam de bens, mão de obra gratuita. Os filhos dos Keyes tinham poucos amigos, só um pequeno grupo de cães e gatos. Não havia TV, rádio, computador ou telefone, nem contato com o mundo exterior. Mesmo sem saber o que estavam perdendo, sentiam, como as crianças sentem, que eram privados de muitas coisas. Viagens à Disney nem pensar — eles nunca assistiam aos desenhos animados comendo tigelas de cereal, não ouviam música pop, não iam ao cinema, ao boliche, ao fliperama, ao playground, ao McDonald's. Uma coisa é crescer na pobreza. Outra coisa é ser privado de todos os pequenos prazeres da infância.

Quando aprenderam a ler, as crianças foram obrigadas a decorar a Escritura. Usavam roupas doadas e sapatos pequenos demais; no caso de Israel, seus dedos ficariam deformados, um lembrete permanente do quanto os pais tinham deixado de fazer por ele. As crianças plantavam, limpavam baldes de lixo, cortavam lenha e cuidavam umas das outras, e Israel se destacou como líder. Na ausência de Jeff, tornava-se o homem da casa. Aprendeu a cozinhar e costurar, trançar o cabelo das irmãs e dedicava seu tempo a todos eles, embora quisesse estar ao ar livre. Os irmãos o adoravam.

Heidi acreditava que os filhos amavam esse estilo de vida. Convenceu-se disso. E essa vida a fazia se sentir superior, a falta de necessidade de coisas materiais, o individualismo, o não conformismo. Lá estava ela, criando, sozinha na floresta, todos os seus filhos sem ciência ou capitalismo, sem governo ou qualquer instituição para se intrometer.

A cada dois anos, outro bebê chegava. O casebre ficou tão cheio, que de abril a novembro, Israel e as irmãs moravam do lado de fora, em uma barraca. No inverno, Heidi os levava para a Califórnia, onde a mãe de

Jeff os abrigava em seu trailer em Palm Springs. Quando estava prestes a dar à luz o quinto filho, Heidi implorou a Jeff. Não podia ter outro bebê em uma cabana. Precisava ir para uma casa de verdade.

Jeff deu a resposta de sempre: estava nas mãos de Deus.

Eles plantavam os próprios vegetais e caçavam. As crianças nunca tinham ido ao médico, ou a um dentista, ou visto o interior de um pronto-socorro. Qualquer que fosse a doença, de bronquite a ossos fraturados, Heidi os tratava com ervas e óleos. Não tinha nem analgésico em casa. Chá de hortelã e um banho quente podiam curar quase qualquer coisa, ela insistia.

Não muito tempo depois de deixar Utah, Heidi e Jeff abandonaram o mormonismo. Nenhum dos dois jamais explicou o porquê, mas em Colville começaram a frequentar uma igreja que se baseava numa militância à supremacia branca e antissemita chamada Arca. Israel, então com 12 anos, interessou-se muito.

Heidi omitia essa parte da história da família, assim como Israel. Para os agentes do caso, era uma indicação da importância dessa fase. Aqueles tinham sido os anos de formação de Israel, os que a família se arriscou a sair do isolamento e expor os filhos a uma fatia do mundo exterior. Foi mais ou menos nessa época que ele fez amizade com dois irmãos que moravam a pouco menos de um quilômetro da Aladdin Road.

Chevie e Cheyne Kehoe eram próximos de Israel em idade. Tinham seis irmãos e todos estudavam em casa, viviam sem confortos modernos e pertenciam à Arca. O pai deles planejava uma guerra racial. Os irmãos Kehoe sabiam tudo a respeito de armas: atirar, esconder, roubar, vender e comprá-las no mercado ilegal.

Isso empolgou Israel. Ele era obcecado por armas desde os 6 anos. Começou a aprender tudo o que podia relacionado à fabricação e modelo da maioria das armas, os diferentes mecanismos operacionais, quais eram proibidas e como obtê-las. Teve acesso a publicações como *Guns & Ammo*. O avô lhe deu, ao que se sabe, uma arma pelo menos, e o ensinou a atirar. Israel disse que os pais tinham ficado preocupados, mas que havia pouco que pudessem fazer.

"Aprendi todos os detalhes relativos às armas mesmo sem nunca ter visto uma", contou. "Ficou pior quando consegui ter armas. Descobri como era fácil roubá-las." Ele já arrombava casas, às vezes com um amigo, e apesar de não ter citado o nome dos Kehoe, é provável que um deles fosse seu cúmplice. Às vezes, desvencilhava-se de suas armas roubadas em vendas locais ou com trocas. Era muito fácil, naquela época. Embora ainda fosse uma criança, ninguém jamais lhe pediu um documento nem perguntou por que tinha todas aquelas armas.

Além dos Kehoe, Keyes também tinha outra companhia: Charity, sua irmã mais nova. Israel a levava para a floresta, onde atiravam em casas com pistolas de ar, e se ninguém saísse, as invadiam. Às vezes pegavam coisas; em outras ocasiões, apenas as mudavam de lugar, depois se escondiam do lado de fora e esperavam os proprietários chegarem e surtarem.

Eles começavam incêndios e assustavam animais. "Mas minha irmã falava demais sobre isso", relatou Keyes. "As pessoas descobriram algumas coisas que fiz... Meus pais, e os pais de outros garotos que andavam comigo. Por isso desisti de fazer essas coisas com ela."

O comportamento dele foi progredindo, e então começou a perceber o quanto era diferente da maioria de seus pares. Aos 14 anos, ele e um amigo — aquele com quem arrombava casas — estavam na floresta e Keyes quis experimentar algo novo. "Atirei em alguma coisa", contou. "Um cachorro ou um gato. Meu amigo não lidou bem com aquilo. E por isso foi a última vez que fiz algo com ele."

Keyes não entendeu aquela reação, e não muito tempo depois, verbalizou a primeira ameaça. "Tínhamos um gato que estava sempre pegando coisas do lixo", relatou. "Era da minha irmã. Eu falei a ela: 'Se aquele gato for se meter com o lixo de novo, vou matar ele'."

Um dia, ele pegou o gato e foi para a floresta, seguido pela irmã e dois amigos deles. "Peguei um pedaço de corda de paraquedas e amarrei a uma árvore", relembrou. A corda tinha três metros, e ele amarrou a outra ponta no pescoço do gato. Keyes carregava um revólver de calibre 22. "Atirei na barriga do gato, que ficou correndo em volta da árvore, até que bateu nela e começou a vomitar. Não reagi. Na verdade, ri um pouco de como o gato corria em volta da árvore, porém olhei para o garoto que tinha a minha idade e ele estava vomitando. Ficou meio traumatizado, acho. Ele contou tudo ao pai dele, e é claro, o pai dele falou com meus pais, e aquela foi a última vez que alguém entrou na floresta comigo."

O que Keyes descrevia era a progressão, desde a infância, de um sádico e psicopata como vemos nos livros. Torturar e matar animais de pequeno porte, em especial os de estimação, é a experimentação para controlar e matar outro ser vivo por puro prazer. É a prática, o último passo antes de começar a fazer o mesmo com humanos. Mesmo adulto, ele alegava não entender a crueldade desses atos. Quando interrogado durante a avaliação psiquiátrica se havia machucado gravemente alguém quando criança, ele minimizou.

"Algumas briguinhas bobas", revelou, completamente sério. "Sou do tipo que evita confronto."

Apesar da afirmação de Keyes, a mãe dele disse não se lembrar desse incidente com o gato. Afirmou que nenhum outro pai jamais a procurara, ou ao seu marido, para falar disso. Era como se uma parte dela precisasse acreditar que nunca acontecera, enquanto outra parte se preocupava com a possibilidade. Esse pode ter sido o único jeito que Heidi encontrou para viver consigo mesma — acreditar que a infância de Israel não tivera nenhuma influência em torná-lo um monstro, mesmo que, no fundo, suspeitasse de que a verdade não era bem essa. "A criação dele de fato não se mostrou negativa até os últimos poucos anos da vida dele", analisou Heidi.

Quando tinha 15 anos, Keyes começou a construir uma cabana a mais ou menos um quilômetro e meio de distância da casa dos pais. Tinha aprendido por observar e depois ajudar o pai, e havia conseguido um trabalho na área de construção com pessoas da Arca. Tinha 16 anos quando terminou a construção e se mudou para lá sozinho. Heidi não aprovou, mas não tentou impedir. "Achava que ele era jovem demais", afirmou. "Acreditava que a família era um ambiente muito mais saudável para ele."

A essa altura, Jeff tinha terminado de construir a casa nova, e o restante da família se mudara para lá. Havia um gerador, fogão para cozinhar e luzes de propano. A família fervia água na lareira.

Mas nada disso importava para Keyes. Ele estava concentrado em um objetivo, e precisava ficar sozinho para alcançá-lo.

"Eu caçava qualquer coisa em um instante", contou. Tinha aprendido que caçar dependia tanto de paciência quanto de boa pontaria, e treinou para passar horas quieto, intensificar os sentidos para perceber o cheiro de um animal, ouvir seus menores movimentos, camuflar-se com habilidade. Atirava na maioria das vezes em cervos, disse, e sabia como eviscerar e desossar a carne, que dava à família. Mas caçar por sobrevivência não era mais o objetivo. Caçar animais não era mais o objetivo.

"Na floresta, você vê alguém e a pessoa não vê você..." Ele declarou que passava horas sentado, escondido, observando pessoas. Pensava em como seria fácil levar alguém até lá e sumir com esse alguém. "Eu me lembro de fazer isso desde os 13, 14 anos", afirmou.

Em 1994, quando tinha 16 anos, Israel foi preso por furto a lojas. A pena foi prestar serviço comunitário, mas Jeff e Heidi decidiram que era o limite. Depois de revistarem a cabana onde ele morava e encontrarem muitas armas roubadas, obrigaram-no a voltar para casa, devolver as armas e cortar lenha para indenizar as vítimas. Keyes achava que a atitude dos pais era hipócrita. Caçar aqueles animais não era permitido por lei, e eles sabiam disso, mas incentivavam-no a caçar. Isso os beneficiava. Por que furtar lojas era pior que isso?

Heidi disse se lembrar de uma mudança real em Israel depois disso. Agora que pensava melhor, sentia que o filho podia estar tentando lhe mostrar quem de fato era. Já estava percebendo que o menino estava se afastando da religião e temia que ele se afastasse dela. Um dia, enquanto desciam a montanha de carro, Heidi estava no banco do passageiro da caminhonete dele, e Israel fez uma pergunta.

"Mãe, já passou por sua cabeça que todos os seus filhos podem não escolher viver como você e o pai vivem?"

"Israel, você não sabe o que está dizendo", respondeu Heidi.

"Bem, nem todos nós vamos necessariamente querer viver assim... Do jeito que você e o pai viveram até agora."

Isso foi devastador. Heidi sentiu que ela e Jeff estavam sendo inteiramente rejeitados, não só por Israel, mas pelos outros filhos. Quantos deles pensavam assim? Quantos rejeitariam Deus? Quantos iriam embora? Israel iria embora? Isso era impensável. Decerto, Heidi pensou, eles recobrariam a razão.

Pouco depois, Israel disse aos pais que não acreditava mais em religião organizada. Seu pai já havia se afastado da Arca depois do cerco de 1993 em Waco, e Israel pensava que ele entenderia. Mas Jeff o deserdou. Antes o filho favorito, agora era afastado emocionalmente, exceto por Heidi. Ela não concordava com o marido nessa questão. Heidi amava o filho, mesmo que o rapaz tivesse deixado de amar ou acreditar em Deus.

"Minha mãe relevou tudo isso", relatou ao médico. "Ela gostava de mim."

Apesar disso, ele se sentia oprimido por Heidi e suas crenças, especialmente em relação a sua vida romântica, que então florescia. Aos 18 anos, trabalhando na construção civil, começou a sair com a filha do chefe. Tinha vergonha de sua sexualidade. "Hoje tive pensamentos pecaminosos em relação à minha namorada", escreveu em seu diário. As páginas eram cobertas de versículos da Bíblia. Quando Heidi e Jeff souberam desse relacionamento, proibiram Keyes de ver a moça. Só poderia escrever cartas para ela, o que ele fazia.

No outono ou inverno de 1996, Heidi e Jeff decidiram que era hora de se mudar outra vez. Israel não era o único filho que estava causando problemas.

Como mais tarde escreveu em um testemunho postado no site da Igreja de Wells, Autumnrose Keyes também se rebelou, assim como mais duas irmãs. Esse testemunho seria de grande valor para o conhecimento da psicodinâmica da casa dos Keyes.

Ela começou citando o Salmo 51:5: "Em pecado me concebeu minha mãe", escreveu, antes de listar seus malfeitos. "Fui... fui um peso para minha mãe, porque, segundo ela me disse... deixei minha consciência ser tocada. Eu assistia a filmes que considerava 'bons'. Comecei a ter pensamentos impuros e cometer pecados. Comecei a ouvir música 'cristã' contemporânea. Confessava esses pecados e às vezes tentava parar, mas as coisas ficaram piores, e o que eu via também piorou. Estava nesse estado quando, graças ao Senhor, fui completamente condenada."

Os filhos dos Keyes passaram a crer que a ruína moral era o caminho para a salvação.

Autumnrose começou a duvidar da Bíblia, escreveu, e do próprio cristianismo. O relato dela, de seis páginas, era salpicado de palavras de condenação: chamava-se de má, praga, fardo, amaldiçoada. Descrevia-se como medrosa, perturbada, perdida, questionadora, atormentada, e afirmava que, sem qualquer dúvida, iria para o inferno. "Livre-me dessa inquietação sombria", anotou. O tormento dela era palpável, tão forte quanto a crença que tinha de que só seria salva por aqueles pregadores de rua aleatórios que tinham estacionado seus trailers na entrada da casa de Heidi em Indiana, em novembro de 2009, e nunca mais foram embora. "Pude ver que Deus estava com eles e que eles não eram como eu", registrou, "no sentido de que servir ao Senhor era o prazer deles."

A crise espiritual, Autumnrose escreveu, convenceu os pais a reunir os filhos e trocar Colville pelo Oregon. O que não foi mencionado em seu depoimento é a exclusão do amado irmão mais velho, Israel, que ficou para trás por um mês, pelo menos. Não fica claro o porquê, mas haveria outra vez murmúrios sobre excomunhão, e ainda que Israel tinha um comportamento considerado alarmante, o que justificava ser segregado dos irmãos. Mais tarde, Heidi negaria isso.

Israel expressou ressentimento. Contou à namorada que a família dependia demais dele e que a mãe tentava controlá-lo. Isso se manifestava em coisas grandes e pequenas. Um exemplo: antes de a família se mudar para o Oregon, precisava muito trocar os pneus da caminhonete, uma picape amarela com um rack que ele próprio construiu. Mas Heidi lhe disse que a família necessitava daquele dinheiro. Era a metáfora perfeita para o relacionamento que tinham, pensou a namorada de Israel, que Heidi tentava impedi-lo de seguir adiante ou se afastar. Heidi precisava de Israel fazendo o que Jeff não fazia: ser pai de oito crianças mais novas e um apoio para ela. Um pai substituto.

Keyes se mudou para o Oregon um mês depois e se juntou à família na pequena cidade de Maupin. Estava lá para ajudar o pai a construir uma casa nova, que planejavam vender, enquanto a família morava em barracas de novo. Não fica claro se algum dos filhos dos Keyes verbalizou ou mesmo reconheceu essa situação como abusiva, na melhor das hipóteses, e sádica, na pior. É indiscutível, no entanto, que o pai deles construía casas grandes — casas nas quais moravam por pouco tempo, ou nunca — que os filhos viam de dentro de barracas, com a barriga vazia no chão duro, perguntando-se por que tinham que ficar sem teto.

Em 1997, a família Keyes se mudou de novo por motivos desconhecidos, dessa vez para o outro lado do país. Jeff comprou uma propriedade ao norte de Malone, Nova York, e fez a escritura no nome de Israel, talvez como um pedido de desculpas. Um ano mais tarde a família se mudou mais uma vez, para Smyrna, Maine, onde decidiram produzir mel e viver entre os Amish.

Mas não Israel. Ele havia desistido. Tinha se cansado da vida itinerante do que via como uma busca por um culto. Os Amish eram idiotas, pensou. Os pais os tinham arrastado do mormonismo ao fundamentalismo cristão, que mais tarde chamou de "lugar de gente branca maluca com armas". Os registros de seu diário do fim de 1997 indicam arrependimento por não ter vivido a própria vida. Sentia saudade da garota que deixara em Colville. Não conseguia parar de pensar nela e temia nunca superar essa primeira decepção amorosa. "Quando estava em Maupin, ficava me perguntando, 'qual é o seu problema, não dá pra só desistir dela?'. Não, acho que eu não conseguia."

Escreveu sobre a culpa que sentia por ter abandonado a família, mas acabou concluindo que tinha tentado seu máximo. Estava cansado de dificultar a própria vida mais do que o necessário. O mundo estava às portas de um novo milênio, e sua família insistia em viver como pioneiros e em paranoias. Era hora de parar.

Ele ficou na casa de Nova York, outro lugar quase inabitável, uma casa de fazenda pequena num terreno de quatro hectares ao lado da fronteira canadense. Ali era mais feliz, sozinho na floresta. Fez alguns cursos para tirar o diploma de equivalência do ensino médio e só teve dificuldades com matemática. Tinha sido um grande leitor quando criança, um autodidata capaz de aprender quase qualquer coisa

Keyes precisava daquele diploma para alcançar seu próximo objetivo: alistar-se no exército. Ele nunca afirmou, mas a ex mais recente dele, Tammie, bem como sua primeira noiva mais tarde tiveram a mesma impressão: a de que o alistamento dele foi outro ato de rebelião contra os pais. E de algum modo, em 1998, mesmo sem ter certidão de nascimento ou número da previdência social, ele conseguiu entrar para o exército dos Estados Unidos.

"Eu não existia no papel, na verdade", revelou Keyes.

Com seus 20 anos, já era um homem muito perigoso.

Keyes não quis falar muito sobre o exército. Disse que mais tarde poderia citar nomes de militares que tinham servido com ele aos investigadores, mas que nenhum deles saberia de nada. Bem, talvez um. Keyes via algo de si mesmo naquele amigo, e era possível que tivesse compartilhado coisas demais com ele. Isso era um arrependimento para ele.

No mais, contou que gostava do exército. Para a surpresa dele, era um bom soldado. Foi para a infantaria, posicionado em Fort Hood, no Texas, e, mais tarde, em Fort Lewis, Washington, passando cerca de seis meses no Egito. Nunca entrou em combate. Keyes se desenvolveu muito dentro da estrutura que nunca teve na infância, mas tinha dificuldades para fazer amigos. Não sabia como se relacionar com os outros rapazes. Nunca tinha bebido ou experimentado drogas. Não tinha conhecimento algum relacionado à cultura popular. Não sabia o que era futebol, quem era Brad Pitt ou o que era Nirvana. Quando os outros reagiam boquiabertos e de olhos arregalados, Keyes oferecia uma explicação resumida. Sou Amish, dizia. Ou melhor, fui.

No exército, provou LSD duas vezes, sendo que somente viu luzes enquanto alucinava, nunca ouviu vozes. Depois experimentou cocaína, que adorou. Cheirou cem dólares de coca por dia durante semanas até parar de repente. Não gostava de como aquilo o fazia sentir que perdia o controle. Queria manter o controle.

Beber era diferente. Keyes adotou mesmo o álcool. A bebida o relaxava e o fazia se sentir mais confortável para conversar. Começou a beber com regularidade, e depois todas as noites. Não pensava ter um problema porque conseguia passar semanas sem álcool quando estava em treinamento, mas algumas vezes, confessou, bebia até apagar. Respondeu a um processo por dirigir embriagado quando estava no exército não muito tempo depois de voltar do Egito, e foi retido no posto pela polícia militar. Keyes reconheceu que perder o controle ainda era uma preocupação, mas conquistou uma tolerância elevada à bebida e tomava cuidado para não beber perto da família, temendo deixar escapar um comentário relacionado às coisas que tinha feito.

Será que estava se referindo a atos praticados antes do exército? Isso nunca foi esclarecido, mas pelo que dissera até aquele momento, sua psique já estava dividida havia mais de quatorze anos.

Na base, Keyes começou a assistir a jogos de futebol com os outros rapazes e aprender tudo o que podia sobre o jogo e os jogadores. Alguém o levou ao seu primeiro show de rock, Red Hot Chili Peppers e Stone Temple Pilots na KeyArena, em Seattle. Ele ainda estava envolvido com a garota em Colville, que não sabia de nada disso. Na verdade, apesar do casto relacionamento a distância — nunca tinham feito sexo —, tinham noivado havia pouco tempo. Tinha sido a primeira vez que tinham se beijado. Ela era virgem e queria esperar o casamento, e Keyes lhe disse que sentia a mesma coisa.

Naquela época, já mentia muito bem. A noiva dele não sabia que ele procurava por outras mulheres, dispostas a fazer sexo, e que já havia estado com pelo menos uma prostituta.

E ele escondia mais uma coisa dela: era bissexual. Relatou na avaliação psiquiátrica pela qual passou como uma coisa que sempre soube e aceitou em si mesmo. Kimberly foi a única que descobriu, contou, e isso só aconteceu porque ele se descuidara depois de beber demais e procurar e conversar com homens on-line. Ela encontrara as conversas no computador dele e o confrontara, porém isso era tudo o que iria dizer sobre esse assunto.

No fim de 2000, ainda noivo, conheceu outra mulher on-line. Tammie.

Ela era dez anos mais velha, tinha um filho de 8 anos de um casamento anterior e vivia a menos de quinze quilômetros da base dele no exército em Neah Bay, uma reserva do tamanho de um selo no estado de Washington.

Tiveram o primeiro encontro, um almoço, no início de dezembro. Tammie se lembrou de ter visto Keyes pela primeira vez e não ter ficado impressionada. Era bonita e voluptuosa. Ele, magro, com um rosto estreito e nariz grande. Usava óculos pequenos de armação de metal e parecia nerd. Disse a ela que seu apelido era Iz. Era branco, e ela era metade nativa-americana, metade negra.

Se entenderam bem. O almoço virou um passeio de carro, depois um jantar e um cinema. O ponto de convergência eram infâncias traumáticas. Tammie cresceu em Neah Bay sem água encanada ou energia elétrica e sabia o que era privação e humilhação, como era nunca se sentir totalmente limpa, temer que outras pessoas comentassem sobre a higiene pessoal de uma criança que não teria como se cuidar sozinha. Ela sabia o que era ser criada em condições esquálidas, mas cercada por uma paisagem de tirar o fôlego, com árvores cor de esmeralda e água do azul mais límpido. Sabia como isso podia confortar e machucar.

Sua vida doméstica era tão caótica e violenta que Tammie acabou percorrendo vários lares temporários. Aos 17 anos, frequentava reuniões dos Alcoólicos Anônimos.

Mas Tammie nunca sentiu pena de si mesma. Era muito esforçada na escola, fazia amigos, trabalhava para a reserva indígena aos 13 anos e tentava construir uma vida boa. Seu otimismo e independência eram atraentes para Keyes. Ele se surpreendeu por encontrar uma mulher mais velha no mundo real, não no ambiente lunático dos pais, que tinha um passado tão semelhante ao dele. Com aquela mulher, não precisava se envergonhar de nada. Durante os dois meses seguintes, os dois se tornaram inseparáveis.

Ele nunca dividiu com ela seu passado supremacista branco. Nada em sua atitude ou no que dizia jamais despertou nela essa suspeita.

Tinham outras coisas em comum. Adoravam heavy metal e filmes violentos, mas eram ainda mais ligados pela luxúria e pelo álcool. Apesar do tempo que Tammie passou em reabilitação, bebia com Keyes, bebia muito. O sexo era incrível. De longe, o melhor parceiro que jamais tivera, declarou Tammie.

Depois de oito semanas, engravidou. Ligou para Keyes em Fort Lewis. Sabia que a reação dele seria imprevisível.

Não estou preparado para isso, disse Keyes a ela. Acho que você deveria abortar.

Tammie ficou arrasada. Queria o bebê, e o queria.

Vou ter o bebê, assegurou ela. Pode me esquecer e seguir com a sua vida.

Ela não imaginava que havia outra mulher em Colville.

Em um registro do diário datado de 25 de setembro de 2000, Keyes escreveu que, apesar da culpa, também se sentiu aliviado no dia em que abandonou os pais. Em 1 de outubro, deu entrada em um anel de noivado, que foi buscar no dia 10 de outubro.

Não escreveu sobre o pedido de casamento, mas a garota em Colville disse sim. O último registro conhecido que a menciona é de 4 de novembro de 2000.

A ex-noiva, conversando com os agentes da polícia, preencheu as lacunas. Na primavera de 2001, depois de visitar Keyes em Fort Lewis, teve a sensação de que tinha alguma coisa errada. Ele tinha deixado claro que não queria que a noiva conhecesse nenhum de seus colegas no exército. Dizia que passaria dias sem ligar, que estaria fora em um exercício de treinamento, depois lhe telefonava sem parar. Ou semanas se passavam sem nenhuma notícia, embora ela soubesse que Keyes estava na base, porque tinha procurado o oficial comandante, que dissera: ele está aqui, sim, e está bem. Nem imagino por que não tem telefonado para você.

Eles se casariam em agosto ou setembro. Keyes lhe disse que estava deprimido, mas em maio revelou mais, afirmou que ela não o conhecia de verdade. Tinha dormido com outra pessoa e não acreditava mais em Deus.

Não contou sobre Tammie, a quem tinha voltado a ver. Tinha mudado de ideia com relação ao aborto. Sentia que Tammie era sua melhor chance de uma vida estável.

Keyes também não disse a ela que Tammie, diferente de sua noiva, nunca lhe fizera cobranças. Nunca desmascarou suas mentiras óbvias, como quando disse que ficaria trabalhando até tarde e voltou para casa bêbado, nem perguntava por que ele estava falando com outras mulheres on-line, ou onde tinha estado depois de passar dias desaparecido. A vida era bem fácil.

E ele pensava muito em ser pai. Achava que seria bom nisso. Tinha praticamente criado todos os irmãos mais novos e cuidar, para ele, era natural. Gostava de cozinhar e limpar. Gostava de crianças pequenas. Essa seria uma chance de romper o ciclo, dar a uma criança todo cuidado e toda atenção que nunca tivera.

E um filho que fosse parte nativo-americano, parte negro seria outra rebeldia.

Então, abandonou a noiva e reatou com Tammie, que nunca tinha deixado de amá-lo. E é claro, não houve perguntas relacionadas ao que ele pensou durante todo aquele tempo, ou a razão de a ter abandonado.

Naquele mês de julho, Keyes foi dispensado com honras do exército, e o casal se estabeleceu em uma casa na reserva. Conseguiu arrumar um emprego no departamento de parques e recreação do governo, um forasteiro contratado em deferência a Tammie. A casa alugada tinha três quartos e um banheiro e era mais um imóvel dilapidado, mas ele passou meses arrumando tudo. Tomou providências para que Keaton, filho dela de outro relacionamento, se sentisse incluído — não ameaçado por um novo bebê, ou por esse homem que morava com a mãe dele. Keyes era sensível às aflições daquele menino, e com o tempo Keaton passou a aceitá-lo e a amá-lo como uma figura paterna.

Isso não significava que a vida em família fosse harmoniosa; longe disso. O tempo no exército, em especial os seis meses no Egito, tinham desenvolvido em Keyes uma atitude insuportável em relação às questões da política externa e da injustiça econômica americanas. Ele diminuía Tammie e os amigos dela por serem desprovidos de sofisticação e desinformados, por não serem viajados, por serem justamente o pior dos Estados Unidos, interessados em superficialidades e materialismo, enquanto populações inteiras viviam em extrema pobreza. Não passou despercebido por Tammie o fato de ela e Keyes saberem bem o que era pobreza extrema. Mas ele tinha se tornado tão arrogante e superior, que ela o deixava falar até cansar.

Tammie começou a ver a insistência dele em cuidar de todas as tarefas domésticas como o que de fato era, controle. Keyes precisava estar sempre no controle — exceto no fim do dia, todos os dias. Era quando começava a beber, muito mais do que bebia durante o breve namoro. Passou a consumir uma garrafa de vinho, um quinto de uma de Jim Bean e seis cervejas todas as noites. Às vezes, quando estava bêbado, dizia coisas que não faziam sentido para ela. "Sou uma pessoa má." "Tenho um coração sombrio."

Ela se recusava a acreditar nisso. Era o trauma de infância dele se manifestando, pensava. Até quando o companheiro começou a se marcar com imagens satânicas, queimando no peito uma cruz de cabeça para baixo e tatuando um pentagrama na nuca, Tammie interpretou de maneira racional. Concluiu que era uma reação tardia à criação religiosa. Tammie achava que os pais dele o haviam levado àquilo, em especial a mãe. Conseguia ouvir a condescendência e a piedade escorrendo da voz dela sempre que telefonava, recitando trechos do Velho Testamento. Heidi não tinha planos para conhecer Tammie, e isso não mudou nem mesmo depois que o bebê nasceu.

Essa era outra área inacessível de Keyes: os pais. Quase nunca mencionava o pai, e era claro que tinha um relacionamento complicado com a mãe. Ansiava pela aprovação de Heidi, embora sentisse desprezo pelas escolhas dela. A infância dele também era ainda um mistério para Tammie. Quase nunca ele descrevia alguma coisa muito detalhada — uma história, um experimento, um momento significante — que ela pudesse visualizar, imaginar o menino que ele fora e o que o ajudara a sobreviver.

Uma breve abertura surgiu certa noite enquanto o casal assistia a um especial sobre crimes reais. Os retratados eram Cheyne e Chevie Kehoe, que se tornaram fugitivos antes mesmo de os canais a cabo que veiculavam telejornais começarem a exibir e reprisar imagens de câmeras de segurança de uma viatura com um tiroteio entre os irmãos e dois policiais que tentaram prendê-los. Os Kehoe acabaram sendo capturados, e em 1998, depois de ser sentenciado a vinte anos de detenção, Cheyne implicou o irmão no bombardeio de Oklahoma City, afirmando que ele fora cúmplice de Timothy McVeich. Chevie negou a acusação e nunca foi indiciado.

Um ano mais tarde, Chevie foi condenado pelo triplo homicídio de uma jovem família em 1996, que incluiu uma menina de 8 anos, e sentenciado a três penas perpétuas consecutivas.

Conheço os dois, revelou Keyes. Crescemos juntos.

Tammie ficou perplexa. Os Kehoe eram aterrorizantes. Ela quis saber: eram amigos dele? Faziam parte da igreja que ele havia frequentado? Eram violentos? Vocês acreditavam nas mesmas coisas? Alguma vez você fez alguma coisa ruim a algum deles?

Keyes respondeu de forma vaga e deu de ombros. E deixou claro: não quero falar disso. E como não queria brigar, ela não insistiu.

No começo da manhã de 31 de outubro de 2002, a filha do casal nasceu. Essa foi uma briga da qual Tammie não se esquivou: insistiu em ter a filha em um hospital, e Keyes concordou, apesar de dizer que tinha feito muitos partos de cabritos quando era mais novo, o suficiente para fazer o parto de um bebê.

Apesar de ter dito isso, quando sua mulher entrou em trabalho de parto, ficou atordoado. Permaneceu do lado dela o tempo todo, e quando a filha deles veio ao mundo, Tammie viu com os próprios olhos. Ele mudou. "Eu o vi mudar de vida quando ela nasceu", contou.

Duas semanas mais tarde, em 13 de novembro, Keyes recebeu a notícia de que o pai tinha morrido. As circunstâncias eram nebulosas, e nem Tammie sabia de muita coisa, mas pelo que o FBI conseguiu reunir de informações, a família dele estava viajando de trem — aviões contrariavam o novo sistema de crenças, Amish, da família — do Maine até Indiana, para onde estavam de mudança mais uma vez. Em algum momento da viagem, Jeff adoeceu e o quadro se agravou depressa. Ele sofria havia muito tempo de um transtorno de tireoide que poderia ter sido tratado com medicamentos, mas a medicina também era proibida. O pai piorou a ponto de os tripulantes do trem interferirem e avisarem à família: precisam desembarcá-lo e levá-lo a um hospital.

A família Keyes foi removida do trem, mas não se sabe se Jeff chegou a ser levado a um pronto-socorro. Não existe nenhum registro de sua morte — nem obituário, nem certidão de óbito que o FBI tenha encontrado, nem túmulo. Tammie só se recorda do companheiro viajando ao Maine para o funeral.

Aliás, não se sabe se houve um funeral no Maine.

Keyes nunca falou do pai com Tammie ou qualquer outra pessoa, na verdade. Alguns dos companheiros dele do exército tinham a clara impressão de que ele e alguns de seus irmãos tinham sofrido abusos de Jeff. Um deles se lembrava de Keyes ter dito a uma irmã mais nova, prestes a fugir de casa, para ficar lá, porque era muito alienada em relação às dificuldades da vida para viver sozinha. Se a situação piorar, Keyes teria dito a ela, venho te buscar.

Payne e Goeden tinham a mesma suspeita. Keyes nunca falava de Jeff, e isso sugeria, de forma paradoxal, que o pai tivera um impacto profundo sobre ele, provavelmente negativo. Eles sempre se questionaram se Keyes teria sido abusado por ele. Baseado apenas na intuição, Payne também sempre se perguntou se Keyes tinha alguma coisa a ver com a morte do pai. O fato de não haver nenhum registro de Keyes perto do pai nos meses e semanas que antecederam o falecimento não significava nada, Payne sabia.

Depois da viagem de volta ao leste, Keyes retornou para Tammie. Parecia estar bem, dedicando toda a atenção ao bebê. Deixava a companheira descansar e trocava as fraldas da filha, a alimentava e levava à creche. Agora o casal precisava trabalhar, e o emprego de Tammie no Departamento de Educação da reserva exigia muitas horas extras.

Quando a filha deles tinha 8 meses, as coisas começaram a desandar. A bebê desenvolveu uma infecção respiratória grave, e eles tiveram uma briga relacionada a qual seria o melhor tratamento. E Tammie, que sofria com fortes dores abdominais desde o parto, recebeu o diagnóstico de câncer de útero e teve que submeter-se a uma histerectomia. Tudo que antes parecia tão sólido havia se tornado frágil. A mulher poderia ter morrido. E com pouco mais de 30 anos, entrou na menopausa. Keyes, que era muito mais jovem, permaneceria a seu lado?

Os médicos haviam receitado opiáceos para o controle da dor pós-cirúrgica, e ela descobriu que os remédios também ajudavam com a ansiedade. Tornou-se bastante dependente das drogas, e ficou fácil se convencer de que, como Keyes era tão bom com a filha deles, poderia dormir ou sair do ar. Ele adorou, de verdade, a fase dos primeiros passos, escolher roupas, trançar os cabelos de sua garotinha, preparar o almoço para a lancheira. Tammie não conseguia ver, na época, mas já estava fora da família. Keyes havia assumido, de fato, o papel de pai solo.

Para Keyes, havia um lado positivo no torpor de sua companheira. Agora ela de fato não sabia onde ele estava ou o que fazia. Quanto pior a mulher ficava, mais liberdade ele adquiria. Era um equilíbrio delicado entre o que lhe era bom e o que era seguro para a bebê. Ele observava as dosagens de Tammie com todo cuidado.

Em 2003, a saúde de sua mulher piorou e Keyes desistiu. Estava farto. No verão de 2004, pegou a filha e se mudou para uma casa próxima na reserva. Uma parte dele sempre amaria a mãe de sua filha, mas não poderia expor a menina ao caos.

Entre os seus, Keyes era um bom partido — trabalhador, talentoso, capaz de consertar qualquer coisa, dedicado à filha. Namorou três mulheres, pelo menos, em Neah Bay, antes de conhecer em um site de relacionamentos, em 2005, Kimberly Anderson, enfermeira itinerante residente em Port Angeles.

Kimberly tinha 41 anos, era mais velha que a antiga companheira de Keyes. Bem-sucedida financeiramente, independente e viajada, era uma ameaça real a qualquer chance que Tammie ainda pudesse ter de reconquistar o pai de sua filha. E ela queria muito a reconciliação. Quanto mais considerava que Keyes poderia deixar a reserva, mais ela se automedicava, e chegou ao ponto de dar vida ao próprio pesadelo: dirigindo sob efeito de drogas, sofreu um acidente em Neah Bay. Foi sentenciada a 25 dias de detenção e dois meses de internação numa clínica de reabilitação, e se um dia ainda tivesse pensado que teria chances com Keyes, elas acabaram aí.

Não se sabe se por preocupação ou interesse pessoal — provavelmente os dois —, Keyes alimentava a crença de Tammie de que ainda poderiam ficar juntos. Depois que saiu da reabilitação, ela passou a visitar a casa dele com mais frequência, em parte para ver a bebê, em parte para vê-lo, e mesmo sabendo que ele ainda saía com Kimberley, voltaram a dormir juntos. Naquele outono, ela presumiu que comemorariam juntos o aniversário da filha, contudo Keyes a surpreendeu ao dizer que tinha planos com Kimberly para aquela data. Tammie sufocou a dor. Se quiser ir, disse, vá.

Ele foi.

Desesperada, fez uma busca on-line e descobriu o endereço do trabalho de Kimberly em Port Angeles. Fez a viagem de quase duas horas em uma tarde e revelou tudo em um bilhete cruel que deixou no para-brisa do carro da enfermeira.

Kimberly não reagiu. Tammie não tinha ideia do que estava mesmo acontecendo até que um dia, no fim de 2006 ou começo de 2007, Keyes contou a ela que Kimberly se mudaria para Anchorage e o convidara para morar com ela. Ele queria ir. Não tinha mais nada para fazer em Neah Bay. Precisava de uma mudança. Não havia a menor possibilidade de que os dois voltassem a ser um casal.

Tammie fez um último movimento, o xeque-mate. A filha. Não vou permitir que a leve, garantiu. Terá que escolher. Uma mulher qualquer que conheceu on-line ou sua filha.

Keyes não estava preparado para enfrentar Tammie em uma briga nos tribunais, mas isso teve um desfecho positivo, ao menos: para provar que podia cuidar da filha, ela precisou recuperar a sobriedade. Começou a funcionar melhor. E isso, ironicamente, permitiu que Keyes decidisse: muito bem, você venceu. Pode ficar com a custódia, vou embora para o Alasca recomeçar a vida com Kimberly.

Foi a primeira vez que ela viu esse lado de Keyes, o sangue-frio. Ele a manipulou. Não houve briga com ele. Ele faria tudo o que bem entendesse.

Tammie ficou arrasada. Lembrava-se dele indo embora de carro em 1 de março de 2007. Mas até as melhores lembranças são substituíveis, e tudo que se sabe ao certo é que Israel Keyes, então com 29 anos, mudou-se para o Alasca em 9 de março daquele ano. Os registros da imigração mostram que ele passou pela Alaska Highway e revelou aos oficiais dos Estados Unidos que estava se mudando para o estado, o que é confirmado por um registro em seu diário nesse mesmo dia. "Pegar as chaves e mudar para a casa nova", escreveu.

Mas não foi morar com Kimberly em Anchorage de imediato. Ao longo dos três meses seguintes, subiu e desceu a Costa Oeste e foi ao México. Passava a maior parte do tempo na Califórnia, trabalhando ostensivamente em Oakland, Anaheim, San Diego, Martinez, Kettleman City, Napa Valley, Santa Rosa, Healdsburg, Calistoga, Long Beach e Los Angeles. Ele viajou para Seattle e Tukwila, Washington. Atravessou a fronteira para o México em San Ysidro e San Diego e visitava com frequência Tijuana.

E, mais uma vez, não tinha nada a dizer para o médico ou para o FBI a respeito dessas viagens.

MAUREEN CALLAHAN

PREDADOR AMERICANO

22

Agora que Keyes enfim tinha revelado partes dele mesmo, os investigadores enfrentavam um novo desafio. Identificar e localizar vítimas sem depender dele. Quantico enviou dois analistas para ajudar Nelson. A linha do tempo ia se desenvolvendo.

Tinham voltado ao Keyes adolescente, quase isolado, treinando nas florestas de Colville. Os detetives se perguntavam: será que ele atacara alguém naquela época?

Julie Harris desapareceu em 1996. Tinha 12 anos, 1,55m de altura e 52 kg, e era duplamente amputada, com próteses nos pés. Ganhou uma medalha de ouro em esqui alpino nas Olimpíadas Especiais e era a pessoa mais famosa em Colville.

Julie saiu de casa cedo na manhã de 3 de março vestindo saia preta e suéter listrado em rosa e preto. Deixou em casa o cachorrinho de pelúcia que costumava levar a todos os lugares. E nunca mais foi vista.

A suspeita inicial recaiu sobre o namorado da mãe, que morava na casa e admitiu ter gritado com Julie na noite anterior para que ela terminasse a lição de casa. Porém, a mãe da menina insistiu na inocência dele, e o rapaz nunca foi acusado pelo desaparecimento da menina.

Mais tarde, a polícia relatou que Julie foi vista pela última vez "com um homem de sobretudo". Keyes, que tinha quase um metro e oitenta aos 14 anos, teria 18 na época.

Um mês mais tarde, as próteses dos pés de Julie foram encontradas às margens do rio Colville. Em 1997, seus restos mortais foram encontrados a cinco quilômetros de Colville por crianças que brincavam na floresta.

Bell perguntaria a Keyes a respeito de Julie Harris. Uma criança com aquela deficiência, literalmente incapaz de correr, seria um alvo de baixo risco — e uma covardia — para um assassino em série principiante.

Os investigadores também estavam curiosos quanto a outra garotinha que havia desaparecido em Colville no fim de junho de 1997. Como Julie, Cassie Emerson tinha 12 anos quando sumiu. Morava com a mãe, Marlene, e foi dada como desaparecida depois que o trailer no qual moravam foi incendiado e destruído, tendo o corpo da mãe dela sido encontrado lá dentro.

Keyes tinha dito que provocava incêndios na floresta. Incêndio encobre assassinato.

Como no caso de Julie, a polícia não tinha pistas e eram poucos os suspeitos.

O corpo de Cassie, em decomposição e atacado por animais, foi encontrado em abril na floresta perto de Kettle Falls, a treze minutos de carro de Colville. A polícia acreditava que a mesma pessoa matara Cassie e a mãe dela.

Nenhum desses casos jamais foi solucionado. Keyes partiu para Maupin, Oregon, em 1997, e os sequestros e assassinatos de garotinhas em Colville não cessaram.

Keyes nunca admitiria ter matado as duas meninas, mas mais tarde diria aos agentes: a primeira coisa que queimei foi um trailer. E quando refletiu um pouco, sua ex-noiva se lembrou de um comentário que a família dele havia feito depois do rompimento dos dois.

"Você era a última esperança que tínhamos para ele. Não sei o que vai acontecer com ele agora". Na época, ela não entendeu o que isso significava. Agora, começava a ficar claro.

No fim da entrevista, os detetives perguntaram se ela tinha ficado com alguma dúvida. Sim, respondeu ela. "Ele matou aquelas duas meninas em Colville?"

23

A avaliação psiquiátrica foi anexada por Kevin Feldis na segunda-feira, 29 de abril. Na tarde seguinte, Feldis e dois agentes do Gabinete de Álcool, Tabaco e Armas de Fogo entrevistaram Keyes em sigilo. O promotor nunca registrou essa entrevista nos autos, e parece que planejava esconder o conteúdo e a ocorrência de Payne e sua equipe. Não se sabe exatamente o porquê, contudo a disputa de território avançava.

Quase imediatamente, Feldis tinha feito bobagem.

Keyes começou perguntando a respeito de Vermont. Sabia que os agentes do FBI tinham sido enviados à casa e queria saber se os restos dos Currier já haviam sido encontrados. Mais de três semanas tinham se passado desde a confissão desse crime.

Naquela manhã, o FBI começava a fazer uma varredura em um aterro sanitário em Coventry. Payne e Bell queriam limitar a quantidade de informação que dariam a Keyes sobre a busca; as chances de encontrarem o corpo de Bill ou Lorraine em quarenta hectares de terreno ocupado por quatrocentas mil toneladas de lixo, seis meses depois dos assassinatos, não eram muito grandes, para dizer o mínimo.

"Então, em que pé estão as investigações sobre os Currier?", perguntou Keyes ao promotor. Seu tom era casual, como se perguntasse sobre o clima. "Quero dizer, o que o pessoal do leste conseguiu?"

"Ainda não encontraram os corpos", respondeu Feldis.

Keyes ficou incrédulo. "Está *brincando*."

"Não."

"Tem certeza de que acharam a casa certa?"

"Acho que sim. Podemos abrir o Google Maps e rever essa informação."

O promotor tinha se esquecido: Keyes tinha acesso à internet. Estava acompanhando a cobertura local da investigação.

"Porque o artigo que li afirma que desistiram de procurar uma semana antes da última sexta-feira, ou alguma coisa assim", comentou Keyes. Era terça-feira.

Feldis fez uma pausa. "Eles ainda estão procurando, é isso que estou dizendo."

"Bom, você acabou de dizer que ainda não encontraram os corpos. Isso é bem..."

"Não encontraram os corpos", repetiu ele. "Sim, então... terão que continuar procurando."

O poder tinha mudado de mãos, estava outra vez com Keyes. Feldis parecia não perceber.

"Não era uma casa tão grande", continuou Keyes.

"Bem, acho que a preocupação, Israel, é que talvez eles não estejam mais na casa. Ela foi demolida, e o entulho foi removido."

Longa pausa. Keyes sabia que se isso fosse verdade, os corpos agora estariam no aterro sanitário.

"Hmmm", murmurou. "Uau. Que... loucura."

"Então, o que acha?", perguntou o promotor. "Quer nos dizer mais alguma coisa para ajudar com isso ou...?"

Keyes não queria. Não falaria mais nada relacionado aos Currier, ou quaisquer outras vítimas, pois agora uma coisa tinha ficado clara: o FBI nunca o teria relacionado aos Currier sem sua confissão, apesar de as matérias sobre o desaparecimento do casal estarem em seu computador. O Departamento não tinha nenhuma prova que o ligasse ao crime.

Estava em situação melhor do que sabia.

Feldis fez uma coisa certa. Insinuou que os agentes da Álcool, Tabaco e Armas tinham ficado impressionados com a habilidade de Keyes para construir armas e silenciadores, o que o deixou gratificado. Nunca tinha sido capaz de falar de sua criatividade com armas e como as construía de maneira tão linda. Isso ele aceitou discutir com alegria.

Keyes podia até ter pegado emprestadas algumas ideias aqui e ali, mas continuou ressaltando a própria originalidade. Desmontava revólveres e rifles e os remontava de acordo com as próprias especificações. Construía seus silenciadores e usava lentes e miras com radiação infravermelha. Criou um sistema de alvo móvel que havia praticado na floresta. Testou em seu próprio jardim o silenciador usado para matar Bill Currier. "Era possível acertar um tiro na cabeça a cinquenta metros, fácil", comentou. "Quando o estava construindo, eu atirava no meu galpão, ao lado da casa dos vizinhos... Tinha grandes planos para aquela arma."

Ele se negou a detalhar esses planos. No entanto, revelou outros, assim como fantasias.

Um deles envolvia espionar uma estrada secundária tarde da noite, um lugar onde as pessoas "não esperam realmente que coisa [nenhuma] aconteça com elas", contou. Havia pouco trânsito, um carro a cada cinco ou dez minutos, e Keyes se imaginava escondido no acostamento, observando os motoristas com binóculos. "Sabe, é como se eu estivesse fazendo uma compra", falou. "Você atira no pneu do carro de uma mulher que está sozinha e ela não tem escolha, precisa parar... Provavelmente a menos de um quilômetro de onde você acertou o tiro."

Aquele plano não era original. Um dos sujeitos de Hazelwood relatou a mesma coisa em *Dark Dreams*.

Mas falar da emboscada planejada levou Keyes a uma confissão surpreendente. Mesmo tendo jurado que nunca havia feito nada em Anchorage antes de Samantha, ele tinha mentido. Havia tentado, mais de uma vez. Como ele próprio revelou, ao longo do último ano, mais ou menos, enfrentou dificuldades para conter seus impulsos. Admitiu ter espionado o Earthquake Park durante várias noites na primavera de 2011 procurando por um casal, até decidir que havia muito movimento.

Contou sobre uma noite em que pedalou até um parque menor, um conhecido reduto de amantes no fim de uma praia sem iluminação. A área era isolada e silenciosa, plana e aberta. O único esconderijo ficava embaixo da cabine do banheiro, e foi lá que Keyes se posicionou. Estava com a sua mira e o silenciador.

"Eram umas dez ou onze horas", narrou Keyes. A voz dele ficou mais baixa, e o discurso, mais lento. "Havia um casal de jovens em um carro. Eu estava louco por confusão." Keyes estava a uns cinquenta metros de distância, cercado pela escuridão, com água e céu formando um manto escuro sem costuras.

Ele ouviu outro automóvel descendo a trilha estreita para a área. Era um carro de patrulha, mas isso não representava um obstáculo. Era excitante. "Pensei em atirar no policial", revelou. "Desde que era menino, tipo... [isso vinha das minhas] raízes de supremacista ou alguma coisa assim, mas eu sabia que emboscaria um policial. E por alguma razão, naquela noite, fiquei sentado lá por muito tempo, e estava tão entediado e empolgado que quase fiz isso."

Mas o policial pediu reforço, um movimento incomum para espantar invasores. Minutos depois, chegou outro carro de polícia. "Quase me meti em problemas sérios daquela vez", comentou. "Cheguei muito perto, porque não tinha como... Nunca imaginaria que ele pediria reforços só para abordar jovens parados em um parque. Quase apertei o gatilho, mesmo com ele ali... Quer dizer, ninguém saberia." Keyes agora estava fisicamente excitado, balançando-se para frente e para trás e sacudindo as correntes.

"Mesmo que eu tivesse atirado neles, ninguém teria ouvido nada. Em um minuto estariam parados na janela e, no minuto seguinte, estariam no chão. Não saberiam nem o que aconteceu. Mas para a felicidade de todos, assim que o policial mais velho apareceu, decidi me controlar por mais algumas semanas, sei lá." Keyes subiu na bicicleta e desapareceu na noite, e quatro pessoas desavisadas continuaram vivas só porque ele escolheu se conter.

Resolveu comprar um rastreador da polícia e nunca mais caçar em Anchorage.

Só que, segundo Keyes, ele também tinha enterrado um arsenal perto de duas trilhas de escalada na Bifurcação Norte do Rio Eagle. Tinha ido lá duas vezes para ver se surgia alguma oportunidade. Não houve nenhuma, jurou. Em vez disso, "decidi voltar ao meu velho território conhecido", disse. "Para o leste."

Outra pista. Keyes matou mais na Costa Leste do que na Oeste? Podiam perceber que ele sentia prazer em contar aos investigadores coisas das quais a polícia nunca soubera e, portanto, não sabia que devia temer. Era difícil determinar o quanto daquilo era exagero, mas boa parte do que ele contou se confirmou. Por isso, estavam propensos a acreditar nele.

"Tenho centenas de planos", discorreu Keyes, "E um grande plano."

Feldis perguntou qual era, mas Keyes não falaria mais nada. Não até os Currier serem encontrados, e não até que visse as fotos. O promotor não entendeu.

"Fotos do quê?", perguntou.

"Da cena do crime."

"E para quê?"

"Onde os corpos forem encontrados."

"Ah." Feldis continuava sem entender. "Explique isso melhor, só para eu saber do que está falando."

"Quero ver as *fo-tos*."

"Dos corpos?", Feldis estava chocado.

"Sim."

O promotor ficou em silêncio. Nesse momento, finalmente, perdeu a arrogância. Os Currier estavam mortos havia quase um ano.

"Por que quer vê-los?"

Keyes riu. "Para saber que conseguiram encontrá-los", manifestou.

Feldis entendeu: não era esse o motivo. Keyes queria sentir prazer com o que tinha feito. Agora o promotor não estava só amedrontado. Estava petrificado, e Keyes percebeu no rosto dele.

Não demorou muito para Payne descobrir sobre o interrogatório secreto de Feldis, e quando descobriu, enfim houve um confronto. Um amigo de Goeden ouviu falar sobre a entrevista no tribunal e, quando contou a ela, de início ela não acreditou. Isso não teria acontecido, ainda mais com um suspeito tão importante. Goeden teve que dar vários telefonemas para descobrir: era verdade. O promotor do caso estava totalmente fora de controle.

O potencial de dano era incalculável. No micro, a equipe de Payne tinha trabalhado demais, sempre com muita organização e planejamento, para construir uma conexão com Keyes. Jeff Bell ia à cadeia todos os dias só para ver se ele queria falar. Era Bell quem o revistava antes de cada visita e estava na sala para cada interrogatório. Keyes gostava de Bell, de sua atitude aberta e franca. Todos sabiam disso.

Também tinham conseguido remover Doll com sucesso. Quando o caso passou à esfera federal, coube a Payne e seus superiores decidirem quem ficaria. Bell temia tirar Doll da sala porque Keyes a havia solicitado nominalmente, e a presença dela naquela segunda confissão possibilitou a revelação de mais detalhes. Keyes era obcecado por controle, e se insistisse na presença de Doll, teriam que ceder.

Mas depois que a detetive deixou o caso, Keyes perguntou por ela uma ou duas vezes e nunca mais a mencionou. Provavelmente estivesse mais interessado em demitir o advogado e conseguir uma data para sua execução.

No mais, Payne representava estabilidade. Uma presença constante, o papel dele era responder a quaisquer perguntas que Keyes fizesse quanto ao status da investigação e o protocolo do FBI. Foram Payne e Bell que perceberam, logo no início, que se qualquer membro da equipe não soubesse de alguma coisa, devia apenas admitir, porque Keyes perceberia, sem dúvida.

A experiência prévia de Goeden era muito valiosa, e como única mulher na sala, era a arma secreta. Mulheres em posição de autoridade — mulheres pelas quais Keyes não sentia atração — incomodavam-no. Goeden era a vantagem deles nesse aspecto. Havia momentos em que queriam que ela insistisse em uma pergunta ou em um ponto específico para deixá-lo constrangido a ponto de cometer deslizes. E ela possuía excelente noção de quando avançar e de quando recuar. Jamais erguia a voz.

Além dessa sensação de rotina, a equipe de Payne levava os mesmos doces e cigarros para Keyes todas as vezes, demonstrando, até nos detalhes, que esses agentes eram pessoas em quem ele podia confiar e que sabiam bem o que estavam fazendo.

Se Goeden e Payne não tivessem sido informados da entrevista de Feldis e Keyes a mencionasse na próxima conversa — e por que não mencionaria? Ele era obcecado por todos os aspectos das tratativas de bastidores, pela veracidade das supostas tentativas de acelerar uma pena de morte —, ele veria que estavam com problemas. Esses agentes, apesar de toda a experiência e todo o treinamento, eram humanos. Não conseguiriam esconder a surpresa. Naquele momento, toda a credibilidade que tinham construído com tanto cuidado durante seis semanas evaporaria, provavelmente para sempre.

E isso também revelaria a Keyes que existia uma cisão entre eles. A mão esquerda não sabe o que a direita está fazendo. Ele saberia explorar isso.

No macro, estavam em território novo. Keyes queria saber a data de sua execução, e eles estavam trabalhando bastante contra bloqueios institucionais para que isso acontecesse. E mesmo sem essa demanda, o caso de Keyes era bastante complexo e envolvia múltiplas jurisdições pelo país; forças da lei estaduais e locais que precisavam participar, mas não tinham que ser informadas; e um acordo envolvendo grande quantia de dinheiro feito de forma secreta nos níveis mais altos do governo. Se o FBI não tinha sido informado sobre aquela entrevista, era muito improvável que o Departamento de Justiça tivesse ficado sabendo — e o Departamento de Justiça era a palavra final, a única agência com autoridade em casos federais de pena de morte.

Investigadores e promotores tinham que fazer tudo — *tudo* — de acordo com as regras. E Kevin Feldis as ignorava.

E esse não era um exemplo isolado. Em dado momento, Feldis chegou a escrever um verdadeiro roteiro com falas para ele, Russo, Payne, Bell e Goeden recitarem durante um interrogatório, bem como as respostas que esperava ouvir de Keyes.

A equipe protestou. Aquela nunca deveria ser a tática para se conduzir um interrogatório. Além do mais, já não estava claro, àquela altura, que não se poderia prever nada do que Keyes teria a dizer?

É assim que se faz fora do Alasca, o promotor argumentou.

Não, não era.

A bravata de Feldis só aumentava, enquanto todos os outros mantinham respeito saudável pela ameaça real representada por Israel Keyes. A equipe nunca ficava desarmada com ele na sala. Agentes observam quando os olhos dele vagavam, pousavam em um utensílio de plástico, um canudo ou uma tomada, as engrenagens girando visivelmente em sua cabeça. Sabiam que Keyes estava pensando em maneiras de fugir e era inteligente o bastante para tentar. Teve ocasiões em que Jeff Bell sentiu medo de verdade, em especial quando Keyes começava a se esfregar.

Do mesmo jeito que esse cara está conversando comigo, poderia estar me assassinando, Bell pensava.

Feldis continuava sem perceber nada.

Finalmente, foram feitas queixas contra o promotor federal pelos canais apropriados, que percorreram toda a cadeia de comando até a cidade de Washington. Feldis recebeu uma notificação: seu comportamento era inaceitável.

Mesmo assim, inacreditavelmente, Kevin Feldis continuou na sala de interrogatório, muitas vezes liderando a conversa. Até hoje, ninguém sabe por que isso foi permitido.

MAUREEN CALLAHAN
PREDADOR
AMERICANO

24

Cada dia revelava uma nova complicação em um caso que já era complexo, mas o maior problema era a exigência de Keyes por uma execução rápida. Teve seis conversas com investigadores durante o mês de abril, e em cada uma quis saber: em que pé está a questão da pena de morte? Podiam conversar o dia todo, mas sem uma data, Keyes não revelaria mais nada.

Em 12 de abril, um mês depois de sua prisão, Keyes estava em uma sala com Feldis, Russo, Goeden e Bell insistindo nesse assunto quando o promotor tentou retomar o controle da conversa. Casos de pena de morte são lentos, argumentou. Casos federais envolvendo pena de morte demoram ainda mais. Há muitos mecanismos em ação, imóveis, para evitar uma morte equivocada nas mãos do governo dos Estados Unidos. Além de protocolos, diversos agentes, papelada. Não era possível que uma data de execução fosse marcada dentro daquele mesmo ano.

Keyes suspirou.

"Se tem tanta papelada assim, o governo federal precisa descobrir as maravilhas do e-mail. Porque não pode demorar um ano, de jeito nenhum, não importa quantas pessoas estejam envolvidas ou quantos formulários tenham que preencher. Não *deveria* demorar um ano."

Ele não era ignorante a respeito da legislação. Sempre automotivado, passava o tempo na biblioteca legal do presídio e sabia as perguntas certas a fazer. Queria ver se Feldis tinha feito o dever de casa, era incompetente ou estava só enrolando.

"Gostaria de saber na história recente, nos últimos dez anos, em casos federais: quantas foram as execuções? Como faço para conseguir uma execução?"

Keyes sabia que a pergunta tinha precedentes. "Timothy McVeigh, depois de Oklahoma City, usou todos os recursos e foi para o corredor da morte bem depressa."

O promotor sabia que aquilo era verdade. "Mas você precisa entender que as pessoas olham para isso de um jeito muito, muito diferente... essa coisa de terrorismo."

"Até certo ponto", retrucou Keyes. "Mas tem muita gente, pessoas com quem cresci, que o consideravam um patriota. Um herói." Keyes não disse se era essa sua opinião. Bell falou sobre a execução de McVeigh, que foi apressada a pedido do próprio executado.

"Sabe por que foi tão rápido para ele?", perguntou Bell. "Por causa dos números assustadores. Para ser bem direto, e não podemos ser mais diretos que isso, um volume maior de vítimas é o que vai trazer o que você quer."

"Mas eu não quero um volume maior de vítimas", retrucou. "Acho que o que dei a vocês é o suficiente para ter o que quero, e se não for, paciência. Na verdade, não tenho muita certeza de que conseguirão, a essa altura, pois já disseram que muitas dessas coisas não estão na alçada de vocês."

Xeque-mate. Feldis e Russo tinham repetido várias vezes que a decisão não cabia a eles, mas à Seção de Casos Capitais do Departamento de Justiça.

"Talvez eu devesse continuar fazendo minhas leituras", emendou Keyes. "Quer dizer, nem houve mesmo tantos casos federais de pena de morte, né?"

O promotor reagiu como se aquilo fosse novidade para ele. "Ah!" disse. "Não. Não tantos quanto em outros estados. Isso é verdade."

Russo tentou usar a oportunidade. "Se houver estados onde há vítimas, podemos pesquisar as leis desses estados, caso sirvam para levá-lo mais perto do seu objetivo."

"Prefiro envolver o mínimo de estados possível, digamos assim", respondeu Keyes. "Já temos dois envolvidos, então..."

Russo tentou outra tática. "Policiais locais, cara... E se começarem a ouvir que podem encerrar alguns casos colocando a culpa em você? Isso é possível. Podem começar a atribuir crimes a você que você nem cometeu."

Keyes deu risada. "Duvido que cheguem tão longe. Precisariam dos corpos, pelo menos."

Essa era outra pista para Bell. Keyes podia ter queimado a maioria das vítimas, enterrado, ou jogado em corpos d'água. Até as vítimas que não haviam sido enterradas, como os Currier, já estariam decompostas.

Russo seguiu por outro caminho. Keyes era pai. Certamente, poderia entender que os pais precisavam de um desfecho, certo?

Na verdade, não, devolveu ele. "Eu me sentiria melhor pensando que a pessoa estava lá na praia, em algum lugar do México, em vez de saber que havia sido horrivelmente estuprada e assassinada." E riu. "O mais importante é que todo mundo sentado nesta sala quer a mesma coisa. Vocês querem toda informação que posso fornecer, eu quero dar toda informação que puder fornecer dentro do que é razoável para mim. Vocês querem que eu seja punido, e eu quero ser punido. Portanto, é óbvio que estamos todos trabalhando pelos mesmos objetivos, independentemente de concordarmos ou não quanto aos meios para chegarmos lá."

Para Bell, toda essa interação era perda de tempo. Keyes havia dominado um interrogatório que deveria tratar de outras vítimas e o transformado em um debate sobre pena de morte. "Muito bem", respondeu Bell. Seu tom, em geral tão impassível, estava duro. Aborrecido, desligou o gravador.

Tudo era muito frustrante, não só as manipulações de Keyes, mas a arrogância de Feldis. Tudo isso os fazia perder impacto. O fato de terem identificado três possíveis vítimas sem Keyes não tinha importância; não podiam encerrar essas investigações, muito menos informar às famílias, a menos que ele confessasse. Por mais arriscado que fosse, tinham que continuar insistindo. Precisavam de mais corpos.

4

VERDADES
PERDIDAS

MAUREEN CALLAHAN
PREDADOR
AMERICANO

25

O FBI dedicou todos os recursos à procura pelos Courriers. Todas as manhãs, centenas de agentes se colocavam ombro a ombro no calor do verão, sob gaivotas e abutres em formações mutáveis. Alguns desses policiais dedicavam seu tempo de férias para ajudar, revirando dezenas de toneladas de lixo com ancinhos, enfrentando o mau cheiro de gás metano e podridão.

Semanas se passaram. Na opinião de Payne e Bell, essa era a maior operação de busca e recuperação da história do FBI.

E adivinhe?

"Eles não encontraram os corpos."

Keyes estava sentado na frente de Feldis no gabinete do FBI. Era 16 de maio, e quando o promotor deu essa notícia, ao começar a conversa desse modo, Keyes riu na cara dele. O FBI procurava os corpos desde que ele fizera a confissão, na primeira semana de abril.

"Acho que confessei cedo demais esse crime", falou Keyes. "Por que eles não soltam os cachorros?"

"É um aterro", avaliou Bell. "Não é seguro..." Até ele reagia.

Agora Keyes queria esperar para ver se o FBI encontraria os corpos.

A cada dia que passava, Bell percebia que o FBI perdia credibilidade. Tentava penetrar a aura de onipotência de Keyes, a ideia de que só ele poderia revelar novos homicídios.

"Só na pequena investigação que fizemos", revelou Bell, "você provavelmente não vai ficar chocado com quantas pessoas estão desaparecidas. Temos trinta viagens, aproximadamente o mesmo número de desaparecidos ou mais, e você esteve em todos os lugares".

"Certo", concordou Keyes.

Mais uma vez, Bell ressaltou o controle. Até então, mesmo com essa imensa busca em Vermont, tinham mantido o nome de Keyes longe da mídia, e essa era uma grande história. A Equipe de Mergulhadores recuperou a arma do assassinato em Blake Falls com zero cobertura da imprensa. A única possibilidade, explicou Bell, de seus chefes acionarem outras jurisdições era terem mais uma confissão. Afinal, Keyes estava tentando proteger a família, não estava?

"Minha família tem recebido ameaças da população e xingamentos", reconheceu Keyes. "E é difícil para eles, pois ainda estão convencidos de que sou inocente."

Bell não conseguiu esconder a surpresa. "Sua família no Texas? Ou sua família aqui?"

"Principalmente aqui", respondeu Keyes. Kimberly o visitava e dizia coisas como: "Sei que você não fez isso", e ele não respondia, deixava que pensasse estar certa. Se preocupava com o que aconteceria com ela quando enfim aceitasse a verdade.

"Podemos dizer, em certa medida, que todo mundo que conheço está entre minhas vítimas", comentou Keyes. "Porque vão ter que pagar por isso por muitos anos."

Bell voltou à questão de manter o segredo da existência de Keyes. E uma parte dele queria falar. Estava encantado com a ideia da atenção naquela sala, o fascínio que exercia sobre o FBI e os analistas de comportamento. Ele os impressionava e confundia.

"E aí, hoje vou ter um cigarro?"

"Se ajudar em alguma coisa", respondeu Bell.

"Vou ajudar. Posso te dar alguma coisa sobre... Ainda não vou dar um corpo, e não vou falar sobre nada que aconteceu naquela viagem, mas direi algo que pode confirmar o cronograma do que estou contando."

Incrível. Keyes estava prestes a revelar outra vítima.

"Tudo bem", prosseguiu ele. "Nova York, então. Não me lembro do ano com precisão, mas houve um assalto a banco em Tupper Lake. Fui eu, e tenho certeza de que esse foi o único assalto a banco naquela cidade por um tempo, então, isso pode fornecer um marcador de tempo, ou algo assim. Um período."

Kat Nelson, que estava ouvindo de outra sala, pesquisou no Google "Assalto banco, Tupper Lake, NY". No topo da lista, uma notícia de 21 de abril de 2009. Ela mandou uma mensagem para Bell com a data.

Keyes falou que foi a Vermont pela primeira vez para desenterrar algumas armas, uma das quais usaria dois anos mais tarde no sequestro dos Currier. Ele usou essa mesma arma em Tupper Lake, uma cidade tão pequena que o assalto ao banco mobilizou toda a força policial e a equipe da SWAT, que pôs a escola local em lockdown. Esse foi o maior acontecimento local em anos, talvez o maior da história. Keyes leu uma ou duas matérias sobre isso, mas nunca acompanhou o caso, e enterrou as armas e o dinheiro em dois locais diferentes antes de ir embora.

Então, pronto: tinham uma nova informação para negociar com Vermont.

Não era suficiente, respondeu o promotor. Precisavam de algo maior, algo grande. "Pensei que ia dizer que tem um corpo em Nova York", comentou Feldis. "Eu poderia usar essa informação para anunciar que temos algo sólido."

"Bom, como eu digo, tem..." Keyes fez uma pausa e riu. "Tem... mais coisas em Nova York sobre as quais eu poderia falar, mas não vou dar nada mais específico agora."

Feldis perguntou de novo. Precisavam de uma prova de boa-fé para convencer seus superiores. Se ele queria proteger a família, e se manter desconhecido, teria que fornecer algo grande. Não um nome, nem uma data, mas um corpo. Ou corpos. Quantos corpos em Nova York?

Keyes pensou nisso em silêncio. Quatro minutos se passaram.

"Tem um em Nova York."

Essa pessoa era de Nova York?

Keyes não respondeu.

Essa pessoa chegou aos noticiários? Feldis quis saber.

Keyes não respondeu.

"Então houve alguma notícia sobre isso", deduziu Bell.

"Sim", confirmou Keyes.

"O corpo", continuou Bell. "Está enterrado ou na água? Vai poder ser recuperado, em algum momento?"

"Boa pergunta."

"Enterrado?"

Keyes resmungou.

"Deve ter alguma coisa."

Agora tinham a quarta vítima. Sem idade, sem gênero, sem local de origem, mas recente o bastante para Kat Nelson poder rastrear os movimentos de Keyes por todo o nordeste, depois comparar suas viagens a pessoas desaparecidas naquele período. Se conseguissem identificar esse corpo, poderiam fazer aquele criminoso começar a duvidar de si próprio.

26

Enquanto isso, Nelson ia conseguindo montar uma linha do tempo conjunta para Keyes e Kimberly. A equipe agora acreditava que o casal dizia a verdade, de que ela não sabia nada sobre os crimes dele ou sua verdadeira personalidade. Mas tinham viajado juntos muitas vezes, e Keyes sempre comprava passagens aéreas ou pagava hospedagens com os cartões de crédito dela, então Nelson agora teria que diluir as viagens do casal, depois isolar as datas em que ele deixou a namorada em casa e viajou sozinho.

Em algum momento, o Departamento tornaria pública uma das linhas do tempo do casal. Outra muito mais detalhada seria mantida apenas para uso interno do FBI.

Os agentes tinham agora uma visão mais abrangente dos destinos mais frequentes de Keyes: Oregon, Califórnia, Wyoming, Utah, Nova York, Maine, Indiana. New Hampshire, Massachusetts, Connecticut, Vermont. Texas, Louisiana, Alabama, Flórida. Ohio, Minnesota, Arizona, Dakota do Norte, Oklahoma. Nevada, Colorado, Novo México, Kansas, Illinois. Havaí.

E não só as cidades pequenas, mas também as maiores: São Francisco, Los Angeles, Oakland, Sacramento, San Diego, Boston, New Haven, Manchester, Chicago, Seattle, Portland, Salt Lake City, Cleveland, Jackson, Mobile, Omaha, Phoenix, Las Vegas, Orlando, Nova Orleans, Denver, Albuquerque, Houston, Oklahoma City.

Ele atravessou com frequência a fronteira para o Canadá. "Canadenses não contam", afirmou uma vez, e embora tenha tentado fazer o comentário passar por piada, os investigadores o levaram a sério. Ele passou um tempo em Montreal quando era jovem, uma viagem fácil partindo do norte de Nova York, e Keyes acabaria admitindo ter apenas contratado prostitutas lá. Porém os detetives sabiam o que ele estava fazendo: praticando, especialmente bondage. É comum entre assassinos em série essa bifurcação entre a imagem pública — o bom marido, homem de família — e a verdadeira. Se alguma coisa desse errado, o risco era mínimo; prostitutas desaparecidas raramente são alta prioridade, e Keyes as contratava com regularidade. Quando o prenderam no Texas, os investigadores encontraram uma lista de nomes e números de profissionais do sexo, inclusive transgênero, em Louisiana. Tinha contratado prostitutas em Anchorage, que encontrou em motéis da região. Não quis entrar em detalhes, mas admitiu que os investigadores tinham uma boa ideia de suas tendências. Afinal, estavam na posse de sua coleção de pornôs.

Keyes também atravessou a fronteira para o México com frequência, às vezes a pé. Mas como Kat Nelson descobriu nos registros de seu diário, essas viagens tinham a ver com algo além de prostitutas ou caçadas. E eram bem recentes.

> *12 de maio, 2006: "Viagem para cirurgia", registro feito*
> *um dia depois de ele ter ido de carro a San Diego. Keyes*
> *registrou um procedimento não especificado no dia seguinte*
> *e uma estadia de dois dias em um hospital que não nomeou.*
> *"Viagem de volta a Washington" em 15 de maio.*

> *21 de junho de 2006: "México para acompanhamento pós-cirúrgico".*

Não havia razão para crer que esses registros eram falsos. A família de Keyes não acreditava em médicos ou na medicina. O próprio Israel não tinha amigos próximos. Ainda morava com Tammie em Neah Bay, e ela relatou que recebia todo atendimento médico necessário na região. Keyes manteve essas cirurgias em segredo. Por quê?

*24 de abril, 2007: "Viagem a SD para consulta
dentista e procedimento clínico no abdômen".*

27 de abril, 2007: "Ajuste e odonto 11h"; "ajuste 10h".

Nelson comentou aqui que uma busca no Google do número de telefone que Keyes registrou forneceu o consultório da dra. Lourdes Perez em Tijuana, México.

28 de abril, 2007: "Ajuste".

Esses registros, pouco menos de dois meses depois de ele ter se mudado para Anchorage, eram muito estranhos. Não tanto pela consulta com o dentista, mas pela banda gástrica. Keyes era alto e esguio, sempre fora. Além do histórico militar, os investigadores descobriram que ele também foi maratonista. Sua primeira corrida registrada ocorreu no início de 2006 em Olympia, Washington, e ele correu mais uma, pelo menos, em Port Angels. Foi trabalhador braçal desde muito jovem. Por que um homem esguio e forte, um atleta, então com apenas 28 anos, faria uma cirurgia eletiva para limitar a ingestão de alimentos?

Não era só isso. Em 29 de abril, 2007, Keyes teve uma consulta na COSMED, uma clínica de cirurgia plástica em Tijuana. Registros de viagem comprovam que ele esteve lá. O FBI tinha fotos de Keyes no exército, imagens de quase vinte anos. A aparência dele não era muito diferente. O que havia mudado, exatamente?

Keyes passou os dois dias seguintes no Calistoga Golden Haven Hot Springs Spa e Resort em Napa Valley, Califórnia, provavelmente em recuperação.

Um registro de 8 de outubro de 2007 marcava apenas: "Pré-operatório".

10 de outubro, 2007: "Op."

Não fica claro se os investigadores chegaram a interrogar Keyes sobre esses registros ou sobre as cirurgias eletivas, ou os motivos de as ter feito fora do estado e do país sem informar a namorada ou a filha sobre elas. Dito isso: o DNA não pode ser alterado, mas a ciência pode minimizar o quanto dele alguém pode deixar para trás. Digitais podem ser cirurgicamente modificadas. Pelos podem ser removidos com laser. Transpiração pode ser interrompida com Botox. Keyes admitiu o receio de deixar DNA na casa dos Currier porque havia suado naquela noite.

Mais reveladora era a cirurgia gástrica. Keyes era um verdadeiro mestre no gerenciamento do tempo. Se os investigadores pensassem nisso, ele era capaz de passar pelo menos doze horas sem comer, como parecia ter feito nas noites em que pegou Samantha e os Currier. Aqui havia outra coisa — muito menos urgente, mas não menos sinistra — a se considerar: Keyes havia começado a alterar o próprio corpo no esforço de se tornar o assassino em série perfeito?

Como Jeff Bell diria: "Com ele, qualquer coisa é possível".

27

Os agentes descobriram muita coisa sobre Keyes, mas ainda sabiam pouco do seu período no exército. Como havia prometido, ele forneceu a Payne e sua equipe os nomes dos homens com quem serviu, tudo para tentar conter a atenção da imprensa. Na verdade, isso só foi mais rápido do que esperar o Departamento do Exército desenterrar registros de 1998, sem dúvida encaixotados em algum porão de almoxarifado.

Criaram uma lista de perguntas para todos os soldados que foram colegas dele:

- Keyes era fisicamente violento?
- Sabiam se ele machucava animais?
- Como ele descrevia a criação que teve?
- Qual era a religião dele?
- Ele era supremacista branco?
- Onde você esteve lotado?
- Que tipo de treinamento teve Keyes?
- Ele mostrava alguma aptidão específica?
- Ele bebia? Usava drogas?
- Tinha pornografia? Se tinha, sabe de que tipo?
- O que sabe sobre suas características?
- Keyes era homossexual?
- Keyes era racista?
- Quantos anos ele tinha?
- Que planos ele tinha para depois do exército?
- Qual era a aparência física dele naquela época?

Essa última pergunta poderia ter relação com os procedimentos eletivos? No mínimo, tinha a ver com as marcas, algumas anteriores ao serviço militar.

Cada homem disse ao FBI que Keyes se destacava em vários aspectos. Um deles era o tamanho. Tinha entre um metro e oitenta e sete e um metro e noventa e três de altura e o físico de uma rocha, cem quilos de músculos. Lembravam que seu nariz era enorme, simplesmente imenso. E devia ter uns 22 anos.

Keyes descrevia a família como Amish ou semelhante aos Amish. Contou que tinha sido deserdado por se alistar no exército. De vez em quando falava sobre a mãe e alguns irmãos, mas nunca do pai. Seu comandante contou aos agentes que ele chamava os pais de "hippies nômades" que se mudavam "de culto em culto". Na época, afirmou que os pais estavam morando em Idaho — algo que os agentes nunca tinham escutado antes — com os Amish. "Keyes era próximo das irmãs mais novas e tentava guardar dinheiro para tirá-las daquela vida", contou o comandante. "Isso nunca foi dito, mas [minha] impressão era de que ele ou as irmãs dele sofreram abuso do pai."

Alguns rapazes disseram que Keyes era tão pacífico que levou um soco e nunca revidou. Outros contaram que ele quebrou o nariz de alguém e, uma vez, arremessou um cano de morteiro contra um aparelho de TV. Alguns relataram que ele recebia visitas de uma namorada, pelo menos. Outros disseram nunca ter visto a moça. Alguns lembravam dele como um sujeito desajeitado. Outros, como um atleta superior. Alguns juravam que Keyes não tinha nenhum preconceito. Outros se lembravam de um supremacista branco e homofóbico.

Sobre algumas poucas coisas, todos concordavam. Ficou evidente que, apesar de toda força física, Keyes era um "sujeito esquisito" que ainda era virgem, provavelmente.

Havia um homem em particular que Keyes idolatrava. Na verdade, alguns rapazes brincavam sobre eles serem mais como um casal do que como companheiros de exército. Devia ser o mesmo sujeito que levou Keyes ao primeiro show na KeyArena, em 22 de setembro de 2000, e, daquela noite em diante, "Keyes gostava do que [o outro soldado] gostava". Esse desejo transparente e meio desesperado que ele tinha de pertencer ao grupo, de ter alguém que o ajudasse a se tornar alguém que não sabia que existia — descolado — explicava muita coisa: os episódios de uso excessivo de álcool e drogas, o sigilo sobre a infância, até as marcas. Ninguém pensava que as características eram mais que rebeldia.

Mas eram. Isso era algo que Keyes podia compartilhar com os agentes. Suas características, de início, representavam a rejeição a Deus e seu interesse pelo satanismo. No começo, ele achava que deveria haver um motivo para ser como era — gostar de machucar animais e pessoas e nunca sentir culpa ou vergonha. No fim, essa lógica não se sustentou, porque Keyes percebeu que não podia acreditar no Diabo sem acreditar em Deus. O mal era outra coisa.

"No começo, eu tinha muitos conflitos com isso", relatou Keyes. "Mas era por causa do modo como fui criado, essas coisas. Cresci com pessoas boas. Eu nunca... todo mundo era bom com todo mundo e tudo era luz do sol e rosas e hã... por isso aquilo me perturbava tanto. Porque parecia que durante muito tempo fui... eu achava que todo mundo estava encenando e todo mundo era como eu, só não agiam de acordo. Me considerava uma criança demônio, ou qualquer coisa assim. Não sei."

Em algum ponto depois dos vinte anos, Keyes começou a se aceitar. Ele contou que também passou a aceitar que talvez nunca soubesse um porquê.

Outra coisa sobre a qual os rapazes no pelotão estavam de acordo: toda aquela bebida nunca teve impacto no desempenho do soldado. Keyes era um "supersoldado" que adorava o treinamento. Uma vez, carregou mais de sessenta quilos em uma marcha de 22 quilômetros. Sabia consertar qualquer coisa. Era muito inteligente, pau para toda obra. Dedicava muito tempo e dinheiro no fabricante de equipamento tático perto da base, melhorando seu equipamento e até construindo o próprio traje ghillie, uma roupa elaborada, tridimensional, de camuflagem, que cobria da cabeça aos pés.

Não fica claro como Keyes aprendeu a fazer isso; até especialistas precisavam de meses para criar uma só peça. E por que precisaria da vestimenta? Estava na divisão de morteiros. Ghillies eram para atiradores de elite. A maioria dos atiradores confeccionava os próprios ghillies.

Keyes recebeu treinamento de atirador de elite?

Isso não foi esclarecido. O Departamento do Exército liberou apenas algumas páginas de histórico militar. Não havia nelas nenhuma menção do treinamento mensal especial ao qual ele foi submetido no Panamá em 1999, treinamento que outro soldado mencionou ao FBI, ou ao tempo em que passou na fronteira de Egito e Israel de 2001 a 2002, ou sua visita à Arábia Saudita, ou quanto ele esteve perto de juntar-se aos Rangers.

Em Anchorage, a equipe estava aliviada por Keyes ter falado a verdade, em grande parte. Ele havia sido o melhor soldado de sua unidade, um exemplo. Até o comandante classificou o desempenho dele como excelente. Era tão bom que quando o FBI telefonou, o comandante imaginou que fosse uma verificação de antecedentes para que Keyes pudesse ser contratado pelo governo.

Mas houve dois incidentes sobre os quais o comandante parecia não ter conhecimento. Um foi a noite em que Keyes saiu do Egito para ir "relaxar e descansar" em Israel.

Keyes cruzava com frequência a fronteira quando estava no Egito, mas essa noite tinha se destacado. Um membro de sua unidade disse que ele, Keyes, e alguns outros alugaram uma suíte de hotel e contrataram uma prostituta. Todos beberam, e quando a mulher chegou, foi com Keyes para um quarto separado.

Meia hora depois, a mulher saiu correndo, com ele logo atrás dela. Ele tentava pagar, mas ela não aceitava o dinheiro, então passou na frente da mulher e bloqueou a porta. Em pânico, a prostituta o chutou com força suficiente para abrir caminho.

Os outros soldados ficaram chocados, relatou esse rapaz. E se perguntaram: o que ele pode ter feito para deixar a moça tão apavorada? Nada, respondeu Keyes. "Só dei uma sacudida nela", contou mais tarde a Jeff Bell. "Não ia deixar a mulher comandar o espetáculo."

Novamente: controle.

Teve outra garota, Keyes contou, uma norueguesa, estudante de intercâmbio e muito jovem, que conheceu em Tel Aviv. Ele sabia onde ficava o alojamento da garota pois ela lhe contou, e é claro que ele foi vê-la.

"Eu não diria que foi, tipo, um estupro de verdade, porque nos abraçamos, essas coisas", relatou. "E eu ia... eu quase... bom, perdi um pouco o controle quando as coisas esquentaram. E foi então que percebi que, se ia fazer aquele tipo de coisa, teria que ser só com desconhecidas dali em diante." Ele se deu conta de que não poderia fazer nada onde morava ou enquanto estivesse no exército.

E quando saiu, confirmou, "não demorou muito tempo".

Mas Keyes ainda não dava sinais de reconhecer seus outros defeitos. Não via que sua atitude com animais, o que ele chamava de ódio por eles, não era normal. É possível que acreditasse que fosse causar boa impressão quando contou a alguns dos rapazes sobre o gato que torturou e matou em Colville, ou como adorava perseguir esquilos com uma serra elétrica, ou explicar o que chamou de "a melhor maneira" de matar uma cabra, entrando em detalhes da morte violenta e aflitiva que resultava disso, ou colocar dois escorpiões em uma caixa de munição, como fez algumas vezes na base, e vê-los brigar até a morte, convidando os colegas a ver também.

Não demorou muito para a maior parte do pelotão perceber que Israel Keyes era transtornado. Ele sabia dessa avaliação. Tinha dito aos agentes em Anchorage que quase todo mundo reconhecia o que ele chamava, de maneira eufemística, de suas "questões psicossociais". Todos começaram a manter distância dele.

Exceto por um rapaz, um soldado chamado Perkins. Keyes ainda o chamava de "Perk"; os dois eram muito próximos. Foi esse o soldado que Keyes mencionou aos investigadores como sendo alguém semelhante a ele.

Quando foi encontrado pelo FBI, Perkins aceitou falar. Os dois eram confidentes tão próximos que Keyes tinha lhe contado a respeito de seus planos para o futuro.

Naquele tempo, Perkins falou, os dois mantinham "conversas normais de exército" sobre como cometer crimes e roubar dinheiro. Muito dinheiro. Isso começaria quando seu amigo saísse do exército. Primeiro, Keyes lhe disse, o plano era roubar vários bancos em sequência ao longo de um trecho de estrada rural. Ele achava que poderia escapar se atacasse na hora certa e na cidade certa.

Mas tinha uma ideia maior ainda. Segundo Perkins, Keyes falou sobre seus planos de sequestrar pessoas e trocá-las por resgate em grande escala.

Perkins achou que Keyes estava brincando?

Não.

Não fica claro se, para Keyes, "em grande escala" significava muitas pessoas ao mesmo tempo ou muitas pessoas que sequestraria de maneira individual e progressiva. Na certa, é possível que ele tenha imaginado a segunda alternativa, ou quisesse trabalhar nesse sentido, mas se o FBI alguma vez pensou que precisariam de mais provas, aí estava: Israel Keyes não estava exagerando. Acertaram ao jogar a rede nos Estados Unidos. Agora precisavam alertar Egito, Israel, Arábia Saudita e Panamá para possíveis pessoas desaparecidas dentro de seu cronograma.

Perkins continuou. Keyes disse que os resgates teriam que ser "quantias razoáveis que as pessoas pudessem providenciar".

E daí?

Bem, o amigo lhe disse que nunca devolveria ninguém, é claro. Os reféns poderiam identificá-lo.

Quando Keyes disse que "nunca devolveria ninguém", os agentes perguntaram a Perkins como interpretou o sentido dessas palavras.

"Presumi que ele queria dizer que iria matar as pessoas", respondeu Perkins. "Ou se livrar delas."

Ficou surpreso por Keyes ter sido preso por sequestro e assassinato? Quiseram saber.

"Estou surpreso por ele... ter sido pego", avaliou Perkins. "Ele era esperto demais para isso."

28

Na quarta-feira, 23 de maio de 2012, em um tribunal federal lotado, com as pernas contidas por ferros e as mãos algemadas a uma corrente na cintura, sentado à mesa da defesa e cercado por oito guardas armados, quatro de cada lado, com pelo menos seis U.S. Marshals dos Estados Unidos atrás dele, Keyes tinha outra surpresa.

Ele tentou fugir.

Jeff Bell, sentado na galeria ao lado de Steve Payne, achava que Keyes estava planejando alguma coisa. O detetive tinha visto quando o réu se virou de costas para a mesa de defesa e olhou à sua direita, onde estava sentada uma jovem atraente. O que ele estaria fazendo? Bell e Payne viram a expressão de Keyes endurecer.

Bell se levantou e mudou de lugar, duas cadeiras para o lado, colocando-se entre o assassino e a mulher. Frustrado, Keyes virou-se de frente para o juiz, e quando seu advogado começou a falar para a corte, ele saltou da cadeira, livre dos ferros nas pernas e das algemas.

De repente estava na galeria, pulando grades e fileiras, saltando de cadeira em cadeira sem fazer barulho, arrastando um guarda que tentou detê-lo. Bell e Payne pularam em cima dele e acabaram rolando com mais três guardas que também tentavam conter o fugitivo.

Ele tinha tanta força que foi preciso usar um Taser para derrubá-lo. De olhos arregalados, Bell viu a eletricidade percorrer o corpo de Keyes, que estava em êxtase.

Foram poucos segundos, mas a tentativa de fuga foi um sério constrangimento. O homem mais procurado em Anchorage, agora sob a guarda do FBI e da U.S. Marshals, quase havia escapado do tribunal. Todos que vigiavam Keyes naquele dia, do transporte do Complexo Presidiário de Anchorage até a van sem identificação que o levou à audiência, eram responsáveis.

James Koenig estava no tribunal. Tinha feito tudo que o FBI pedira, e a força-tarefa o desapontou.

Para Keyes, a tentativa estava alinhada com sua filosofia geral: por que não? Podiam trancá-lo com correntes e cadeados, e ele os quebraria. Era capaz de exibir comportamento atrevido na corte e ainda se representar. Era impossível contê-lo, mesmo no confinamento solitário 23 horas por dia.

Agora que quase tinha escapado, nada o impediria de tentar de novo.

Payne e Bell conversaram com Keyes no dia seguinte. Em uma posição menos oficial, Payne lidaria com Feldis, e Bell lidaria com a cadeia. À maneira típica do Alasca, todos os envolvidos sabiam o que fazer: não deixar registros.

Bell conhecia o Tenente Rick Chandler, o oficial que comandou o Complexo Presidiário de Anchorage durante anos. Ele fazia questão do jogo mensal de pôquer com os agentes da penitenciária. Em sua área de trabalho, interação era tudo.

Mas até Bell sentia dificuldade para se manter simpático. Keyes era o detento mais importante e de alto risco que o Alasca jamais tivera. Se fosse por decisão de Bell, ele seria mantido em uma prisão federal de segurança máxima — isso se o Alasca tivesse uma.

O que Chandler esteve fazendo durante todo esse tempo? Keyes era mantido no presídio desde a extradição, no fim de março. Eram dois meses para os oficiais entenderem: esse prisioneiro não era como os outros.

Mas Chandler e seus guardas continuavam despreparados para um detento como aquele. Na verdade, deveriam ter sido treinados e retreinados. O tenente deveria ter chamado o diretor e os principais agentes penitenciários de Spring Creek, a prisão de segurança máxima para homens em Seward, e pedido ajuda. Como chefe da penitenciária, deveria estar se informando sobre segurança, mecanismos de alta tecnologia para contenção: algemas e tornozeleiras tipo Taser ou com chave codificada. Ou poderia apenas ter posto as mãos de Keyes algemadas em uma caixa e a trancado.

Era hora de enfrentar a realidade, mas Bell precisava ser honesto sobre os próprios erros também. Na cultura do "deixa como está para ver como fica" de Anchorage, Bell havia relutado em apontar de maneira oficial os problemas do complexo presidiário. E tinha deixado passar alguns erros.

Como no dia em que foi revistar Keyes antes do transporte e foi deixado sozinho com ele em uma sala pequena, trancada. Sem guardas armados do lado de dentro, e com um único guarda armado do lado de fora, o detetive só se afastou. Bell sabia que Keyes era capaz de matá-lo com as próprias mãos. Teve que aproximar o rosto do visor e gritar — com mais autoridade que pânico, esperava — para um guarda ir abrir a porta.

Naquele dia, Bell teve medo de verdade. Não pensou que Keyes fosse machucá-lo, mas que diferença fazia o que achava? E houve o dia em que o investigador viu Keyes do outro lado da mesa, no escritório do FBI, fazendo movimentos sutis com a mandíbula. Mais desconfiado do que qualquer um ali, Bell o fez cuspir o que tinha na boca — uma lasca de madeira. Os guardas estavam fornecendo lápis a Keyes. E ele os transformava em gazuas com os dentes.

Bell avisou Chandler, que prometeu: ele não receberia mais lápis.

Então, um dia, Bell notou que Keyes usava uma pulseira fina de plástico. Sem que ele o ouvisse, perguntou aos guardas: o que é aquilo? Ah, ele ganhou um lanche embrulhado no tribunal, responderam. Aquilo é o celofane da embalagem dos sanduíches.

Bell ficou perplexo. "Sabe que ele pode usar aquilo como arma, não é?". Assim como com o fio dental, que insistiam em lhe fornecer. Bell orientou os guardas: de agora em diante, desembrulhem a comida antes de servir e joguem tudo fora.

Seus alertas não foram levados a sério. Na verdade, nem foram considerados, pois tinha sido assim que ele quase escapara. Nas três horas no transporte até a audiência no tribunal, Keyes recebeu o almoço, a refeição padrão para um detento comum: uma sacola marrom contendo uma embalagem de leite, uma maçã e um sanduíche enrolado em celofane. Ele usou as lascas de lápis que havia guardado para abrir as algemas e as tornozeleiras, depois usou o celofane para dar a impressão de que as tornozeleiras estavam presas uma à outra.

Chandler prometeu a Bell que eles melhorariam. Keyes estava em uma cela do piso térreo com frente de acrílico, e a mesa do guarda da unidade ficava a três metros de distância, com visão direta e sem obstruções do prisioneiro — exceto quando estava sentado, mas tudo bem. Tênis e cadarços tinham sido confiscados; agora ele só usava chinelos. E não receberia mais lápis, nem celofanes.

Bell não tinha certeza de que as novas medidas seriam suficientes, mas pelo menos pôde opinar sobre o transporte de Keyes. Tornozeleiras duplas, agora e sempre. Na primeira vez que Bell as colocou, o assassino brincou: "Isso vai me tomar seis horas". Tinha precisado de apenas três para abrir as tornozeleiras comuns.

Bell teve que rir, embora pensasse: Onde Keyes aprendeu isso? Tudo isso? O que fará a seguir?

Vinte e quatro horas depois da tentativa de fuga, Payne e Bell falaram com Keyes no FBI. O objetivo era duplo: devolvê-lo aos trilhos, ressaltando o problema que havia criado — a atenção e a cobertura da mídia que tinha atraído — e prometer que podiam resolver tudo aquilo. Vermont ainda resguardaria o nome dele. Os promotores manteriam o compromisso de se esforçar para conseguir uma data de execução, depressa e sem julgamento. A equipe não tinha divulgado nada sobre o corpo em Nova York, embora tivessem identificado, sem a ajuda do assassino, dez pessoas desaparecidas que se encaixavam no cronograma estudado. Não seria nem punido pela tentativa de fuga. O consenso tácito naquela sala era de que, na verdade, seria inútil. Era bobagem fingir que não.

Além do óbvio, Bell queria saber por que ele tinha feito aquilo. "O que mudou desde ontem?", perguntou.

"Todo mundo sabe qual é minha principal preocupação", respondeu Keyes. "Eu queria tudo isso resolvido o mais depressa possível. E estava no tribunal ontem, um lugar aberto, e é evidente que as coisas não estão indo como eu quero." Ele acreditava que os advogados dos dois lados estavam adiando os processos. Começava a se voltar para Russo e Feldis — nada contra Payne e Bell, em quem confiava. Até certo ponto. Mas estavam nisso havia mais de dois meses, e não estavam nem perto de conseguir uma data de execução, muito menos um acordo global cobrindo futuras confissões.

"Se tiver que ser assim, será", assegurou Keyes. "Se eu tiver que dar o próximo passo e surtar... isso vai virar um circo."

Cinco dias mais tarde, Frank Russo mostrou a Keyes uma carta assinada pelo promotor federal de Vermont prometendo não fazer a denúncia pelo homicídio dos Currier e, na medida do possível, não divulgar seu nome à imprensa. Russo contou a Keyes que ainda estava trabalhando pelo acordo global, mas a tentativa de fuga tinha tornado tudo mais difícil. Ia acontecer, Russo afirmou, mas a demora não era culpa deles. Keyes entendeu.

"Acho que isso é um bom progresso", comentou Russo. "Acho que vai nos ajudar a levar o jogo adiante."

"Quero continuar cooperando", avisou Keyes. "Tenho algumas ideias... tudo depende de como podemos fazer isso funcionar."

"Que ideias são essas?", quis saber Payne.

Keyes tinha uma questão sobre o estado de Washington. Havia algumas coisas sobre as quais poderia querer falar, mas não sabia se poderiam colaborar com o caso, a menos que fossem de âmbito federal. Russo podia ajudar. Washington, explicou, tinha dois distritos federais, leste e oeste. Seattle, por exemplo, era oriental.

"Ellensburg", citou Keyes. "É oeste ou leste?"

"Leste", respondeu Russo.

Keyes deu risada. "Vai precisar dos dois distritos", revelou. Tinha uma espécie de presente para eles.

Corpos no estado de Washington.

29

Havia quatro corpos, apontou Keyes. Dois em um lado do estado, dois no outro.

Ele assassinou as primeiras duas vítimas em algum momento entre julho de 2001 e 2005. Estavam juntas.

As outras duas ele capturou e matou separadamente, em algum momento do verão ou outono de 2005, contou. Talvez 2006.

Em um caso, usou um barco Bayliner que havia comprado anos antes — do ex-marido de Tammie, na verdade — para desovar um corpo, pelo menos, talvez dois, em Lake Crescent. Keyes contou que tinha muitos planos para aquele barco, mas não quis especificar quais. Escolheu aquele lago porque é um dos mais profundos de Washington, talvez duzentos metros no ponto mais fundo. Ele não acreditava que alguém já tivesse estado no fundo desse lago.

Matou um homem e uma mulher, anunciou, e duas mulheres na outra dupla, mas não explicou que relacionamentos existiam entre essas pessoas. E a partir desse momento, ele não diria muito mais sobre essas vítimas. Deu aos investigadores apenas o suficiente para investigarem, e sendo Washington o estado perfeito com todas as pessoas desaparecidas em trilhas, acampamentos e embarcações, muitos desaparecimentos e mortes eram considerados acidentais. Havia dois estados que visitava com frequência: Nova York e Washington. Achavam que poderiam resolver casos já arquivados sem ele? Seria divertido assistir ao esforço.

E eles se esforçariam. Os investigadores tiveram que trabalhar sozinhos no Estado de Washington, mas a provocação dele levantou uma possibilidade: da mesma forma que gostava de transportar os carros e as bicicletas de suas vítimas para longe de onde as pegava, será que Keyes estaria mudando detalhes e datas de propósito para confundir os investigadores? Ele se lembrava de cada aspecto de seus crimes; nomes de todas as vítimas; como, onde e quando as matou; onde e como as deixou; a localização de cada kit de assassinato enterrado; como entrou e saiu de cada cidade e estado. Por que fornecer um período tão extenso para as primeiras duas vítimas? Por que dizer que atacou as últimas duas em separado, mas também insinuar que estavam juntas? Temia que os investigadores conseguissem identificá-las?

Havia motivos para ele se preocupar, porque quando Kat Nelson estudou o histórico de seu celular, descobriu que ele esteve bem perto de um assassinato duplo em Washington. Um caso muito divulgado.

Manhã de 11 de julho, 2006, quatro pessoas começavam a trilha remota de Pinnacle Lake na Floresta Nacional Mount Baker-Snoqualmie. Era um dia claro e quente de verão, terça-feira, sem vento, boa visibilidade por quilômetros. Uma dupla era formada por mãe e filha, que logo fizeram amizade com outra dupla, marido e mulher. Eles começaram a trilha juntos, conversando animados, até chegarem a uma bifurcação.

O casal foi para a direita, na direção de Bear Lake.

Mãe e filha seguiram para a esquerda, rumo a Pinnacle Lake.

Algum tempo depois, a esposa ouviu um barulho alto e distante, como um trovão. Mas o céu estava azul e limpo. O casal continuou andando, parou para fazer um piquenique mais tarde e percorreu o caminho de volta sem pressa.

Eram 14h30, quatro horas e meia depois do início da trilha, quando o casal encontrou mãe e filha outra vez. Elas pareciam estar agachadas ou inclinadas. Os corpos foram colocados bem ao lado da trilha.

O homem pegou seu machado de gelo e o casal desceu apressado pelo terreno rochoso. "Nunca passamos uma meia hora mais aterrorizante que aquela caminhada de volta ao início da trilha", ele lembrou.

Mary Cooper tinha 56 anos. A filha dela, Susanna Stodden, tinha 27.

Os primeiros depoentes — funcionários do parque — não foram capazes de dizer como Susanna e Mary tinham sido assassinadas. Não havia ferimentos visíveis. Homicídios em parques do estado de Washington eram bastante raros. Ao menos era o que se pensava.

O caso parecia tão estranho, aleatório e macabro, que chegou às manchetes nacionais e teve cobertura da revista *People*. As duas mulheres eram boas pessoas, estudiosas, amadas em sua comunidade — não chegavam nem perto da típica vítima de assassinato. Semanas depois do início da investigação, mesmo com ajuda do FBI, as autoridades tiveram que admitir: estavam diante, era bem provável, do mais raro dos crimes, um duplo assassinato arbitrário à luz do dia. Mary e Susanna levaram cada uma um tiro de um revólver calibre 22 na cabeça. Não fica claro, porém, se foi um tiro à queima-roupa, ou se o criminoso era um atirador.

Nunca surgiram pistas reais.

Nelson colocou Keyes perto daquele parque. O celular dele havia trocado sinais com antenas em Neah Bay e Port Angeles naquele dia, a partir das 3h53 até às 17h54.

Port Angeles, onde Keyes passava muito tempo, ficava a três horas de carro do início da trilha de Pinnacle Lake. Alguém como ele poderia fazer essa viagem em duas horas. E além do mais: ele gostava do calibre 22. Era atirador. Tinha predileção por parques nacionais e florestas e adorava guardas ingênuos e inexperientes. Sentia-se bem em locais afastados. Apreciava atacar duplas. Falava com prazer a respeito de posicionar corpos de maneira específica. Tinha passado centenas de horas em florestas, totalmente quieto, à espera das vítimas perfeitas.

"No tempo em que eu era esperto", lhes relatou Keyes, "teria deixado que viessem até mim."

Entre 13h48 e 16h41 do dia em que Mary e Susanna foram assassinadas, Nelson encontrou aquele sinal característico: o celular de Keyes apagado.

30

Algum tempo depois da tentativa de fuga — quando, com precisão, o FBI não diz — a cela de Keyes na prisão foi revistada, aproveitando sua ausência. Lá dentro havia uma carta endereçada a um dos irmãos. "Não podem condenar um homem morto", Keyes escreveu. Ele também havia escrito a respeito de seis vítimas, pelo menos, em outro papel, todas sem nome, mas três delas identificáveis como Samantha e os Currier. O Departamento passaria meses tentando analisar esses dados.

Também foi recuperada uma forca, provavelmente feita de lençol. Keyes tinha feito muitas alusões a suicídio, mas agora o FBI sabia que eram planos concretos. E surpresa: os avisos de Bell não tinham sido levados a sério. Fosse por infortúnio, estupidez ou preguiça, nada havia mudado no presídio de Anchorage. Mesmo quando o tenente que chefiava a prisão soube que Keyes ainda se barbeava com lâminas descartáveis — o que contrariava ordens expressas —, não fez nada além de prender um aviso manuscrito na cela de Keyes.

NÃO DAR LÂMINA DE BARBEAR A ESTE HOMEM

Chandler havia comprado um barbeador elétrico, que Keyes só poderia usar sob supervisão direta, mas os guardas ignoravam essa diretriz. Bell perguntou ao chefe da prisão, resumindo: que porra é essa? Seus guardas queriam que Keyes se matasse? Ou eram só idiotas?

Chandler suspirou. Só podia escrever o aviso e prendê-lo na porta. "E se esses idiotas não lerem", respondeu, "não tem nada que eu possa fazer."

Não tem nada que eu possa fazer.

Nenhum sentimento retratava melhor esse estágio da investigação. Bell não conseguia obrigar Chandler a fazer o trabalho dele. Payne não conseguia tirar o promotor da sala. Keyes não conseguia demitir o advogado ou garantir uma data de execução. Não havia ninguém no comando, nenhuma pessoa, grupo ou instituição que pudesse dar um jeito nisso.

E não podiam nem manter a equipe principal junta. Payne, Bell e Goeden, que tinham passado a se ver como os Três Mosqueteiros — que haviam desenvolvido a melhor relação com Keyes, que compartilhavam tudo, desde as teorias sobre os crimes dele até a carga emocional que esse caso representava —, estavam se separando. Naquele verão, Payne recebeu o aviso de que o Departamento o afastaria do caso. Estaria fora, oficialmente, em outubro, quando deveria se apresentar em Quantico para a próxima missão. Era hora de começar a se desligar e passar o posto de agente do caso para Goeden.

Feldis agora seria problema dela.

E o promotor, que estava sempre dizendo a Keyes que "a resistência acaba em mim", e vivia repetindo que só ele era capaz de mantê-lo fora dos jornais e garantir a pena de morte, era em quem o assassino menos confiava. "Não é que eu não acredito em você", dizia ele a Feldis, "mas sem ofensa, não acredito em você."

Keyes explorava o desespero deles, e logo trocou os odiados chinelos de papel por tênis com cadarços e passou a receber jornais. Tinha até um guia de sobrevivência na selva dentro da cela. Choque não começava a descrever a reação de Bell quando soube disso. Chandler não sabia que Ted Bundy tinha fugido da prisão duas vezes? Keyes idolatrava Bundy.

O tenente não era muito aberto a críticas. Bell podia ter problemas com ele e seus guardas, mas no complexo prisional todos desconfiavam dos federais. O grande boato era que o FBI tinha feito um acordo secreto com Keyes, que parecia conseguir tudo que queria. De que outra forma sua permanência obrigatória na psiquiatria tinha sido revogada?

Bell e a equipe negaram qualquer participação, mas qualquer que fosse a verdade, isso não importava. Não havia nada que eles pudessem fazer.

As coisas pioraram. No início da manhã de 18 de julho, Bell, Goeden e Russo sentaram-se com Keyes no escritório do FBI. Tinham que admitir o mais recente fracasso antes que ele tomasse conhecimento por conta própria.

O Departamento estava encerrando a busca no aterro sanitário. "Jogando a toalha", foi o clichê desanimador usado por Russo. Keyes os derrotara mais uma vez.

No momento, Russo lhe contou, promotores em Vermont se reuniam com a família dos Currier. Em seguida, divulgariam um comunicado para a imprensa local, que tinha perguntas sobre as centenas de agentes do FBI em sua cidadezinha revirando o lixão. Não foi difícil para os repórteres tirarem suas conclusões e exigirem respostas.

Russo afirmou que Vermont queria renegar o acordo inicial e mencionar Keyes pelos assassinatos. Não só isso, queriam acusá-lo formalmente. A voz de Russo tremia.

"Queria ter ficado de boca fechada", mencionou o detento. "Como eles podem ter alguma prova me relacionando aos Currier? Porque as únicas provas que vocês têm são essas. Tudo o que têm são meus depoimentos."

Russo tentou se esquivar. Disse que não sabia. Provavelmente tinha sido algum repórter malandro do Leste, e o que ele poderia fazer lá no Alasca? Além do mais, Vermont tinha o direito — a responsabilidade — de tranquilizar a comunidade, fazer justiça pela família dos Currier.

"É difícil de impedir que isso vaze", concluiu Russo.

Não era difícil, Keyes rebateu. "Eles não encontraram nada no aterro. Podem dizer o que quiserem à família." Agora ele se esfregava.

Russo prosseguiu. Podia haver pontos positivos nisso, apontou. Keyes poderia contornar essa situação como quisesse, talvez até parecer uma boa pessoa, dando respostas cabais para duas famílias enlutadas. Apesar de todos os planos que tinha apresentado quanto à obtenção de um acordo global com os federais, Russo nunca teve um plano para lidar com um possível fracasso em Vermont, e admitiu isso a Keyes. Porém, ressaltou, por certo pensaria em alguma coisa na sequência.

Nada com que se preocupar, continuou. Essas coisas progridem devagar. Provavelmente, levaria um mês até Vermont decidir se o responsabilizariam pelo crime.

Dois dias mais tarde, uma afiliada da NBC em Vermont citou Keyes.

Bell sabia que poderiam não se recuperar dessa. Durante meses, eles se venderam como o todo-poderoso FBI, mantendo o caso sob sigilo. Prometeram muitas vezes que poderiam dizer a outras jurisdições o que fazer e quando fazer.

Estragaram tudo. Keyes estava furioso.

"Eu falei desde o começo, antes de contar onde tinha deixado os corpos, avisei que não queria a polícia local envolvida. E a primeira coisa que vocês fazem é criar um espetáculo e uma escavação arqueológica ao lado da estrada principal."

Russo recuou violentamente.

"Não podíamos chegar neles dizendo 'somos agentes federais'."

"Bom, mas você falou que podia."

"Eu... acho que não dissemos."

"Não. Você disse que controlaria tudo."

"É." A voz de Russo perdeu força. "E na medida em que foi possível, controlamos."

"Não controlaram coisa nenhuma", retrucou Keyes. Onde estava o acordo global? E a data da execução? Quatro meses haviam se passado. Qual era o problema com eles? Se o FBI queria mais nomes e localizações, era melhor que agisse depressa, por causa dos corpos.

"Sinceramente", insistiu, "vão ficar onde estão."

Bell queria desestabilizar Keyes, encontrar uma vítima sem a participação dele. Keyes tinha dado sua palavra, tinha dito que se conseguissem encontrar uma vítima sem a ajuda dele, ele confessaria. Durante a confissão dos Currier, Keyes contou que tinha atravessado Indiana a caminho de Vermont. Ele digitou "Pessoas desaparecidas, Indiana, junho de 2011" na barra de pesquisa do Google.

E olha só: havia um caso de pessoa desaparecida que se enquadrava no perfil. Mais um que chamou muita atenção.

Na noite de 3 de junho de 2011, Lauren Spierer, 20 anos, aluna do segundo ano na Universidade de Indiana, saiu para beber e nunca mais foi vista.

Sua situação de vida — jovem, branca, bonita, loira, boa aluna que não teria motivos para fugir — levou o caso aos noticiários nacionais com cobertura da *CNN*, *People, Fox News, The Huffington Post, The Jewish Daily Forward, USA Today, America's Most Wanted, Dateline e 20/20*.

Kat Nelson conseguiu identificar que Keyes passou por três cabines de pedágio em Indiana naquela noite. Como Samantha, Spierer era uma jovem atraente que desapareceu no escuro. Como os Currier, não havia uma única pista a ser seguida.

Bell discutiu isso com a equipe, e eles concluíram: por que não perguntar ao detento sobre Lauren? Se pudessem mostrar a Keyes que sabiam onde ele estivera naquela noite, em uma cabine de pedágio na periferia de Bloomington — onde Lauren fora vista pela última vez — talvez conseguissem atordoá-lo com seus poderes dignos de *CSI*.

Assim, Bell levou uma foto de Spierer e o confrontou.

"Você fez isso?" perguntou. "As pessoas vão pensar que foi você. Esteve em Indiana naquela noite."

Keyes deu risada.

"Ah, essa vai ser bem difícil vocês desvendarem", provocou.

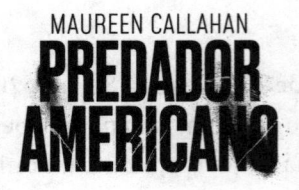

MAUREEN CALLAHAN
PREDADOR
AMERICANO

31

Os investigadores acreditavam que havia algumas poucas vítimas que Keyes podia ter deixado vivas. Esse palpite era resultado de um vento da sorte que soprou para o lado certo dias antes de ele ter seu nome envolvido em Vermont, dias antes de decidir parar de falar e isolar os investigadores por seis semanas.

Era um sábado de julho. Por tédio, frustração, ou só para se divertir à custa deles, Keyes decidiu que queria falar. Bell, Goeden e Feldis o encontraram no escritório do FBI.

Bell começou devagar. Lembrou-se de Keyes e de seu comentário de que ele havia sido duas pessoas diferentes por quatorze anos e disse que os investigadores estavam curiosos. O que acontecera naquela época? "Foi mais ou menos na época em que se alistou no exército, não foi?"

"Isso é importante", reconheceu Keyes. Mas tinha sido antes. Mais ou menos uns dois anos antes de entrar no exército, recordou, "eu conseguia fazer umas coisas e escapar".

"Que tipo de coisas?", perguntou Bell.

Foi por volta de 1996 ou 1997, contou Keyes, no verão em que a família se mudou para o Oregon. Na época, tinha uns 18 ou 19 anos. Havia uma praia que todos frequentavam do lado do Rio Deschutes.

"Acho que foi aquilo que me deu a ideia." A voz ficou mais baixa e as palavras soaram menores, mutiladas, de alguma forma. "Havia uns, hã, era como se fossem uns banheiros isolados naquelas áreas de prainha. E levei alguém a um deles, mas não, sabe... não matei ela."

"Por quanto tempo você planejava pegar a pessoa, antes de ter coragem para atacá-la de verdade?", perguntou Feldis.

"Está falando dessa? Ou...?"

Feldis o interrompeu: "Sim, dessa."

Foi um erro. Keyes abriu a porta e o promotor a fechou.

"Bem, aquela..." A voz dele tremia. "Cheguei lá na primavera e acho que era fim de verão quando eu, quando fiz aquilo, mas... Mas pensei nisso durante anos, antes dessa vez."

Bell suspeitava do quanto Keyes havia planejado. "Então, naquele tempo, você desenvolveu algum tipo de kit que continha corda e..."

"Ah, é." Keyes mantinha a voz muito baixa. "Levava tudo isso comigo."

O acesso à praia era feito por um portão que ficava trancado à noite. Keyes chegou lá em um fim de tarde, vestido apenas com o calção de banho, e ficou escondido entre as árvores, observando. Esperava que o número de pessoas que brincavam com boias de pneu no rio diminuísse com o pôr do sol, como sempre acontecia. E quando a noite começou a cair, chegou um grupo de adolescentes, uns quatro ou cinco, com uma garota saltitando atrás dos amigos.

"Eu só pulei do meio das árvores e a agarrei."

"Como a levou para o banheiro?", perguntou Bell. "Acho que estou presumindo que não a conhecia."

"Não, não conhecia", confirmou Keyes.

"Era branca, negra, asiática?"

"Branca."

"Da sua idade?"

"Não sei... Podia ter qualquer coisa entre 14 e 18 anos."

Keyes sabia que 18 seria melhor que 14. Era uma criança, era bem provável.

"Loira, morena?"

"Hum, cabelo loiro-escuro."

"Essa foi a primeira vez que atacou alguém sexualmente?"

"Não, mas quis dizer que foi a primeira vez que levei a coisa àquele nível. Tinha planejado tudo."

Keyes estava lhes explicando como sua matéria escura tinha se formado, as coisas que considerava erros, os padrões que se formavam e reapareceriam em seus crimes posteriores. E tinha acabado de admitir que havia atacado alguém antes, o que só podia ter sido em Colville.

"Era um banheiro pequeno", lembrou. "Não tinha água encanada, nada disso. Provavelmente era limpo uma vez por ano." Mais um lugar de imundície e degradação, mas Bell se concentrou na logística.

"Banheiro do tipo permanente, ou daqueles móveis?"

"Permanente, como aqueles que se vê em campings na floresta, com o tanque grande de concreto embaixo deles. Por isso escolhi aquele. Estava esperando uma pessoa bem pequena, pois assim poderia jogar a pessoa no tanque."

Como se fosse um dejeto humano. Mas Keyes disse que escolheu o tanque como um lugar melhor para esconder um corpo, mais nada. "Era um tanque bem escuro", citou ele. "Provavelmente, não teriam encontrado nada em um ano, alguma coisa assim. Não sei."

Uma vítima menor, por outro lado, teria sido mais fácil para o adolescente Keyes controlar.

Ele levou a menina para o banheiro, um barraco com acesso para deficientes e barras nas paredes, amarrou o pescoço dela a uma das barras com uma corda e prendeu seus braços abertos para impedi-la de se mover, do mesmo jeito que imobilizou Samantha e Lorraine. "E eu fechei a tampa da latrina e a amarrei em cima dela, de bruços." Os nós apertaram tanto que deixaram hematomas. Ele a estuprou uma vez, disse.

"Não a cortou com uma faca, nem nada parecido?", perguntou Goeden.

"Não", respondeu Keyes. "Mas estava com todas as facas. Provavelmente, eu a teria estrangulado."

"E o que acha que o impediu de estrangulá-la?"

"Ela, hmm... acho que aquilo já havia acontecido com ela antes, ou já pensara no que faria naquela situação. Era como se soubesse o que dizer. Tipo, todo mundo que peguei sempre ficava completamente surpreso, como se não esperassem aquilo, como se nunca tivessem nem pensado em estar em um cenário como aquele."

Keyes contou que a garota continuava falando. Disse que, por ser um cara bonito, ele não precisava fazer aquilo. E que teria saído com alguém como ele. Que seu ato ali nem era grande coisa. Podia deixá-la ir embora, pois nunca contaria nada a ninguém. Durante todo o ataque, a vítima não demonstrou muito medo. Um sádico como Keyes precisava de medo de verdade. Aquilo o assustou.

"Quer dizer, a garota estava com medo, mas em vários aspectos, acho que estava mais calma que eu. Eu falava para ela calar a boca, mas não adiantava. Ela não se calava. Então, acho que mudei de... só perdi a coragem, no fim." Ela conseguiu fazer Keyes enxergá-la como pessoa. Disse até seu nome. "Acho que era Lea", comentou Keyes. "Lena? Alguma coisa com L. Mas não disse o sobrenome. Não perguntei."

Depois do estupro, Keyes relatou, ele a desamarrou e a deixou ir embora, colocou-a em uma boia e a empurrou rio abaixo.

"Aquilo foi importante", avaliou ele. "Na época, foi muito importante para mim, muito mesmo. Não me lembro se fiquei preocupado com DNA na época, mas me convenci de que haveria uma grande investigação para tentar descobrir quem tinha feito aquilo. Quando, na verdade, olhando para aquela ocasião com toda a clareza, talvez ela nunca tenha contado a ninguém."

Keyes se arrependeu quando a soltou. Olhava os jornais locais com regularidade, esperando o dia em que a história dela fosse publicada, o dia em que a polícia o prenderia. Quando meses se passaram sem seu nome jamais ter aparecido, sem nenhum telefonema ou batidas na porta, nenhuma investigação de que tivesse conhecimento, ele não se sentiu esperto. Sentiu que tinha sorte.

"Durante anos depois disso, fiquei dizendo a mim mesmo: 'devia ter matado aquela garota'."

"Então não cometeu esse erro de novo?", perguntou Bell.

"HA HA!" Keyes se reclinou em sua cadeira. "Bem..."

32

Para Jeff Bell, a Flórida era um estado que lhe interessava especialmente. Por quê? Ele nunca explicou, mas Keyes tinha família lá e passou um tempo trabalhando em construção. E um assassino em série da região compartilhava um MO com Keyes.

Ele era conhecido como Boca Killer.

Por volta das 13h em 7 de agosto de 2007, uma mulher e seu filho pequeno andavam pelo elegante shopping de Boca Raton. Depois de algumas horas, a mulher levou o filho pela saída da loja de departamento Nordstrom para o estacionamento do shopping, acionou de forma remota o controle da SUV preta e abriu o porta-malas. Primeiro acomodou o filho na cadeirinha, depois foi guardar o carrinho do bebê.

"Mamãe! Mamãe!"

Ela se inclinou para a frente e viu, sentado ao lado do menino de 2 anos, um homem de óculos escuros e chapéu de feltro verde armado. Ficou paralisada. Não conseguia acreditar que aquilo era real.

"Entre no carro", ordenou.

Ela não conseguia se mover.

"Entre no carro." Ele apontou a arma para a criança.

A mulher entrou no carro.

Essa mulher até hoje é conhecida apenas como Jane Doe, um nome padrão dado a vítimas que nunca foram identificadas.

O homem lhe ordenou que se sentasse ao volante, entregasse o celular e dirigisse até um terminal bancário automático. "Faça o que eu mandar", ordenou ele, "e eu levo você de volta ao shopping." Ele mantinha a arma apontada para o bebê.

Jane Doe fez tudo o que o homem mandou. Entregou o celular, dirigiu até um terminal, sacou duzentos dólares e deu a ele, depois mais duzentos e mais duzentos e outra vez duzentos, e o último saque não foi autorizado. Tinha atingido seu limite diário.

O homem lhe disse para voltar à rua. O trânsito estava lento, e ela via o rostinho do filho pelo retrovisor. Ele dormia, o que para Jane Doe significava que estava conseguindo se controlar. Olhava de soslaio pelas janelas escuras. Ninguém tinha a menor ideia do terror ali dentro. Ela pensou: ninguém sabe que vou morrer hoje.

Pensou em provocar um acidente. Mas e se não desse certo? Se isso o deixasse mais furioso?

Continuou dirigindo. O homem avisou para que ela entrasse no estacionamento de um hotel Hilton. Estava deserto. Ordenou-lhe que descesse do carro. Ela não queria deixar o bebê.

"Por favor, não me mate", implorou. "Por favor, não me mate."

"Não vou te matar", prometeu ele. "Não preciso de mais problemas do que já tenho."

Queria trocar de lugar, ele na direção, ela no banco de trás. Então, ela viu a luz do sol refletida em alguma coisa nas mãos dele. Um par de algemas prateadas.

Ai, Deus, pensou. É isso. Tinha dado o dinheiro... o que mais ele podia querer? Iria estuprá-la? Matá-la e a seu bebê? Deixar seus corpos no meio do nada? Ele algemou suas mãos atrás das costas e a colocou no banco de trás. Depois pegou abraçadeiras, que usou para prender seus tornozelos e o pescoço ao encosto de cabeça do banco. Ele pôs os óculos escuros diante dos olhos dela e prendeu com fita adesiva. Ela praticamente não enxergava.

Jane entrou em pânico. Debateu-se contra as abraçadeiras de plástico, o rosto vermelho, as lágrimas quentes e densas. Estava sufocando, com ânsia. Não conseguia respirar. E do nada, o sequestrador afrouxou o plástico em seu pescoço. "Melhor assim?", ele perguntou.

"Sim", respondeu ela. O homem dirigiu por algum tempo no trânsito. Jane não sabia para onde iam, mas esse ato de bondade — e era estranho pensar nisso dessa maneira — deu a ela um pouco de esperança.

De repente o homem parou o carro. Deu para ouvir que ele mexia em alguma coisa, um saco plástico, talvez. Ela conseguiu ver a faca. "Por favor, não me machuque", implorou. "Por favor, não me mate."

"Não vou", respondeu ele. "Só fique quieta. Não se mexa." Depois virou para trás e elevou o corpo no banco para alcançá-la, deslizar a lâmina fria por seu rosto e pelo pescoço.

Ele cortou a abraçadeira de plástico e voltou a dirigir sem dizer nada. O bebê, agora acordado, derrubou a mamadeira. Começou a chorar ao vê-la rolar para baixo do banco do motorista. Jane se preparou. Isso faria o homem perder o controle?

Ele pegou a mamadeira, virou de lado e a devolveu ao bebê. A criança parou de chorar.

Quatro horas se passaram. Ele havia mostrado misericórdia duas vezes. Talvez não fosse capaz de ir até o fim com isso. Então, o homem disse: "Vou colocar a abraçadeira de novo no seu pescoço." Em seguida, prometeu que a soltaria — não ela e o bebê, só ela. A mulher não soube no que acreditar.

"Vou deixar você telefonar para alguém", continuou o homem. "Pode dizer que o carro quebrou e que precisam vir te buscar. Para quem quer que eu ligue?"

Por que ele a amarraria pelo pescoço de novo, se pretendia libertá-los? Não fazia sentido, mas ela não fez perguntas, limitando-se a informar o número do pai de seu filho. Se acontecesse alguma coisa, seria para ele a última ligação no celular. Assim, ele saberia que ela não desapareceu com o filho deles.

Jane Doe agora conseguia enxergar um pouco melhor, e viu que estavam de volta ao shopping Boca Raton. O homem fez a ligação e segurou o telefone diante do rosto dela. O ex atendeu. "Meu carro quebrou", avisou ela. "Por favor, vem me buscar." O homem prendeu seu pescoço ao apoio de cabeça.

"Muito bem", prosseguiu ele. "Quando a polícia chegar, quero que diga a eles que sou baixinho, gordo e negro." E aqui ele cometeu um engano. Tirou os óculos que tinha mantido presos ao rosto dela com fita adesiva, e Jane Doe deu uma boa olhada no sequestrador. Ele era alto, atlético e branco, com cabelos longos, castanhos e ondulados, mas sem mais pelos. Ainda usava aquele chapéu de feltro verde, que agora ela reconhecia como uma peça de estilo militar, e óculos escuros.

O sequestrador pegou a carteira de motorista dela, depois colocou nela óculos de nadador escurecidos.

"Se eu vir alguma coisa nos jornais", disse, "com meu rosto ou minha foto, minha descrição... eu vou atrás de você."

Então fechou a porta e foi embora.

Assim que o homem partiu, Jane passou as mãos amarradas por baixo das pernas, depois por cima delas, arrancou os óculos e conseguiu cortar a coleira de abraçadeira. Pulou para o assento do motorista e correu ao quiosque do manobrista, onde implorou para chamarem a polícia.

"Acabei de ser sequestrada", comunicou.

"Está brincando?"

Mas o manobrista chamou a polícia, que, ao chegar, também não acreditou em Jane Doe. Coisas assim não aconteciam em Boca Raton. Não havia testemunhas. Não havia sinais de violência no carro. Eles não acreditavam que uma mulher jovem, amarrada como Jane descreveu que havia sido, pudesse escapar desse tipo de contenção. Não acreditaram que ela e o filho pudessem ter passado horas andando de carro, sem ninguém ter notado nada. A história dela era bizarra, para dizer o mínimo.

Os detetives pediram para Jane Doe ser submetida a um detector de mentiras. Ela disse que não tinha nada a esconder.

Três meses se passaram sem nenhuma novidade. Então, um dia, em novembro, Jane recebeu um telefonema do delegado de Palm Beach County. Estavam trabalhando em um caso encerrado, o sequestro de uma mulher em um shopping em Boca Raton em março. Ela também dirigia uma SUV preta com janelas escuras e tinha sido levada do estacionamento mais ou menos na mesma hora que Jane Doe, 13h15.

O nome dela era Randi Gorenberg. Trinta e nove minutos depois de ela ter sido sequestrada, a polícia recebeu um chamado. Alguém dizia ter visto a porta do lado do passageiro de uma SUV Mercedes preta abrir e uma mulher cair. Aparentemente, o motorista a empurrou e foi embora.

Essa pessoa que ligou para a polícia se aproximou do corpo. "Ai, meu Deus. Ela... ela está morta. Levou dois tiros na cabeça, caramba."

Gorenberg tinha 52 anos, era casada com um quiroprático rico e morava com o marido e os dois filhos do casal em uma casa de 2 milhões de dólares em Palm Beach. Não tinha inimigos, nem problemas sérios, nem dívidas. Ninguém na vida dela teria motivo para cometer o crime. Foi encontrada a pouco mais de sete quilômetros do shopping de Boca Raton sem sapatos e sem bolsa, mas as joias caras — um colar de diamantes, um anel e um relógio Cartier — intactas.

A SUV de Gorenberg foi encontrada ali perto, abandonada atrás de uma Home Depot. Jane Doe era a única pista que tinham.

Pouco antes da meia-noite da quarta-feira, 12 de dezembro, quase quatro meses depois que Jane Doe e seu filho foram sequestrados, um guarda do shopping de Boca Raton se aproximou de uma SUV com o motor ligado parada na área da Sears. Dentro dela estavam os corpos de Nancy Bochicchio, 47 anos, e Joey, filha dela, 7 anos. Os pulsos e os tornozelos de Nancy estavam amarrados, o pescoço dela estava preso ao apoio de cabeça do banco. Os olhos estavam cobertos por óculos de nadador escurecidos. Joey também tinha sido amarrada com abraçadeiras.

Ambas tinham um único ferimento à bala na cabeça.

Os oficiais que atenderam ao chamado se lembraram de Jane Doe, e quando ela viu a notícia nos jornais, sentiu o coração quase parar. Sabia que era o mesmo homem.

A polícia também sabia. Quando reconstruíram os movimentos de Nancy e Joey naquele dia, os oficiais encontraram semelhanças impressionantes com os dois sequestros anteriores. Imagens de câmeras de segurança mostraram mãe e filha vistas pela última vez saindo pela mesma porta usada por Randi Gorenberg. Nancy foi capturada por câmeras sacando dinheiro no mesmo caixa automático que Jane Doe foi forçada a usar. Nancy foi encontrada com algemas parecidas com as que Jane tinha visto.

Jane Doe tinha contado à polícia: o homem tinha um kit. Foi como ele chamou aquilo, "meu kit". Dentro dele havia abraçadeiras de plástico, algemas, fita adesiva, óculos de sol e de nadador, faca e revólver. Ele parecia saber exatamente onde estavam as câmeras de segurança e as evitava. Jane sentiu que ele havia feito aquilo antes.

Mais tarde, a polícia conseguiu rastrear as abraçadeiras e a fita adesiva usadas no duplo homicídio das Bochicchio e chegar a uma grande loja em Miami, onde tinham sido compradas pouco antes de Nancy e a filha serem assassinadas. Não foi encontrada nenhuma prova material de autoria, nem DNA. As circunstâncias dos casos Doe e Bochicchio eram idênticas. A polícia não tinha nada além disso.

A força-tarefa de Boca Raton foi dissolvida um ano mais tarde, mas não antes de Jane Doe fornecer a um desenhista da polícia uma descrição minuciosa. A semelhança física com Keyes, especialmente a boca, é assustadora.

Tão assustador quanto é cada detalhe conhecido desse caso. Keyes caçava à luz do dia, capturava pessoas em segundos. Quase sempre pegava as vítimas no carro delas. Outro sinal era o saque bloqueado no caixa automático, como se o sequestrador não conhecesse os limites diários, e a habilidade para se esquivar das câmeras de segurança. O kit que Jane Doe descreveu. O celular de Gorenberg, encontrado mais tarde com um morador de rua, o que também coincidia com uma das táticas favoritas de Keyes — ele contou aos investigadores que, às vezes, jogava o telefone de uma vítima em áreas onde a população de rua se reunia. Atacar duplas, mães e filhos — seria isso a raiva da própria mãe? A confissão dele de que sempre que viajava "procurava lugares para fazer coisas". Que sua única preferência em relação às vítimas era que fosse "leve". As facas eram sua arma favorita. Amarrar mulheres pelo pescoço. A ordem para dizer à polícia que ele era negro. Nenhum dos agentes acreditava no suposto código de conduta em relação a crianças que ele havia mencionado.

O FBI identificou as abraçadeiras do caso das Bochicchio como tão singulares quanto uma digital. Tinham sido compradas no mesmo dia em uma grande loja local, como Keyes disse ter feito antes de sequestrar os Currier.

Jane Doe relatou que o sequestrador tinha cabelo castanho e comprido preso em um rabo de cavalo sobre a nuca. Por que, no calor do verão? Por que não alto, escondido embaixo do chapéu? Para esconder algum tipo de marca? Keyes tinha aquele pentagrama tatuado na nuca.

O paradeiro de Keyes durante esses sequestros e assassinatos era desconhecido, mas o FBI tem conhecimento de que ele estava em viagem quando cada um desses crimes aconteceu.

Jane Doe disse à polícia que seguiu todas as instruções dadas pelo sequestrador e ficou conversando com ele como se fosse uma situação normal. E acha que por isso ela e o filho sobreviveram.

Autoridades estaduais e locais tomaram conhecimento de mais uma ocorrência alguns dias depois do sequestro de Jane Doe. Essa tentativa de sequestro tinha acontecido no estacionamento de outro shopping center elegante. O alvo, uma mulher, andava em direção a seu carro quando um homem armado a abordou, ordenando que o levasse até um caixa automático. Ela jogou a bolsa longe e começou a gritar, "*Sai! Sai!*".

A reação rápida salvou sua vida. Mais tarde, ela olhou o retrato falado que Jane Doe ajudou a criar e confirmou que era o mesmo homem.

Nunca mais houve outro ataque. O caso das Bochicchio continua aberto.

33

Pouco antes e durante os três meses em que Keyes parou de falar, os investigadores conseguiram fazer algum progresso. Tinham recuperado o arsenal enterrado no Rio Eagle em algum momento de maio de 2011. Em Neah Bay, Ted Halla e Colleen Sanders revistaram o barco Bayliner que Keyes abandonou, mas não encontraram nenhuma prova material de crime algum. Os agentes tinham agora oito vítimas, três identificadas, e o restante, apesar de todos os palpites, desconhecidas.

Exceto uma, talvez. A equipe podia estar bem confiante em relação a Jimmy Tidwell no Texas, mas Bell estava ainda mais confiante de que haviam identificado o corpo em Nova York.

No fim de outubro, Keyes estava de volta à mesa e o FBI tinha uma nova estratégia. Pressionar um pouco, de leve. Culpar os chefes. Fazer uma ameaça. Keyes tinha comandado todos os outros interrogatórios como uma longa provocação, acenando com possíveis vítimas enquanto os investigadores imploravam por só mais uma, tudo enquanto o assassino bebia café, fumava seus cigarros e basicamente mostrava o dedo do meio para o governo federal.

Sugiram de maneira sutil que o nome dele poderia vazar, foram orientados. Enfatizem que o nome dele foi mencionado apenas em Vermont, em nenhum outro lugar, e isso graças aos agentes ali reunidos. Agora era hora de avisá-los de que esses mesmos agentes estavam perdendo a paciência, assim como o Departamento. Diriam a ele que Quantico tinha um novo prazo.

"Sinceramente, o tempo está esfriando, Israel", falou o promotor. E falava no sentido literal e no metafórico. "Não temos mais muito tempo para ficar brincando, e sem nenhum movimento, não vai haver mais nada que possamos fazer."

"Que fique como está", desdenhou Keyes. "E não tem mais nada que tenha me envolvido e que dependa do clima." Como já havia comentado antes, todos aqueles outros corpos ficariam onde estavam.

"Sua paciência deve estar bem grande, considerando sua situação", manifestou Bell, "mas a paciência de todo mundo aqui está acabando — dos nossos chefes, pelo menos, que estão nos pressionando para obtermos algum progresso."

Keyes avisou que vazar o nome dele não era mais uma ameaça, porque estava considerando o que chamava de "publicidade máxima". Podia procurar qualquer veículo de imprensa de circulação nacional e expor que o governo federal estava se recusando a lhe conceder a pena de morte em troca de que admitisse ter feito mais vítimas. Estava ressentido. "Se eu quiser transmitir uma ideia usando meu caso como exemplo, a mídia vai me dar palco", ameaçou ele. "Não tem muito mais que possam me oferecer."

Keyes disse que ameaças também não funcionariam. "Hoje é o dia em que vocês vão dizer 'ou você nos dá mais informações, ou vai se arrepender', certo?" Ele riu.

O desdém era azucrinante. Agora era hora de desestabilizá-lo.

"Debra Feldman", anunciou Goeden. E bateu com a foto em cima da mesa. Os agentes tinham certeza de que o corpo em Nova York era dela. Viciada e prostituta, Feldman desapareceu de Nova Jersey em 8 de abril de 2008, e Keyes viajava pelo estado nesse mesmo dia.

"Já falamos dela antes", continuou Goeden. Na verdade, tinham mostrado a foto dela a Keyes antes, e a reação dele — contida, surpresa — tinha dado aos agentes a impressão de que ele a havia matado.

"Nova Jersey está investigando mais a fundo", salientou Goeden. "O FBI está investigando mais a fundo."

Keyes começou a se esfregar. "Tudo bem", respondeu em voz baixa.

"Achei que esse poderia ser um bom começo", comentou Bell.

"Não", respondeu Keyes.

BZZZZZZZZZZZ.

"O nome dela estava no seu computador", destacou Feldis.

Ele se esfregou com mais força. "Não vou falar do que está no computador", protestou Keyes. Se conseguissem um acordo para ele, isso mudaria.

"Tem mais coisas na história de Debra que você não quer contar pra gente agora", continuou Feldis.

"Tem. Só não quero falar disso."

Em 30 de outubro, Halla e Sanders chegaram do posto avançado deles em Poulsbo, Washington, só para interrogar Keyes. Isso com certeza alimentou o ego dele. No Texas, ficara decepcionado ao se sentar diante de um Texas Ranger e de um agente do FBI de um posto local. Nem a chegada de Bell e Doll, que tinham viajado de Anchorage até lá, fora o suficiente. Se tinha que ser interrogado, Keyes queria os melhores agentes do FBI, e a chegada de dois deles de seu estado natal foi gratificante. Durante meses estivera curioso sobre quem eram e o que estavam descobrindo.

Àquela altura, Halla e Sanders tinham vantagens distintas em relação à equipe do Alasca. Neah Bay fazia parte do território deles. Tinham lidado com Tammie, que agora detinha a custódia da filha e falava com Keyes por telefone uma vez por semana com grande sensibilidade. Conversaram com as pessoas que o conheciam e conseguiram algumas informações de seu passado. E a simples novidade da presença de Halla e Sanders poderia desbloquear informações novas.

Halla era parecido com Bell no jeito simples. Falava de um jeito casual, embora estivesse com medo. Não esperava sentir medo. Ele e Sanders ouviram todos os interrogatórios de Keyes e acreditavam saber no que estavam se envolvendo.

"Tem alguma pergunta para nós com relação ao que estivemos fazendo?", perguntou a Keyes. Halla contou que eles também tinham conversado com a mãe de Tammie e do amigo dele, Dave, que também havia sido seu chefe.

Sanders sentia-se muito confiante na presença do assassino. Isso a surpreendeu, ela esperava sentir medo. Começou perguntando a Keyes como foram seus dias no começo da vida em Neah Bay.

"O que fazia para sobreviver?"

"Estava desempregado", respondeu ele. Demorou alguns meses para ele ser contratado pela reserva indígena. "Foi interessante estar do outro lado da história", contou, "estar lá trabalhando em um dos prédios, e as pessoas passarem de carro e gritarem: 'Vai para casa, branco!'." Mas depois de um ano, quando todos viram seu trabalho e como ele tentava embelezar a reserva, as pessoas o aceitaram.

Halla mudou a conversa para Colville. "Estava lá em 1996?"

"Sim", confirmou Keyes. "Eu estava lá em 1996. Foi o último ano que passei na região de Colville."

"Quando morava em Colville, lembra-se de que houve um caso de desaparecimento, uma menina chamada Julie Harris, duplamente amputada?"

"Noventa e seis?", perguntou Keyes. E começou a se esfregar.

"Ela morava bem perto de você, acho", continuou Halla.

"Eu me lembro de ter ouvido sobre isso. E me lembro do nome. Mas não dos detalhes da história."

Os detalhes eram pavorosos. Keyes os teria adorado.

"Lembro que foi uma coisa bem grande", comentou Keyes. "Apareceu no jornal local, essas coisas. Eu trabalhava na área de construção, na época, por isso ouvia coisas. Mas nunca me interessei pelo caso. Foi uma dessas coisas de interesse... passageiro."

Goeden disse que achava que uma história grande assim teria causado algum impacto sobre ele.

Não, respondeu.

Ninguém acreditou nele, mas deixaram passar. Halla falou sobre os parques nacionais e as florestas de Washington. Era verdade que Keyes nunca matara em nenhum deles?

"Não", devolveu Keyes. Mas os agentes acreditavam que isso era mentira. Em julho, ele havia contado a Bell e Feldis que uma de suas vítimas fora encontrada em um parque, mas que presumiram ter sido morte acidental. Bell suspeitava de que essa vítima era um praticante de trilha encontrado no fundo de um abismo, ou um corpo descoberto na água.

"Foi um engano", tinha dito Keyes. "A mesma situação dos Currier. Não tinha como me livrar do corpo imediatamente, então decidi tentar criar a impressão de que... quero dizer, seria presumido que tinha sido algum tipo de acidente... enfim, tenho certeza de que vamos falar mais disso em outro momento."

Halla abordou com cuidado a vítima em Lake Crescent.

Por que Keyes comprou aquele Bayliner? Foi premeditado, parte do plano para se livrar dos corpos? Ou só pensou nisso depois?

"Bem, sempre me interessei por barcos", explicou. "Eu os construo desde que tinha uns 15 anos. O barco foi só uma oportunidade que apareceu. Foi divertido enquanto durou."

Os agentes não sabiam que ele construía barcos. Keyes explicou, orgulhoso, contando a Bell que construía principalmente canoas e barcos a remo, um caiaque de vez em quando — além das armas, de transportar alvos, construir pontes, casas e Deus sabe o que mais.

Keyes contou que queria um barco a motor, como o Bayliner, grande o bastante para carregar equipamento de camping.

Goeden e Sanders disseram ter encontrado outros nomes para barcos nos registros de Keyes. Ele teve só mais um, disse, um barco para oceano. Exigia tanta manutenção, que acabou o abandonando.

"Entendemos que provavelmente houve vítimas descartadas por barco", apontou Halla. Suspeitavam de que outras vítimas podiam estar no fundo do Lago Ozette, que Keyes visitava com frequência. Sabiam que aquelas vítimas tinham sido deixadas em Washington, mas será que elas eram mesmo de Washington?

"Sim, não quero... Ainda não quero dar detalhes sobre isso", avisou Keyes.

E sobre o que Keyes estava falando quando alegou que familiares e colegas de trabalho tinham colaborado com ele sem saber? Halla e Sanders sabiam que ele nem sempre era honesto com suas planilhas de horários, muitas vezes apelando para uma "licença funeral". De algum jeito, isso nunca levantou suspeitas — um rapaz com tantas pessoas morrendo à sua volta.

Keyes admitiu que mentia para todo mundo.

"Os motivos para pedir para as pessoas fazerem coisas, ou as razões que fornecia para que elas o fizessem, quase nunca eram reais ou compatíveis com o que estava acontecendo de fato", admitiu. "Eu fazia viagens ao leste de Washington e dizia que ia visitar velhos amigos, ou ver a nossa casa antiga e, sabe..."

"Ia para Oregon", sugeriu Bell.

"Não, não necessariamente", respondeu. "Eu até podia ir para o leste de Washington, mas não para visitar velhos amigos. Não tenho velhos amigos no leste de Washington." Ele riu e começou a se esfregar outra vez.

Halla tentou pegá-lo desprevenido. "Você emprestava seu celular para outras pessoas usarem?" Keyes não caiu na armadilha, mas admitiu manter sempre um cronograma muito rígido para que seu envolvimento em algum assassinato parecesse impossível, como havia feito com Samantha.

Halla e Sanders discutiram esse estado mental muito antes de ele pegar Samantha. Trabalhar excessivamente era uma válvula de escape para suas urgências? E quando conheceu Kimberly? A empolgação de um novo relacionamento era o suficiente?

Na verdade, não, explicou Keyes. "Havia muitas distrações no caminho. Para mim, é como uma atividade de lazer depois de outra. Mas quando o sol se põe, no fim..." Ele riu baixinho. "Não importa quantos passatempos você tenha. Tudo acaba sempre voltando à mesma coisa, em algum momento."

Esta, talvez, seja a única coisa da qual a BAU tem certeza, e a certeza veio de ouvir todas aquelas conversas anteriores: Keyes não era motivado por dinheiro, psicose ou qualquer outra coisa que não fosse prazer. Ele fazia aquilo porque queria. Até as coisas com as quais tentava se distrair estavam sempre relacionadas ao seu desejo final. Como escreveu Roy Hazelwood: Algumas pessoas estupram e matam apenas porque gostam disso. E Hazelwood estava certo, pois Keyes também disse isso: quando começava, não havia prazer igual. E quando ele desenvolveu uma tolerância a esse prazer, não teve alternativa senão aumentar o estímulo.

"Tipo, armas sempre foram um grande passatempo para mim", afirmou Keyes. "Explosivos, coisas assim."

Bell precisou de um momento para absorver a informação.

"*Explosivos*? Você faz bombas?"

"Nada muito empolgante, mas às vezes eu brinco com bombas. São basicamente só projetos. Eu nunca..."

"Para onde você ia para explodir essas bombas?", perguntou Bell. "Não dá pra explodir bomba no quintal."

"Há muitos lugares em Neah Bay", comentou Halla. E provocou risadas nervosas.

"Não", protestou Keyes. "Eu me desfiz da maioria do material para fabricar bombas antes de vir para cá." Ele contou que trabalhava principalmente com explosivos à base de pólvora e que, às vezes, os utilizava enquanto cometia outro crime, às vezes não.

"Você arrombou algum lugar com explosivos?", questionou Halla. Queria saber se ele explodia portas — algo que só militares treinados ou agentes da lei fazem em circunstâncias extremas.

Sim, alguns, confirmou Keyes. Tinha começado aos 14 anos. "Na primeira vez, explodi uma fechadura com uma bomba de cano."

"De um galpão, uma garagem ou alguma coisa assim?", Bell ainda estava bastante chocado para não perceber: pense em coisas maiores.

"Não. Acho que foi o portão de serviço de uma área florestal."

De uma propriedade do governo. Essa confissão transformou o caso.

Em minutos, os esquadrões antibombas dos dois lados do país foram acionados: um para a casa de Anchorage, outro para a propriedade em Nova York.

Como o FBI tinha deixado isso passar? Conversas com os colegas de Keyes no exército, as poucas que haviam ocorrido, apontavam nessa direção. Ele contou a um deles, pelo menos, que havia escondido em terrenos do norte de Nova York nove mil pentes de munição Black Talon, balas que seriam usadas para matar policiais e, com frequência, em tiroteios em massa. Na casa de Anchorage, agentes recuperaram várias portas, dobradiças removidas, uma delas pintadas com tinta spray, Igreja de Arlington e YouMustBeBornAgain.org. Dois nomes antigos para a Igreja de Wells.

O que Keyes havia planejado? Ele falara com os agentes a respeito de vários de seus planos, e depois do grande plano. Pretendia queimar igrejas; não era difícil acreditar que poderia explodi-las, em vez disso. Contou aos agentes que fantasiava matar policiais e admitiu quase ter matado os oficiais do DPA na praia dos amantes. Falou com seu amigo do exército, Perkins, da intenção de sequestrar pessoas em grande escala. Negava ser supremacista branco, mas fez referências às suas raízes na supremacia branca. Foi amigo de Chevie e Cheyne Kehoe, um dos quais implicou o outro no caso do bombardeio da cidade de Oklahoma. Keyes havia sido educado para odiar o governo federal. Ele mesmo contou aos agentes que as pessoas com quem cresceu consideravam Timothy McVeigh um herói. E não negou ser parte do grupo.

O Departamento não revela o que foi recuperado em Nova York naquele dia. Mas acrescentaram uma nova classificação ao caso de Keyes: terrorismo.

34

O que Keyes planejava em última instância ou qual o maior crime que ele possa ter praticado de maneira impune, talvez nunca saibamos. Algum tempo depois das 22h de 1 de dezembro de 2012, Israel Keyes cometeu suicídio em sua cela na prisão com uma lâmina de barbear e uma forca. Deixou doze crânios na parede desenhados com o próprio sangue, e as palavras "WE ARE ONE" (somos um) escritos embaixo deles.

Ele também deixou uma última pista para a equipe, também escrita em sangue:

BELIZE

Bell e Payne defendem que Keyes assassinou onze pessoas, e que o décimo segundo crânio na parede era o dele, provavelmente. Acreditaram quando Keyes contou que seu número final era "menos que uma dúzia". Para Payne, sempre o homem dos cálculos, uma dúzia era sempre um número estranho; a maioria das pessoas contava de cinco em cinco ou em dezenas. Menos de uma dúzia, para ele, significava onze. Outros agentes que trabalharam neste caso, entre eles Gannaway e Chacon, acreditam que Keyes matou muito mais gente que isso.

EPÍLOGO

Qualquer um de nós poderia ter sido vítima de Israel Keyes.

Depois que o FBI tornou o caso público, pessoas que disseram ter visto ou encontrado Keyes surgiram em todos os lugares, de Appalachian Trail a Califórnia e Montagne, de Massachusetts a San Padre Island, Texas, e a Union Square na cidade de Nova York.

Vale a pena nos perguntarmos: em um mundo posterior aos Atentados Terroristas de 11 de Setembro, como um operário da construção civil autônomo, com renda abaixo da média, conseguiu comprar tantas passagens aéreas e nunca ser pego no radar da Segurança Nacional? Keyes se beneficiava de um privilégio branco? Às vezes viajava com armas, que desmontava e escondia em valises de mão, mas nunca, nem uma vez, foi interrogado pela TSA.

Várias pessoas disseram ao FBI que acreditavam terem sido abordadas por Keyes em praias, parques nacionais ou trilhas, e em áreas de camping — até em suas casas, na porta, na varanda ou na entrada da garagem. Ele tentava puxar conversa ou oferecer ajuda. Se batesse na porta, era vendedor de apólices de seguro. Várias pessoas relataram ter visto a mesma cena, Keyes, às vezes com outro homem, em várias regiões do país, saindo de florestas ou cemitérios carregando uma pá.

Uma mulher no Texas acredita ter sido seguida por Keyes quando estava dirigindo. Outra pensa ter sido seguida e quase sequestrada por ele em um trecho escuro e deserto da Highway 112 em Port Angeles, em

2001 ou 2002. Em um longo e-mail para o FBI, ela relatou o que aconteceu depois de ter abastecido o carro em um posto Shell e notado que um homem a observava de uma caminhonete de porte médio.

"Nos sessenta quilômetros seguintes, ele me ultrapassava quando podia e reduzia a velocidade na minha frente... reduzia muito, para cerca de dez quilômetros por hora, e olhava para mim pelo retrovisor. Ele parou várias vezes na faixa à minha frente e fui forçada a ultrapassá-lo. Na última vez que passou pela minha frente, desceu da caminhonete, ficou parado ao lado da porta do motorista e olhou para mim... estava muito escuro, chovia e fazia frio. Ele levantou a mão, acenando, como se me pedisse para parar, e eu passei direto, embora ele tenha dado um passo na direção do meu carro."

Ela não tinha sinal no celular, mas segurou o aparelho iluminado mesmo assim. O homem fez o retorno e foi embora.

Ela acredita que esse homem era Israel Keyes. O FBI não pôde negar.

Outras vítimas ainda podem ser descobertas e identificadas, e esse trabalho pode ser feito em breve. Se Keyes disse a verdade sobre o corpo em Lake Crescent, Washington, e os investigadores acreditam nisso, o cadáver ainda está lá. Um especialista no Departamento disse a Goeden que as condições do lago, água doce e limpa, com pouca vida marinha, preservariam os restos de maneira considerável. Se o corpo tivesse sido preso a pesos, isso o torna mais fácil de encontrar.

Halla e Sanders solicitaram uma busca, mas o Departamento recusou a verba.

Sobre Keyes ter dito aos investigadores ter sido duas pessoas diferentes durante quatorze anos, Payne acredita nisso. Sua teoria é que Keyes não começou a matar antes de ser dispensado do exército, e Heidi Keyes acredita na mesma coisa. Ela se conteve pouco antes de dizer que sabia desse fato, mas tem certeza de que ele fez sua primeira vítima pouco depois de sair de Fort Hood, provavelmente naquele verão. Keyes ainda não havia sido inocentado pela morte de Julie Harris, em 1996, ou Cassie Emerson e a mãe dela, Marlene, em Colville, cidade natal dele, em 1997.

Em 9 de janeiro de 2013, pouco mais de um mês depois do suicídio, Tammie contou ao FBI que tinha uma suspeita persistente. Em dezembro de 2000 ou início de 2001, o marido de sua vizinha desapareceu quando fazia uma trilha. Ela não viu Keyes naquele dia ou naquela noite, o que agora pensa ter sido estranho. O corpo foi encontrado algum tempo depois, e o laudo determinou morte acidental.

Depois do suicídio de Keyes, foi convocada uma audiência a portas fechadas sobre falhas de procedimento no Complexo Presidiário de Anchorage.

De acordo com o pouco que foi divulgado, esse relatório determinou que Keyes se cortou e enforcou entre 22h12 e 22h24, sangrando no chão. O corpo só foi encontrado quando um oficial do turno do dia chegou, às 6h.

Ou é o que diz a história. É difícil de acreditar em boa parte dela. Analistas atribuíram a morte a dois fatores. "Uma ou mais pessoas" — não sabemos quem — "o retiraram da cela e... deram uma lâmina a ele." O Complexo Presidiário de Anchorage, o Departamento de Correções do Alasca e os procuradores do estado são tão corruptos que, em 2016, aconselharam as casas de detenção a não manterem registros ou documentarem causas ou circunstâncias da morte dos presos. Em janeiro de 2018, o *Anchorage Daily News* publicou que o presídio instalou escutas secretas nas salas de visitas usadas por Keyes, e essas salas permaneceram grampeadas desde então, gravando de forma ilegal conversas entre advogados e clientes.

A prisão, apesar de várias solicitações da imprensa, manteve em segredo tudo que diz respeito ao suicídio de Keyes. A gravação de áudio e vídeo daquela noite e o relatório do médico legista nunca foram divulgados. Mas o Relatório de Incidente Especial do Departamento de Correções, obtido por intermédio de uma solicitação da Lei da Liberdade de Informação, fornece alguns detalhes.

Às 19h, Keyes foi escoltado até a biblioteca legal da prisão pela terceira noite consecutiva. Duas horas depois, foi levado de volta à cela. O guarda prisional de plantão no Bravo Module, onde o detento estava alojado, disse que cumpriu suas obrigações naquela noite, conduzindo verificações de segurança e atualizando documentos, e foi substituído duas vezes para fazer intervalos de meia hora. Ele disse ter feito a última verificação de segurança às 5h30, e saiu do plantão dez minutos depois. "Em nenhum momento vi qualquer coisa fora do normal na cela número três, de Keyes, Israel", ele relatou. "Keyes estava enrolado em seus cobertores, como fazia todas as noites em que estive de plantão, sem partes do corpo visíveis."

Às 5h57, quando outro guarda fez uma verificação de segurança e contagem, ele "viu o que parecia ser sangue" na cela de Keyes. Disse que pediu socorro, gritou por Keyes, e quando não obteve resposta, tocou o corpo, ainda embrulhado. O prisioneiro estava com o rosto voltado para baixo e a cabeça virada para a direita, os braços cruzados sob o peito. Estava banhado em sangue.

"O corpo estava rígido", disse o guarda. Quando a enfermeira chegou, o guarda arrancou o cobertor. "Olhar para o prisioneiro foi o suficiente para constatar que Keyes estava morto. Ele não tinha pulso, e a pele não tinha cor." Em seu depoimento, a enfermeira descreveu o corpo frio e em *rigor mortis*, o rosto azul. Isso significa que Keyes estava morto havia três ou quatro horas, pelo menos. Muito sangue encharcava a parte de cima do cobertor, disse ela, e havia ainda mais empoçado no chão.

A prisão entrou em lockdown.

Quando os paramédicos chegaram às 6h10, encontraram uma cena curiosa. O sangue não estava só na cama, mas também contido em duas canecas, de tamanho desconhecido, e duas embalagens de leite. ÀS 8h25, policiais do estado do Alasca, policiais federais dos Estados Unidos e agentes do FBI estavam na cena, Jeff Bell entre eles.

Bell tinha falado com Keyes pela última vez dias antes, pouco antes do Dia de Ação de Graças.

"Sua intenção ainda é contar tudo, certo?", perguntara Bell.

"Sim", respondera Keyes.

Ele pegou uma lâmina de barbear, embutiu em um lápis e usou para cortar o pulso esquerdo — o pior medo de Bell. Por garantia, Keyes amarrou um lençol no pescoço e ao pé esquerdo, estrangulando-se. Deixou uma carta de suicídio de várias páginas ensopada de sangue, e os trechos divulgados pelo FBI ofereciam poucas pistas. Um psiquiatra forense acreditava que Keyes usava vocabulário específico — chamava uma ou mais vítimas de "minha princesa mariposa sombria", "minha linda borboleta cativa" — na esperança de ser eternamente relacionado ao romance e à adaptação para o cinema de *O Silêncio dos Inocentes*, obra em que esse imaginário é abundante.

Keyes também acusou os Estados Unidos, país pelo qual nutriu um ódio durante quase toda a vida. "Terra dos livres, terra da mentira, terra do plano de americanizar!", escreveu ele, um refrão que apareceu duas vezes. "Consumir aquilo de que não precisa, idolatrar suas estrelas, tentar alcançar aquilo que admite ser um sonho, essa é a morte americana."

Esse caso levou o FBI a pedir ajuda do povo — mas com a mesma rapidez, eles decidiram esconder boa parte do caso de Israel Keyes do olhar público. Cerca de 45 mil páginas de arquivos do caso permanecem retidas pelo Departamento de Justiça, sob alegação de segurança nacional. O cronograma oficial das viagens de Keyes, divulgado pelo FBI pouco depois de sua morte, ainda é muito editado. O conhecimento sobre quaisquer atividades terroristas ou possíveis tramas permanece em segredo.

Em sua última entrevista, três dias antes do suicídio, Keyes foi abertamente desdenhoso com os investigadores, dizendo-se arrependido apenas de ter falado com eles sobre os Currier e não ter matado mais gente.

Jeff Bell acredita que ele tirou a própria vida para condenar o que considerava ser o ridículo sistema de justiça dos Estados Unidos. Ainda mais provável, Keyes via seu suicídio como uma expressão final de controle e crueldade — seu ato definitivo de sadismo.

É possível que tivéssemos descoberto muito mais se ele continuasse vivo? Possivelmente não. O FBI demorou meses para perceber que ele estava menos interessado em confissões do que em manipular e frustrar seus agentes. Talvez identificasse outras vítimas, mas é difícil acreditar que teria revelado todas elas. Era possessivo com elas; mesmo mortas, afirmou, as vítimas pertenciam a ele.

Boa parte da informação sobre sua infância saiu da avaliação psiquiátrica, e mesmo nela Keyes só revelou o necessário. Além disso, os agentes descobriram muito pouco sobre sua vida, família ou o funcionamento de sua mente — de fato, quanto mais ele sentia que queriam entendê-lo, menos se dispunha a esclarecer. Ele entendeu como contar uma história e, por mais de duas décadas, como sobreviver: estudar *CSI*, perfiladores do FBI e outros horrores como ele para se tornar um assassino analógico em uma era digital. Era um monstro mais letal por causa disso.

Admirava Ted Bundy e H.H. Holmes pelo que via como genialidade, e queria ser igualmente reconhecido como gênio. Chegou a contar aos agentes sobre um plano iminente: iria embora do Alasca e se tornaria marceneiro itinerante. Que melhor disfarce para fazer viagens frequentes e extensas para locais de climas extremos? Que lugar era melhor para sequestrar pessoas, se não áreas de desastre, onde os desaparecidos são dados como mortos, de qualquer maneira? Mais tarde, planejava construir uma casa com masmorra, como Holmes fez, para manter as vítimas vivas por muito mais tempo.

Talvez nunca saibamos o que mais planejava, assim como nunca saberemos o número total de suas vítimas. Mas da mesma forma que Keyes contou sua história ao contrário — começando pelo fim —, o fim de sua vida pode ser outro começo. Ele tomou as providências para que fosse, de fato, um novo começo, deixando pistas e mais pistas antes de cometer suicídio, certo de um desfecho: seu caso nunca seria encerrado.

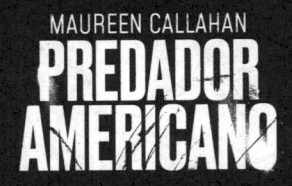

AGRADECIMENTOS

Sou profundamente grata aos agentes especiais do FBI e outros investigadores que conversaram comigo para a criação deste livro. Steve Payne, em particular, foi constante e leal, submetendo-se a entrevistas quase todas as semanas por mais de um ano. Jeff Bell não só fez a mesma coisa, como me guiou pelos locais mais sinistros de Anchorage relacionados aos relatos de Keyes. Payne e Bell são mentes brilhantes e pessoas generosas. Os dois têm minha eterna gratidão.

Obrigada a Jolene Goeden, Kat Nelson e Liz Oberlander. Bobby Chacon compartilhou não só conhecimento tático, mas a profunda sobrecarga emocional de seu trabalho — isso é coragem. Agradeço também a Charles "Bart" Bartenfeld, Joe Allen e os agentes e oficiais da lei em vários estados que ajudaram a resolver esse caso e recriá-lo aqui: o Texas Ranger Steve Rayburn; Deb Gannaway; Kevin Pullen; Tenente George Murtie em Vermont; Chris Iber; Michelle Delpha no escritório do FBI em Albany, Nova York (embora ela não apareça aqui, seus insights foram úteis); e Ted Halla e Colleen Sanders, que também me guiaram pelas áreas mais ao norte do estado de Washington relacionadas a este caso.

O grande perfilador do FBI e autor Roy Hazelwood conversou comigo para a criação deste livro em março de 2016. Para alguém que passou a maior parte da vida confrontando o pior da humanidade, ele foi uma das pessoas mais bondosas e alegres que já conheci.

Obrigada a Heidi Keyes por ter falado comigo sobre a infância de Israel, a vida deles em Colville e o que ela chamou de seu mal. Espero que a disponibilidade que ela mostrou para me ajudar se estenda também para colaborar com outras investigações.

Este livro foi orientado por muitas mentes talentosas: Emily Murdock Baker, a editora na Viking que o adquiriu; Melanie Tortoroli, que o herdou e cuja edição foi generosa e muito valiosa; e Laura Tisdel, que fez o levantamento de peso e o acompanhou até a conclusão com atenção e cuidado. Amy Sun, Jane Cavolina e todos na Viking — meu muito obrigada.

Minha enorme gratidão à minha agente-guerreira, Nicole Tourtelot. Todo autor deveria ter essa sorte — Nicole é quem você quer ter ao seu lado na mesa.

Agradeço também a David Kuhn, por incentivar a escrita deste livro desde o início, e a Dana Spector, por enxergar seu potencial.

A incomparável advogada para casos de Primeira Emenda Kate Bolger e sua equipe embarcaram em uma prolongada batalha em meu nome com o Departamento de Justiça, baseada na Lei de Liberdade de Informação (FOIA), quase *pro bono*, porque acreditavam que era o certo a ser feito. Gratidão eterna a Kate e aos advogados Patrick Kabat, Matthew L. Schafer e Matthew E. Kelley por compartilharem os arquivos de casos abertos, depoimentos prestados ao FBI e inúmeros documentos que nunca foram publicados, preenchendo lacunas de conhecimento que eram obscuras.

Em Anchorage, o advogado Jeffrey W. Robinson e sua equipe fizeram o que parecia ser impossível, vencendo rapidamente nossa ação contra um tribunal federal para obter as entrevistas com Keyes que haviam sido mantidas sob sigilo durante anos. Jeff também me atendeu por honorários justos e generosos; meu esclarecimento foi um bônus. Kate e Jeff: vocês são meus heróis.

Obrigada a J. T. Hunter, autor de *Devil in the Darkness: The True Story of Serial Killer Israel Keyes,* pela ajuda com essa pesquisa. Entrevistas conduzidas por ele com Tammie, em particular, ajudaram a extrair uma parte essencial da narrativa. Os repórteres Michelle Theriault Boots e Casey Grove cobriram esse caso em Anchorage e dividiram suas descobertas e orientação, ajudando sempre que eram solicitados — o que nem sempre acontece entre jornalistas competitivos.

No *New York Post*, conheci alguns dos editores mais rígidos e mais inteligentes que existem. Steve Lynch me permitiu ir atrás dessa história pela primeira vez no *Post* em 2012, e depois escrever um livro; sua primeira e precisa leitura me ajudou a estreitar o foco, e por isso ele tem minha profunda gratidão. Paul McPolin tem uma das mais brilhantes mentes investigativas que já encontrei, e as perguntas que formulou tornaram este livro uma leitura mais profunda e rica. Margi Conklin ofereceu uma edição mais próxima do que seu tempo certamente permitia e ajudou a redirecionar os últimos capítulos do livro em um momento crucial. À minha grande amiga Susannah Cahalan, que leu vários rascunhos e ofereceu edições quando estava grávida de gêmeos *e* trabalhando no próprio livro — você é uma maravilha. E um brinde ao meu ex-colega no *Post* e nativo do Alasca, Josh Saul, e à família dele por cuidarem de mim em Anchorage.

Finalmente, a toda minha família e aos amigos que ofereceram apoio, interesse, incentivo e otimismo quando eu mais precisava — em especial meu pai, que desafiou todos os diagnósticos e prognósticos dos médicos para (entre outras coisas!) ler este livro — gratidão e amor.

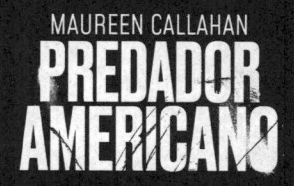

UM COMENTÁRIO
SOBRE AS FONTES

Este livro é baseado em centenas de horas de entrevistas originais, bem como em milhares de documentos não liberados antes. Entre eles estão a confissão de Samantha Koenig, entregue a mim por uma fonte anônima; o diário pessoal do Tenente George Murtie sobre a investigação Currier e o interrogatório que ele mesmo fez com Keyes por telefone; o cronograma interno do FBI baseado, em parte, nos diários de Keyes, depoimentos de testemunhas ao FBI, relatórios laboratoriais, intimações e mandatos de busca, e-mails, documentos do tribunal, matérias de jornais contemporâneas aos acontecimentos, os registros da prisão de Keyes e seu histórico militar, e partes do arquivo original do caso no Departamento de Polícia de Anchorage. Embora os nomes tenham sido editados, em grande parte, foi fácil identificar fontes com base em informações que obtive por intermédio de investigadores.

Monique Doll se negou a falar para este livro. A participação dela na investigação se baseia no arquivo do caso no DPA, em uma entrevista comigo não publicada, entrevistas dadas por ela e publicadas anteriormente, transcrições de entrevistas com os Keyes e lembranças de outros investigadores que trabalharam no caso em proximidade com ela.

James Koenig também recusou meu convite para falar, e me baseei em entrevistas que ele deu anteriormente, bem como no arquivo do caso no DPA e nas lembranças de Payne, Bell e Goeden.

Conversei com Kevin Feldis para meu artigo original em 2012, mas ele preferiu não participar deste livro. Voltei a procurá-lo em dezembro de 2018 para perguntar se ele conseguia explicar seu raciocínio, como promotor federal, sobre não só estar presente à maioria dos interrogatórios de Keyes, mas muitas vezes conduzi-los. Ele não quis comentar.

Treze horas de entrevistas sigilosas com Keyes foram divulgadas depois que meu advogado pediu uma audiência na corte federal do Alasca em 2018. Elas nunca foram oficialmente inseridas ou arquivadas na corte, o que significa que não havia como saber que existiam. (Entrevistas divulgadas anteriormente, mais documentos liberados pela Lei de Liberdade de Informação, me permitiram juntar referências àqueles interrogatórios desaparecidos. Depois disso, descobri que a prática é mais comum do que temos conhecimento.) Depois que as entrevistas foram liberadas, meu advogado perguntou várias vezes ao gabinete do promotor se havia outras ainda ocultas. Não obtivemos uma resposta.

A avaliação psicológica, cujo sigilo também foi removido graças à mesma ordem judicial, é o maior autorrelato conhecido que temos da infância e do desenvolvimento de Israel Keyes. Talvez, em algum momento, o FBI libere o conteúdo de seus diários, se não por completo, em parte.

Detalhes sobre o que aconteceu no Complexo Presidiário de Anchorage durante o encarceramento de Keyes e na noite de seu suicídio foram extraídos do Relatório de Incidente Especial, matérias jornalísticas e foram fornecidos diretamente por fontes anônimas. Porém, muito do que de fato aconteceu, e quem foi responsável por Keyes ter tido acesso a lâminas de barbear, ainda é um mistério. Uma fonte afirma que era possível ver o sangue de Keyes escorrendo da cela naquela noite, enquanto os guardas passavam cumprindo sua rotina.

Depois do suicídio de Keyes, o FBI finalmente conseguiu se comunicar com as agências da lei em todos os Estados Unidos e em outros países. Em muitos casos, polícia local e membros das famílias das vítimas entraram em contato com o FBI primeiro, curiosos para saber se

Keyes poderia ser responsável por determinados casos de pessoas desaparecidas e assassinatos. Os casos encerrados e revistos neste livro são, em grande parte, os que fizeram agentes da lei suspeitaram terem sido praticados por Keyes. O Assassino de Boca é uma exceção aqui, considerado por muitas razões: o interesse de Jeff Bell na Flórida, o MO de semelhança impressionante e a inegável semelhança entre Keyes e o retrato falado que a polícia fez do suspeito.

Até agora, o FBI se sente confortável para nomear apenas Debra Feldman, cujo corpo foi recuperado em Nova York, como outra vítima de Israel Keyes.

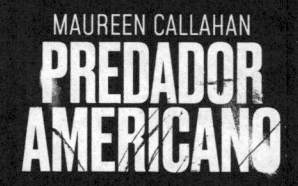

MAUREEN CALLAHAN
PREDADOR
AMERICANO

BIBLIOGRAFIA

Cleckley, Hervey. *The Mask of Sanity: An Attempt to Clarify Some Issues about the So-Called Psychopathic Personality*, Eastford, CT: Martino Fine Books, 2ª edição, 2015.

Douglas, John, e Mark Olshaker. *Mindhunter: O primeiro caçador de serial killers americano*, Rio de Janeiro: Intrínseca, 2017.

Geberth, Vernon J. *Practical Homicide Investigation Tactics, Procedures and Forensic Techniques*, 5ª edição, CRC Press, 2015.

Hazelwood, Roy e Stephen G. Michaud *Dark Dreams: Sexual Violence, Homicide and the Criminal Mind*, Nova York, Macmillan, 2001.

Hunter, J.T. *Devil in the Darkness: The True Story of Serial Killer Israel Keyes*, Toronto: RJ Parker Publishing I c., 2 16.

Kahn, Jennifer. "Can You Call a 9-Year-Old a Psychopath?" (É possível chamar uma criança de 9 anos de psicopata?), *The New York Times Magazine*, 11 maio, 2012.

Koontz, Dean. *Intensidade*, São Paulo: Mandarim, 1997.

Michener, James. *Alaska: A Novel*, Nova York: Random House, 1988.

Rosenbaum, Ron. *Para Entender Hitler: A Busca das Origens do Mal*, Rio de Janeiro, Record, 2022.

Samenow, Stanton E., PhD. *Inside the Criminal Mind*, Nova York: Crown, edição revisada, 2004.

Smith, Sonia. "Sinners in the Hands: When is a Church a Cult?" *Texas Monthly*, fevereiro, 2014.

Thomas, M. E. *Confessions of a Sociopath: A Life Spent Hiding in Plain Sight*, Nova York: Crown, 2013.

Maureen Callahan é escritora, colunista, comentarista e premiada jornalista investigativa com textos que cobrem política, ativismo e até cultura pop em veículos renomados como *Vanity Fair*, *New York*, *Spin*, e *New York Post*. Motivada a desvendar o impacto e as raízes de um crime que passou anos despercebido pela polícia, Callahan se desdobrou em uma investigação apurada do caso que chocou os Estados Unidos em 2012. O livro *Predador Americano* é o resultado de anos de entrevistas com figuras-chave na aplicação da lei e na vida de Keyes, além de pesquisas descobertas em arquivos confidenciais do FBI. Saiba mais em maureencallahan.net.

CRIME SCENE ®
D A R K S I D E

"É só uma sensação. E você tem a impressão
que não está caçando, mas sendo caçado."

— *O SENHOR DAS MOSCAS* —

DARKSIDEBOOKS.COM